새로운 디지털 세상이 온다

새로운 디지털 세상이 온다

초판 1쇄 2023년 06월 14일
초판 2쇄 2023년 07월 04일
지은이 김문수 | **펴낸이** 송영화 | **펴낸곳** 굿웰스북스 | **총괄** 임종익
등록 제 2020-000123호 | **주소** 서울시 마포구 양화로 133 서교타워 711호
전화 02) 322-7803 | **팩스** 02) 6007-1845 | **이메일** gwbooks@hanmail.net
© 김문수, 굿웰스북스 2023, *Printed in Korea.*
ISBN 979-11-92259-92-5 03300 | 값 **20,000원**

※ 파본은 본사나 구입하신 서점에서 교환해드립니다.
※ 이 책에 실린 모든 콘텐츠는 굿웰스북스가 저작권자와의 계약에 따라 발행한 것이므로 인용하시거나 참고하
  실 경우 반드시 본사의 허락을 받으셔야 합니다.
※ **굿웰스북스**는 당신의 풍요로운 미래를 지향합니다.

인 공 지 능 이 만 드 는 신 세 계

새로운 디지털 세상이 온다

김문수 지음

THE
NEW
DIGITAL

굿웰스북스

AI시대 변화의 파도가 밀려온다!

디지털문명의 핵심코드인 인공지능(AI)이 전 세계를 휩쓸고 있다. 인간이 만든 기계지능이 인간보다 더 탁월한 능력을 발휘하며 혁명적 변화를 가속화하고 있다. 이 혁명은 인류가 한 번도 경험하지 못한 가공할 위력으로 현대문명의 질서와 시스템을 모조리 파괴하고 있다. 특히 문명의 진화를 이끌어 온 교육과 직업은 물론 산업현장, 나아가 인류 미래의 생존문제까지 기존 패러다임(paradigm)을 송두리째 바꾸어나가고 있다.

선진국 교육현장은 상전벽해라는 말이 딱 어울릴 정도로 변화를 거듭하고 있다. 특히 미국서는 기존 명문대 대명사인 아이비리그보다 일반대학들이 혁신에 앞장서 새로운 명문대학으로 거듭나고 있다. 교육관련 종합평가순위에서 항상 1위를 차지하던 하버드가 끝없이 추락하고 있다.

일부에서는 하버드대학의 종말이란 말까지 흘러나온다. 디지털혁명의 총아인 AI의 코드를 제대로 읽지 못한 오만함의 결과이다. 이런 추세는 더욱 가속화할 것으로 보인다.

우리 직업도 속속 AI에 대체되고 있다. 머지않아 할 일은 모두 사라지고 인간은 '불량 사피엔스'로 남을 것이란 불편한 전망까지 나온다. 문명발전사에서도 경험했듯이 새로운 문명이 나타나면 새로운 직업의 태동은 필연적이다. 그래서 변화의 시대를 맞이할 준비를 하지 않는 사람은 불량으로 남을 수밖에 없다. 무엇보다 산업현장이 완전히 바뀌었다. 디지털혁명을 주도하는 IT업계가 더는 수능형(SAT) 인재를 원하지 않는다. 이제 수능교육에만 충실해온 학생은 이 혁명의 물결에 편승하기가 어렵다.

이미 산업현장은 AI전문기업들이 주도하고 있다. 세계를 이끄는 9대 AI기업은 미국과 중국이 차지하고 있다. 미국은 구글, 마이크로소프트, 애플, 페이스북, IBM, 아마존이 있다. 이들 첫 글자를 따서 '지마피아(G-MAFIA)'라고도 한다. 중국은 바이두, 알리바바, 텐센트를 머리글자로 '비에이티(BAT)라 부른다. 주류과학계는 AI패권을 잡는 나라가 미래 패권국이 될 것이라고 단언한다. 산업현장은 제조업기반에서 AI기반산업으로 질서가 재편되면서 디지털혁명이 우리의 직업까지 빨아들이는 블랙홀이 되었다.

인류 정신의 마지막 보루로 여겨온 바둑까지 AI앞에 무릎을 꿇었다. 바둑을 제압한 AI가 이끌 미래사회는 가히 가공스럽다. 더 심각한 문제는 자유의지를 가진 '강한 인공지능'의 출현이다. 주류과학자들은 "2045년경 특이점(singularity)을 돌파하는 순간 AI가 인간의 지적, 인지적 능력을 단숨에 뛰어 넘을 것"이라며 "인공지능(AI)의 인류사회 지배는 필연적"이라고 말한다. 자칫 인류생존의 문제까지도 AI에 좌우될 수 있다는 전망이 왠지 불안하다.

그런데 이 엄청난 변화를 미리 감지하고 주도면밀하게 대비해야 할 우리 정치권은 진영이기주의에 매몰돼 있다. 이들에게 국가장래에 대한 걱정은 안중에 없다. 학부모는 이 혁명을 우려하면서도 여전히 인공지능(AI) 앞에 한없이 작아지는 '스카이 캐슬(sky-castle)'에 우리 아이들의 장래를 맡기고 있다. 이제 명문대를 나와도 취업이 어렵다. 그 문은 갈수록 좁아지고 있다. 디지털혁명을 주도하는 IT업계는 합당한 인재를 구하지 못하는 미스매치(mismatch) 현상이 심각하다.

이 험난한 파고를 넘지 못하면 우리의 미래는 암울하다. 그러나 위기를 잘 극복하면 미래는 생각보다 훨씬 희망적이다. 필자인 나는 이 책을 통해 현재 진행되고 있는 교육과 직업, 산업현장의 변화와 미래사회의 모습을 다양한 팩트를 바탕으로 객관적으로 생생하게 그려보았다. 지금 주사위는 우리 앞에 놓여 있다. 다가올 미래가 '재앙이냐 축복이냐'는 전적으로 우리 손에 달려 있다. 우리가 깨어나 이 거친 혁명의 물결에 편승해야 하는 이유다.

2023년 5월

김 문 수

Contents

Part 2.
■ 디지털시대 새로운 직업이 나타난다

Part 3.
■ AI가 지배하는 디지털 세상이 온다

Part 4.
■ 새로운 세상 새로운 교육이 필요하다

Part 1

현대 교육
인공지능(AI)이
점령한다

66

2030년까지 전 세계 대학은 50% 이상이 없어진다.
이미 많은 대학들이 속속 사라지고 있다.
특히 세계 명문대학의 대명사,
하버드 대학이 끝없이 추락하고 있다.
벌써 일부에서는 하버드의 종말이란 말이 흘러나온다.

99

1

교육현장이 송두리째 흔들리고 있다

지식노동자 양성소로 전락한 '상아탑'

전 세계 교육현장의 실상은 상전벽해라는 말이 딱 어울린다. 세계 명문대학의 대명사로 불리는 하버드대학이 새 문명의 변화 코드를 읽지 못한 결과 휘청거리고 있다. 일부에서는 벌써 하버드 대학의 종말이라는 말까지 흘러나오고 있다. 하버드가 교수 연구, 교육 여건, 학교 평판도, 학생교육 노력 및 성과, 그리고 취업률을 평가지표로 한 종합평가순위에서 항상 1위 자리를 차지해 왔다. 그런 하버드가 지금 이름도 생소한 신문명 대학과 디지털혁명에 맞춰 과감히 변신한 일부 주립대학에까지도

순위를 내주는 비참한 현실을 맞고 있다. 이런 변화는 더욱 가속화할 것으로 보인다. 미국 내에서도 하버드를 비롯한 명문 아이비리그 대학에 대한 비판의 목소리가 쏟아지고 있다.

지난 18세기 중후반 산업혁명 이전만 해도 인류사회는 동서양이 서로 다른 관점과 가치관을 가지고 세상을 살았다. 각자 이룩한 문명과 문화, 그리고 삶의 가치관을 바탕으로 가르치고 배우면서 국가사회를 이끌었다. 그러나 18세기 중후반 영국을 중심으로 유럽에서 일어난 산업혁명을 통해 동서양은 하나의 세계로 좁혀지기 시작한다. 마침내 동양문명을 대표한 중국이 아편전쟁(1840~1860년)에서 서양문명에 완전패배를 당한다. 이때 동양은 서양의 과학기술 문명에 엄청난 충격을 받는다. 특히 전쟁에 패배한 중국보다 일본이 더한 충격에 휩싸인다. 이후 일본과 중국은 서양식 교육제도 도입에 열을 올린다. 우리도 일본의 식민시대를 거치면서 서양식 신교육제도를 받아들인다. 해방 이후 서울대학을 비롯한 많은 대학들이 경향각지에서 우후죽순처럼 설립된다.

그때만 해도 대학은 지식을 쌓고 고등한 생각을 교류하며 시대의 담론을 펼쳐내는 지성의 산실로 여겨졌다. 국가사회를 변화시키고 국민의 생각을 계몽해나가는 위대한 생각과 가치들이 바로 대학교육으로부터 나오기 시작한 것이다. 따라서 대학은 인간이 어떻게 살아갈 것인가를 깊이 고민하고 성찰하는 가치 있는 곳이었다. 대학은 곧잘 진리를 탐구하며 순수학문을 지향하는 '상아탑'에 비유됐다. 당시 대학생들은 신성하기까지 한 상아탑에서 4년 동안 마음껏 학문을 탐구하며 마음과 정신을 수양하고 인격을 고양하는 소중한 기회를 가졌다.

당시 대학은 우리가 어떻게 태어났으며, 우리가 살고 있는 이 우주는 어떻게 운행되고 있으며, 사후에는 어떤 일이 벌어지고, 그 안에서 우리는 어떻게 살아야 하는가를 고민하는 차원 높은 인문철학의 공간이었다. 대학은 인간의 삶에 대한 근원적인 문제를 해결하기 위한 철학적 통찰력을 갖기 위해 노력하는 당당하고도 기품이 있는 최고학문의 전당이었다. 또 대학에서 스승은 어떻게 섬기며 부모님은 어떻게 모시며, 친구와는 서로 어떤 관계를 형성하고, 지도자로서는 어떻게 살아야 하는가에 대한 인간관계를 가장 소중한 덕목으로 여기면서 자신을 절차탁마했다.

그런 대학이 20세기 후반 제2, 3차 산업혁명이 꽃을 피우면서 전혀 새로운 옷을 갈아입기 시작한다. 대학은 이제 더 이상 진리를 탐구하는 곳이 아니다. 학생을 교육시켜 곧바로 공장에 투입해 돈 버는 지식노동자를 길러내는 곳으로 전락한다. 고등학교에서는 명문대학에 들어가기 위한 필수과목인 수학과 과학, 국어와 영어수업이 대폭 늘어났다. 또 대학마다 취업하기에 적합한 기계 및 전자공학과 의학 및 경영교육이 확대되었다. 이제 대학은 인성을 중요시하는 곳이 아니라 인지적 능력만을 강조해 취업 잘되는 인력양성소로 바뀐다. 학생들도 대학이 진리를 탐구하는 학문의 전당이 아닌 시장과 기업논리가 지배하는 곳, 윤택한 물질적 삶이 보장되는 그곳에 마음이 흠뻑 젖어버린다.

이제 대학이 더는 인격과 품성을 갖춘 사람을 배출하는 멋진 공간이 아니다. 다만 취업이 잘되는 인기학과를 늘리고 우수한 인재를 뽑아 취업률을 높여야 명문대학으로 인정받는 비정한 경쟁의 장소로 변모했다. 모든 대학이 오직 성적과 취업률로 그 가치를 평가받는다. 그 결과 우리도 산업혁명의 정점에서 지금 풍성한 열매를 따먹고 있다. 대한민국은 세계경제 10대 대국이라는 부강한 나라로 성장했다. 하지만 우리는 부강할수록 인격이나 인성보다 기계처럼 돈 잘 버는 인간을 만드는 데 혈안이 돼 있다. 부에 반비례해 삶과 생존의 질은 한없이 낮아지고 있음을 실감하게 된다. 행복지수는 OECD국가 중 꼴찌인데 자살률은 세계 1위라는 부끄러운 현실이 이를 방증한다.

그런데 대학은 21세기에 접어들면서 시작된 디지털혁명으로 또 한 번의 큰 변화의 위기를 맞고 있다. 새로운 디지털문명이 우리의 생활 속으로 빠르게 스며들고 있다. 이 혁명이 진행되면서 우리가 살아온 모든 삶의 질서와 규칙이 크게 흔들리고 있다. 세상이 뭔가 심상치 않은 곳으로 빠져들고 있는 것이 분명하다. 그런데도 정작 나라를 이끄는 위정자들과 교육지도자들이 이 사실을 아직도 잘 모르고 있다. 일부 알고 있다고 해도 좌우 수구논리에 억눌려 개혁할 엄두를 내지 못하고 있다. 어쨌든 이 거대한 혁명의 물결에 편승하지 않으면 대학은 곧 사라질 수 있다는 충격적인 경고가 쏟아진다.

무엇보다 디지털혁명의 총아인 인공지능(AI)이 아이들의 미래 일자리를 속속 꿰차고 있다. 머지않아 그 좋은 대학의 인기학과를 나와도 아이들은 갈 곳이 없다. 그런데 초중고 교육현장은 그 똑똑한 아이를 길러내는 산실인 학원가에 묻혀 허우적거리고 있다. 학부모는 AI 앞에 한없이 작아지고 있는 '스카이캐슬(SKY-castle)'에 목을 매고 있다. 벌써 지방대학은 국립명문대까지도 정원을 채우지 못하는 전에 없던 살벌한 일들이 일어나고 있지 않은가. 이미 많은 전문대학들이 속속 문을 닫고 있다. 그리고 '벚꽃 피는 순서대로 지방대학이 무너질 것'이라는 전망이 현실이 되어 목전에 와 있다. 진리의 상아탑이란 대학이 지식 노동자 양성소로 전락한 그 보응을 받는 것 같아 안타깝다.

IT기업 수능형(SAT) 인재를 외면한다

지금 디지털세계를 주도하고 있는 미국 실리콘밸리의 창업주들을 살펴보자. 마이크로 소프트, 페이스북, 아마존, 구글, 애플, IBM 그리고 최근에 테슬라까지 끼어들었다. 흔히 미국의 디지털 7대 공화국으로 꼽는 '빅테크(big-tech)' 기업들이다. 또 그 뒤를 잇는 중국의 바이두, 알리바바, 텐센트까지 현재 이들 10개 기업이 사실상 이 디지털문명의 새로운 판을 이끌면서 전 세계의 변화를 주도하고 있다. 그런데 묘하게도 이들 창업주는 산업화시대의 맞춤형교육을 받지 않았다. 이들 IT기업의 주인공은 기존의 기업인들과 사뭇 다른 몇 가지 양상을 보인다.

우선 빅테크(Big IT) 기업의 주인은 전문경영인 출신이 아니다. 이들 CEO는 디지털세계를 누구보다 잘 이해하는 엔지니어들이다. 무엇보다 기존 명문대학인 아이비리그 출신이 없다. 새 문명의 코드를 숙지하고 있는 후발 명문대학인 스텐포드나 MIT 출신이 주류다. 비록 빌게이츠(MS)와 마크 저커버그(페이스북)가 하버드대학에 입학은 했지만 묘하게 둘 다 중퇴했다. 이 문명을 이끄는 디지털세계에서 창업 타이밍을 놓치지 않기 위해서다. 세상을 바꾼 애플의 잡스도 대학을 그만두었다. 이것이 의미하는 바가 크다. 신인류 '포노 사피엔스'의 문명코드를 이해하지 못하면 비록 천하의 하버드 출신이라도 이 혁명의 주류가 될 수 없다는 것이다.

그래서 구글과 같은 빅테크 기업들은 인력정책부터 완전히 바뀌었다.

신입직원을 채용할 때 어느 대학 어느 학과에서 학업성적이 얼마나 우수한지를 주목하지 않는다. 스펙(speck)과 같은 것은 거추장스럽게 여겨 아예 거들떠보지도 않는다. 경력직원을 뽑을 때도 상황은 마찬가지이다. 이전 직장에서 어느 부서에서 일했으며, 얼마나 많은 성과를 올렸는지에 그리 큰 관심을 두지 않는다.

이 사람이 살아오면서 끊임없이 자기성장을 위해 얼마나 노력하고 있는가를 가장 눈여겨본다. 기업 인력정책도 구성원이 서로 협력하며 어떻게 성장하게 할 것인가에 초점을 둔다. 어느 기업이든 조직구성원이 성장해야 기업이 성장할 수 있기 때문이다. 이제 한국기업에서도 신입사원을 채용할 때 대학을 따지지 않는 경향이 늘고 있다. 자기소개서와 에세이, 인터뷰 등으로 '블라인드 테스트'를 하는 기업이 많아지고 있다.

지금 미국에서 벌어지고 있는 교육논쟁에는 하버드를 비롯한 아이비리그 대학이 항상 논란의 중심에 있다. 이들 대학이 산업화의 맞춤형 교육을 너무나도 잘 주도해왔기 때문이다. 하지만 자기 최면에 걸려 스스로 변화를 꾀하지 못해 취업률이 떨어지고 대학 순위가 밀리면서 비판의 대상이 된 것이다. 물론 하버드도 변화하려고 무진 애를 써왔다. 하지만 워낙 기존 산업화 모델에 깊이 인이 박혀 변화의 물결을 타기가 쉽지 않았다.

하버드대학의 대변혁을 모색하던 로렌스 서머스 총장이 기존 교수들의 반발을 못 이겨 채 5년을 버티지 못하고 쫓겨났다. 당시 퇴출 명분은 '여성은 과학과 수학에서 남자보다 열등하다'는 구설수 때문인 것으로 알려졌다. 그러나 실상은 전혀 다르다. 클린턴 행정부 시절 재무장관을 역임한 서머스 총장은 새로운 문명의 흐름을 읽지 못하는 하버드대학을 개혁하기 위해 강력한 드라이브를 걸다 역풍을 맞고 나가떨어진 셈이다.

그는 하버드 역사상 최단명 총장(2001~2006년)이란 오명을 쓰고 물러났다. 이는 변화를 싫어하는 하버드 '꼰대' 교수들의 반발에 걸려 넘어진 것이다. 그 결과 디지털혁명의 교육혁신을 하버드가 주도하지 못하고 있다. 지금 전 세계 교육혁신을 이끄는 대학은 북동부지역의 명문 아이비리그가 아니다. 후발 명문으로 일컫는 스탠퍼드와 MIT가 앞장서고 있다. 그리고 이름조차 생소한 '미네르바', '싱귤래리티'와 같은 대학들이 혜성같이 나타나 하버드의 위상과 명성을 뛰어넘으면서 디지털세계를 이끌고 있다.

2

AI에 무너지는 '하버드대학'의 탄식

인공지능 앞에 한없이 작아지는 현대교육

인간의 뇌는 좌뇌 측두엽과 대뇌의 중앙 꼭대기에 두정엽이라는 두 가지 중추기능이 있다. 흔히 뇌과학자들은 하나는 문과형 영역이고, 다른 하나는 이과형이라고 말한다. 좌뇌 측두엽은 언어구사 및 추상적인 능력이 뛰어나고 인지력과 주의 집중력이 좋아 말을 조리 있게 잘하고 외국어도 쉽게 배운다. 따라서 문학, 법학, 정치학 등을 빠르게 습득해 인문사회계열에서 우수성을 드러낸다. 또 두정엽은 수학이나 과학의 능력을 발휘하게 된다. 우리는 이런 두 유형이 잘 발달된 사람을 머리가 좋다고 말한다. 이제까지 이런 사람이 법조계나 의료계 등 고급직종에서 리드역할을 수행해왔다. 이 두 영역의 뇌기능을 훈련시켜 잘 활용한 사람이 현대 사회에서 성공가도를 달리고 있다.

그런데 두 영역을 제외한 나머지 뇌중추기관이 발달한 사람을 우리는 머리가 좋다고 말하지 않는다. 자신의 생각을 소리나 몸짓으로 또는 그림으로 잘 표현하고, 엉뚱한 것을 상상하고, 감각기관이 발달해 한번 들은 소리나 냄새, 맛 등을 잘 감별하고 잊어버리지 않는 사람은 대개 학교교육에서 뒷전으로 밀려나 있었다. 그냥 너는 예체능이나 하라는 것이 고작이었다. 현대 사회에서 인류는 19세기 후반부터 약 1.5kg(1,500cc)의 전체 뇌 가운데 사회적 출세가도를 달릴 수 있는 좌뇌 측두엽과 두정엽만 평가하면서 이를 굉장히 선호해왔다. 현대 교육의 평가는 대부분 수리와 언어능력으로만 이루어지고 있다. 이외에 나머지를 잘하는 학생은 학교생활에 잘 적응하지 못해 종종 낙오자란 오명을 받는 경우도 있었다.

지금 우리의 공교육과 사교육은 모두 좌뇌 측두엽과 두정엽만을 개발하기 위해 그 많은 돈과 시간과 정열을 오롯이 쏟아붓고 있다. 어떻게 하면 실수하지 않고 정교하게 똑같은 지식을 머릿속에 집어넣을 수 있을까? 온 국민이 이러한 교육에 혈안이 돼 있다. 그러나 안타깝게도 이 영역은 이미 인공지능(AI)이 우리의 뛰어난 수재들보다 수천만 배나 우수한 능력을 발휘하고 있다. 향후 10여년 뒤에는 인공지능이 지금 똑똑하다고 부러워하고 칭찬하는 아이들이 가질 직업을 싹쓸이하게 된다. 그런데도 학부모들은 이를 외면하거나 잘 모르고 있다. 그 총명한 아이들을 바보로 만드는 줄도 모르는 채 '스카이캐슬(SKY castle)'이라는 허상에 매달려 허둥대고 있다.

 구미 선진국을 필두로 교육현장은 이미 AI시대에 살아남기 위해 몸부림치고 있다. 변화하지 않으면 '너도 죽고 나도 죽고 국가도 죽는다'는 벼랑 끝에 선 심정이다. 현대교육을 이끌어온 미국에서 변화의 강풍이 더 거세다. 물론 지금까지 이어져 온 학교교육을 전면 부정할 수는 없다. 하지만 변화의 물결에 편승하지 못하면 우리 아이들이 살아갈 길은 막막해진다. 뒤늦게 좌절의 벽에 부딪혀 후회한들 달리 묘안이 없다. 우리 학부모부터 변화의 물결을 이해해야 한다. AI에 경쟁력이 뒤떨어지는 '스카이캐슬'에 목을 맨 부모가 이 혁명의 문명코드를 읽는 혜안을 갖춰야 아이들을 더 나은 삶으로 안내할 수 있다.

 지난 20세기는 현대문명 발전의 상징인 대량생산 체제가 산업현장을 지배해왔다. 그런 현장을 이끌어온 산업화시대는 하드웨어가 주도하는 세상이었다. 하드웨어 세상은 미국 하버드 대학을 중심으로 한 아이비리그 대학들이 이끌어왔다. 그리고 인류는 바로 그런 '게임의 현장'에서 치열한 생존경쟁을 벌여온 것이다. 실제로 지난 100여 년간 지속된 산업화 시대는 담쟁이덩굴(IVY)로 뒤덮인 고색창연한 미국 북동부지역의 명문 8개 대학이 이끌었다. 하버드를 비롯한 예일, 펜실베이니아, 컬럼비아, 프린스턴, 다트머스, 코넬, 브라운 등이 현대학문을 주도했다. 하드웨어 시대의 교육은 지식기반의 정확성을 추구해왔다. 모든 교육이 정답을 찾는 게 목표였다. 우리의 인재들은 너도나도 아이비리그의 유학을 갈망했다. 수학과 과학을 잘하고, 언어구사능력이 뛰어나 국어와 영어를 잘하는 인재를 만드는데 모든 교육의 역량과 초점이 모아졌기 때문이다.

그러나 디지털혁명과 함께 더 이상 기존의 두뇌 게임으로는 이 가공할 AI를 당해낼 재간이 없다는 것을 깨닫기 시작한다. 이제 새로운 디지털 문명은 하드웨어가 아닌 소프트웨어가 이끌고 있다. 그 도도하던 하버드 대학도 미흡한 준비로 점차 몰락의 길로 들어서고 있다. 현재 소프트웨어 시대가 펼쳐지면서 기존 산업혁명에 기반한 하드웨어에 맞춰진 모든 교육이 디지털시대의 주인공인 인공지능(AI)에 속절없이 무너지고 있다. 이미 하드웨어 방식의 교육을 받은 인재들은 설 자리가 없다. 지금 산업 현장에서는 수능형(SAT) 교육시스템으로 만들어진 직업들이 빠르게 사라지고 있기 때문이다.

세계 금융계는 AI도구로서는 매우 허접하기 이를 데 없는 금융서비스 '핀테크(fintech)' 하나에 기존 시스템이 무너지고 있다. 향후 10년 내에 현재 직업의 90%가 AI로 대체될 것이라는 말이 공허한 메아리가 아니다. 디지털혁명을 이끄는 인공지능이 대학을 졸업한 우리 아이들의 직업을 점령해가고 있다. 꿈의 대학인 하버드를 비롯한 아이비리그와 한국의 스카이캐슬이 무너지는 소리가 지금 우리 귀에 들려오고 있지 않는가?

지금 디지털혁명으로 세상에는 경쟁의 룰과 게임의 판이 깡그리 바뀌고 있다. 미국은 하버드를 비롯한 아이비리그 대학들이 저조한 취업률로 혼란에 빠져들면서 자성의 목소리가 높다. 교육계에서는 이들 대학이 비판의 대상이 되고 있다. 무엇보다 '하버드 대학의 종말'이란 말이 미국 내부에서부터 터져 나오고 있다. 하버드대학이 거세게 휘몰아치는 디지털혁명의 광풍에 스스로 대처하지 못했기 때문이다. 산업화에 최적화된 명문대학들이 그동안 누려온 영광과 자부심이란 오만과 편견에 갇혀 있었다. 그래서 생존을 위해 스스로 꼬리를 자르는 '도마뱀의 지혜'를 깨닫지 못한 대가를 톡톡히 치르고 있는 것이다.

지난 2022년 세계 상위 10개 대학 순위에서 이미 하버드 대학이 중위권인 5위로 밀려났다. 교육전문가들은 하버드 대학의 위상이 갈수록 추락할 수밖에 없다고 지적한다. 도표와 같이 MIT와 스탠퍼드, UCLA와 같은 후발 명문대학들이 이미 하버드를 앞질렀다. 이 혁명의 코드를 먼저 읽고 혁신에 앞장선 아리조나주립대와 올린공대 등 많은 대학들이 취업률에서는 하버드를 비롯한 기존 명문 아이비리그대학을 앞서고 있다. 또 아직 평가 대상에 오르지 못한 많은 대학들이 하버드대학을 위협하고 있다. 흔히 신명문대학으로 불리는 '미네르바스쿨'과 '싱귤레리티대학'이 하버드의 위상을 훨씬 뛰어넘고 있다. 이제 혁신에 실패한 하버드대학은 점점 후순위로 밀려나지 않을 수 없다. 그래서 하버드대학의 종말이란 말이 나오는 것이다.

2022 QS 세계대학 취업역량평가 세계 상위 10개 대학

순위	국가	대학명
1	미국	MIT
2	미국	스탠퍼드대
3	미국	UCLA
4	호주	시드니대
5	**미국**	**하버드대**
6	중국	칭화대
7	영국	옥스포드대
8	호주	멜버른대
9	미국	코넬대
10	홍콩	홍콩대

앞으로 좌뇌에 기반한 산업화시대 교육시스템의 커리큘럼으로 배출되는 인재들은 디지털세계에서 더 이상 설자리가 없다는 것이 분명해지

고 있다. 수능(SAT)이란 맞춤형 교육을 받은 인재는 미국 스타트업의 산실로 불리는 실리콘밸리에서는 생존하는 것이 어렵기 때문이다. 벌써 그 총명한 아이들이 열등한 존재로 취급을 받고 있다. 현재 세계적인 스타트업 창업주들 중에는 아이비리그 출신은 없다. 빌게이츠와 마크 저커버그가 하버드 출신이라고 반박한다. 하지만 두 인재는 모두 이 혁명의 본질을 미리 꿰뚫고 대학을 중퇴했다. 이는 하버드식 교육으로는 이 혁명을 이끄는 것이 더는 불가능하다는 것을 알아차렸기 때문이다. 디지털혁명의 산실인 실리콘밸리에서 외면당하는 하버드 대학의 탄식이 지금 우리의 교육현장에서도 듣고 있다.

명문대가 성공의 보증수표는 아니다

산업화시대는 명문대학이 인재를 양성하는 중요한 역할을 해왔다. 그래서 좋은 직업을 구하기 위해 너도나도 명문대학 입학에 목을 매고 청춘을 불태웠다. 누구나 명문대학에는 곧 내 인생의 '구세주'가 있는 곳이라고 믿었다. 미국을 중심으로 구미 선진국들은 19세기 말에서 21세기 초입까지 100년 이상 성공이 보장되는 명문대학 출신들이 좋은 열매(직업)를 탐닉해왔다. 우리도 1970년대 이후 반세기 가량 명문대학은 곧 성공의 보증수표였다. 그러나 디지털 '혁명군'인 인공지능(AI)이 그 공식을 완전히 깨뜨려버렸다.

이제 우리 아이들이 명문대 입학에 매몰되면 앞으로 인생은 더없이 팍팍해질 수밖에 없다. 눈앞서 펼쳐지고 있는 모습을 보고도 스스로 변화하지 않는 아이들은 행복한 미래를 꿈을 꿀 수 없다. 디지털시대는 AI가 세계적인 명문대학들이 배출한 어떤 우수한 인재보다 훨씬 더 뛰어난 능력을 발휘하기 때문이다. 전 세계적으로 대학졸업자들의 취업률이 해가 갈수록 낮아지는 현상이 이를 대변하고 있다.

마이크로소프트(MS) 빌게이츠는 "하버드 대학이 한 세기 이상 해마다 1,700명(석·박사 200명 포함)의 학생을 선발해왔다"면서 "곧 인공지능(AI)시대가 본격화하면 산업현장이 필요로 하는 인재는 10% 미만이 될 것"이라고 밝혔다. 그러면서 "나머지 그 똑똑한 1,600명은 AI에 대체될 수밖에 없다"고 주장한다. 이는 디지털혁명에 걸맞은 자기변화를 스스로 꾀하지 않으면 살아남기가 어렵다는 것을 촉구한 말이다.

실제로 하버드와 같은 명문대 출신은 인공지능(AI) 앞에서는 유치원생에도 미치지 못한다. IT기업들이 그런 인재를 데려갈 바보가 아니다. 이미 실리콘밸리의 빅테크 기업은 연구개발(R&D)을 비롯한 다양한 분야에서 하버드 대학생보다 훨씬 더 일 잘하고 말 잘 듣는 AI를 선호하고 있다. 이 혁명을 이끄는 IT기업은 수능형(SAT) 인재보다 다양한 영역에서 훌륭한 아이디어를 가진 인재를 요구하고 있다.

3

굿 아이디어 하나가 인생을 바꾼다

좋은 생각은 '철학적 상상력'에서 나온다

베이컨이나 데카르트 같은 탁월한 통찰력을 가진 철학자의 사고가 17세기 근대 지식사회의 문을 열었다. 하지만 이 시대를 이끄는 디지털혁명은 지식이 아니라 세상을 바꿀 아이디어를 가진 인재를 찾고 있다. 디지털세계를 이해하는 사람은 이 혁명의 고동소리를 먼저 듣고 있다. 디지털시대를 이끄는 세계 10대 기업이 더는 지식기반 제조업이 아니다. 훌륭한 아이디어 하나로 막대한 부를 거머쥔 기업들이다. 이 시대는 단순한 암기지식보다 뛰어난 아이디어 하나가 더 큰 성장과 부를 보장해주기 때문이다.

이 같은 흐름이 점점 대세로 굳어지면서 세상은 전혀 다른 모습으로 바뀌어가고 있다. 디지털혁명은 우리를 둘러싸고 있는 눈에 보이지도 않는 원자세계를 사물인터넷, 웨어러블 디바이스 등으로 모니터링한 데이터를 통해 세계가 어떻게 움직이고 돌아가는가를 알려준다. 물질을 비트화 할 수 있는 각종 소셜미디어를 활용한 데이터로 인간의 생각을 읽어낸다. 또 사물인터넷이 주변에서 일어나는 일들을 실시간으로 모니터링해 정보를 주고받고 막대한 데이터를 축적하면서 새로운 문명을 이끌고 있다.

이제 데스크탑이든 PC든 모바일이든 태블릿PC든 AI는 우리가 시키는 모든 일을 수행한다. 물론 두 가지 조건이 있다. 하나는 수학적으로 완결된 구조를 가진 알고리즘을 짜야 한다. 또 하나는 이 구조가 문자와 숫자로 표현이 가능해야 한다. 이를 '프로그래밍' 또는 '코딩'이라고 말한다. 알고리즘을 잘 갖춘 '프로그래머블한 작업'이라면 무엇이든 다 수행할 수 있다. 그러나 앞으로는 이 알고리즘마저도 필요가 없어진다. 이 만능의 도구가 개인에게 주어지면서 누구나 부자를 꿈을 꿀 수 있다. 설령 자본가가 아니어도, 좌·우뇌를 잘 사용하는 수재가 아니어도 된다. 다만 좋은 아이디어만 있으면 하시라도 대기업주와 어깨를 겨룰 수 있다. 이런 세상이 정말 놀랍고 희망적이지 않은가?

지금 우리가 열광하는 지능을 가진 기계(PC)는 20세기 후반(1978~1979년경)에 등장한다. 처음부터 그렇게 엄청난 기능을 발휘한 것은 아니었다. 하지만 '디프 러닝(Deep learning)'의 진화로 디지털세계의 변화는 가히 혁명적이다. 지금 온라인 쇼핑몰과 같은 사업을 누구나 적은 자본으로 진행할 수 있다. 사업공간이 오프라인에서 온라인으로 옮겨가면서 주변에는 텅 빈 가게들이 점차 늘어나고 있다. 누구나 좋은 아이디어만 있으면 공간이나 자본이 없이도 디지털 인터넷상에서 부를 꿈꿀 수 있다. 바야흐로 아이디어로 승부하는 세상이 된 것이다.

그런 IT기업들이 이 세상을 주도하고 있다. 이들은 모두 아이디어 하나로 성공한 기업들이다. 아마존, 페이스북, 트위터, 우버, 에어비앤비 등 다 헤아릴 수 없이 많다. 지금도 아이디어 하나로 유티콘(1조원대 기업)이 탄생하는 일들이 실리콘밸리를 중심으로 날마다 벌어지고 있다. 최근 미국 최장수 비즈니스 잡지 〈포춘: Fortune〉은 "2023년 현재 세계 500대 기업의 10% 미만이 기존 제조업기술 기업"이라고 밝혔다. 경제부국인 미국의 10대 기업과 대국 중국의 10대 기업들도 마찬가지다. 모두 뛰어난 아이디어 하나로 엄청난 부를 창출해낸 것이다.

우리도 2000년 이전에는 대다수 기존 제조기업이 부를 창출하는 사회였다. 모든 사람에게 기회가 동등하게 주어지지는 않았다. 금수저로 태어나지 않으면 대기업의 주인이 되는 것은 감히 상상조차 할 수 없었다. 지금 IT기업이 주도하는 현장에서는 그런 불평등이 사라지고 있다. 우리도 네이버, 카카오, 넷플릭스 등 아이디어 기업들이 속속 10대 부자의 반열에 오르고 있다. 현재 국내 10대 부자순위에 오른 사람들은 금수저 출신인 삼성가와 현대차 그룹의 자녀들뿐이다. 이들 외는 모두 신생 IT기업의 주인공들이다. 특히 지난 수십 년간 부자 1위를 지키던 삼성 이재용 회장마저도 올해 처음으로 IT기업 창업주 권혁빈에게 그 자리를 내주었다.

2023 국내 10대 부자 현황

1위. 권혁빈 = 게임회사 스마일게이트 창업주. 11조5천 억

2위. 이재용 = 이건희 아들. 삼성전자 회장. 11조4천 억

3위. 서정진 = 셀트리온 창업자. 8조

4위. 김범수 = 카카오 창업자. 7조

5위. 홍라희 = 이건희 부인. 6조

6위. 정몽구 = 현대자동차그룹 명예회장. 5조

7위. 이부진 = 이건희 첫째 딸. 호텔신라 대표이사. 4조5천 억

8위. 송치형 = 가상화폐 업비트 운영자〈두나무 창업자〉. 4조5천 억

9위. 조정호 = 메리츠금융그룹 회장. 4조5천 억

10위. 이서현 = 삼성복지대단 이사장 및 삼성미술관 리움운영위원장. 4조

실제로 애플의 스티브 잡스가 세상에 내놓은 스마트폰의 등장은 굉장히 충격적이다. 잡스는 데스크탑을 압축한 스마트폰을 개인의 손바닥에 올려놓았다. 우리는 실시간 손바닥에서 온 세상을 훤히 들여다보고 있다. 이제 인간은 신의 대리인이 된 것이나 다름없다. 원하는 것은 무엇이든 손바닥 안에서 모두 해결할 수 있다. 2000년 이후 태어난 밀레니엄 아이들은 기존 인간과 생활양상이 사뭇 다르다. 그래서 이들을 일러 새로운 인간종인 '포노 사피엔스(phono sapiens)'로 별칭하고 있다. 이들 '포노 사피엔스'는 법률, 금융, 의료 등 고급 지식을 갖고 교만을 부리던 인간들을 비웃는다. 그 잘난 지식인들이 지금 나락으로 내몰리고 있는 모습이 한없이 처량해 보인다.

디지털시대 창의성은 '편집(editing)'이다

오프라인 사회에서 '창의적(creative)'이란 새로운 생각이나 의견을 가진 것을 의미한다. 우리는 역사의 발명왕으로 에디슨을 꼽는다. 그는 언제나 자기만의 생각으로 새로운 것을 만드는 창의적인 아이디어를 가진 사람이었다. 지금까지 우리는 뭔가 이전에 없었던 새로운 것을 만드는 것을 창의적이라고 믿는다. 그러나 디지털세계에서 창의적 개념은 전혀 다르다. 이를테면 유튜브(YouTube)에 영상이나 콘텐츠를 업로드하는 사람을 '유튜버(YouTuber)'나 '유튜브 크리에이터(YouTube creator)'라고 말한다.

그런데 크리에이터의 개념은 본래 '창조자(신)' 또는 '새로운 고안자'를 뜻한다. 하지만 '유튜브 크리에이터'는 이용자 경험이 매우 중요하다. 따라서 디지털시대의 창의적이란 상호작용으로 새로운 경험을 만들어 주고 알려주는 것을 말한다. 지금 유튜버들이 기존 창의적인 개념으로 혼자 유튜브를 한다면 좋은 콘텐츠를 생성할 수 없다. 유튜버들이 수십만 수백만 팔로워들과 함께 새로운 붐을 이루어 나가기란 어렵다. 유튜버 혼자서 지금처럼 유익하고 매력 있는 콘텐츠를 만든다는 것은 사실상 불가능하기 때문이다. 그러나 디지털시대의 유튜버들은 이미 나와 있는 정보를 연결하고 융합해서 흥미롭고 유익한 콘텐츠를 만들어 굉장한 인기를 끌고 있다. 그래서 디지털 온라인상의 창의성(creativity)은 유튜버들이 상대 팔로워들과 상호작용하면서 공유할 가치를 만드는 것을 의미한다. 지금 좋은 아이디어를 가진 재능 있는 유튜버들이 팔로워들과 협업하고 있다. 이를 통해 유익하고 새로운 가치를 생산하며 높은 소득까지 누리고 있는 것이다.

좀 더 구체적으로 디지털시대 창의성이란 무엇인가? 사람마다 창의성을 설명하는 개념이 조금씩 다르다. 그러면 가장 박식하다고 생각하는 위키피디어나 최근 출현한 챗GPT에게 한번 물어보자. 이들은 창의성을 "새로운 것을 생각해 내는 특성"이라고 정의한다. 새로운 것이란 '생전

듣도 보도 못한 것' 또는 '누구도 상상하지 못한 것'이라고 한다면 그런 것을 도대체 누가 만들 수 있단 말인가. 듣도 보도 상상도 못한 것을 만들어 낼 수 있는 능력은 신 외에는 아무도 발휘할 수가 없다. 그래서 새로운 것을 생각한다는 창의성은 어디에선가 본 것을 머릿속에서 다시 상기해 확대재생산하는 것을 의미한다.

이를 종합하면 디지털시대의 창의성은 우리가 알고 있는 것, 너무나 익숙해서 있는 줄도 모르는 것들을 새롭게 느끼도록 만들어 주는 것을 뜻한다. 이를 전문가들은 다른 말로 "낯설게 한다, 또는 다르게 보이도록 편집한다"고 설명한다. 디지털시대 창의적이란 의미는 하늘에서 뚝 떨어진 것이 아니다. 유튜브 운용자처럼 팔로워들과 유튜브 플랫폼도 성장시키고 사회적 가치를 확장해 나가는 것이 창의성이다. 이런 창의성으로 새로운 것을 편집하고 만들어내기 위해 서로 공감하면서 협업과 융합으로 유익한 가치를 생산하는 것이 이 혁명의 특징이다. 따라서 '창의성'은 창조적 성질을 의미한다. 나아가 이는 이미 존재하는 것을 가져다 유익하게 만들어 내는 '편집'을 말하는 것이다.

스티브 잡스도 "디지털시대는 편집이 그 어느 때보다 중요하다"고 주장하면서 "지금은 유능한 편집자가 성공하는 시대"라고 강조했다. 흔히 신문과 잡지, 방송에서 새롭게 다듬고 재구성하는 것만이 편집이 아니다. 경제와 사회, 정치 등 모든 분야에 이르기까지 편집이 이뤄지고 있다. 그래서 편집이 권력이 된지 이미 오래다. 이제 정보는 넘쳐난다. 이 많은 정보를 가지고 무엇을 편집할 것인가? 예를 들면 매운탕을 요리할 좋은 재료가 있다고 하자. 어느 요리사가 이 풍부한 재료를 가지고 맛있는 매운탕을 끓여내느냐가 바로 요리의 장인이다. 우리 속담에도 "구슬이 서 말이라도 꿰어야 보배다."라고 한다. 편집은 엄청난 능력을 발휘하는 신의 손이나 다름없다. 그래서 수능형 인간에게서 나오는 것이 아니다. 창의성을 가진 인간들의 협업에서 더 큰 편집능력을 발휘한다.

편집이 현대 지식인들을 좌절시킨다

지난 2009년 인터넷 토론 게시판 아고라에 '미네르바'란 이름으로 된 '대정부 긴급공문발송 1보'라는 글이 올라온다. 내사에 착수한 검찰은 글을 올린 미네르바라는 필명의 당시 31세 박 모 씨(1978년)를 인터넷을 통한 허위사실 유포혐의로 긴급체포한다. 박 씨는 검찰조사에서 해외금융회사에서 일한 경험이 없고, 경제학도 전공하지 않은 전문대 출신의 무직자로 밝혀진다. 네티즌은 큰 충격을 받는다. 그들은 저마다 이구동성으로 "전문대출신 무직자라고?", "뒤통수 제대로 맞았네!", "전문대출신 독학자가 어떻게 이런 글을 올릴 수 있나?", "믿을 수 없다!"는 반응의 댓글을 쏟아냈다.

하지만 미네르바 사건이 밝혀지기 전까지 게시판 아고라에서는 수많은 네티즌의 옹호 댓글이 줄을 이었다. "정말 대단한 경제학 교수다", "최고 경제연구소에서 근무하는 전문가가 가명으로 글을 올리고 있다"는 등 그의 글은 가히 칭찬 일색이었다. 또 그를 지지하는 많은 대학교수들까지도 '그 이론이 맞다'고 맞장구쳤다. 그러면서 글이 한창 회자될 즈음 코너에 몰린 관계부처 장관은 해명하느라 진땀을 뻘뻘 흘리며 그 이론이 틀렸다고 거품을 물었다. 미네르바 글로 사회가 온통 혼란스러울 때 그가 전문대 출신의 무직자라는 결론이 나오자 모두 허탈감에 빠진 것이다. 이는 오롯이 편집 능력이다.

또 이와 유사한 사건이 앞서 2000년대 초에도 있었다. 세계적인 명문 하버드대, 도쿄대, 베이징대, 대만대학 출신임을 입에 침이 마르도록 자랑하며 시청자들을 주눅 들게 하던 김용옥 씨가 EBS와 KBS에서 '노자' 강의를 한 적이 있다. 현란한 화술에다 명문대 간판으로 덧칠한 김 씨가 우매한 시청자들을 가지고 노는 것은 식은 죽 먹기였다. 그런데 김용옥 씨가 노자 강의로 한창 주가를 올릴 당시 중학교를 졸업한 평범한 주부가 혜성처럼 나타난다. 그녀가 쓴 책이 바로 『노자를 웃긴 남자』이다. 그리고 책 속의 주인공 남자가 바로 '그 유명한' 김용옥 씨다. 비록 중학교를 나온 주부 작가가 쓴 책이지만 내용이 너무나 알차고 깊이가 있어 벼락같이 베스트셀러에 오른다. 그리고 그 '잘난' 동양철학자 김용옥 씨를 한껏 우롱한 것이다.

이제 이러한 사건들은 단순한 해프닝이 아니다. 디지털시대 지식은 더이상 권력이 아니라는 것을 적나라하게 보여준 것뿐이다. 이 충격의 본질은 전문대 출신의 무직자도 저런 어마어마한 지식을 가져다 편집할 수 있다는 것을 증명한 것이다. 또 누구나 자기 목표를 가지고 재미있게 평생학습을 한다면 세계적인 명문대학 간판보다 나은 실력을 발휘할 수 있다는 것을 보여준 것이다.

이제 디지털세계에서 AI가 주도하는 교육혁명의 주인공은 수능성적이 뛰어난 자들이 아니다. 누구든 인터넷 마우스가 있는 세상에서는 웬만한 지식을 퍼와 확대재생산할 수 있다. 이 혁명을 주도하는 인공지능(AI)은 그동안 지식권위를 누려온 교수, 박사, 전문가들의 삶을 보잘것없게 만들어버린다. 교육전문가들은 산업화시대 지식권력의 상징이던 세계적인 명문대학들도 디지털세상의 변화를 읽지 못하면 예외 없이 몰락의 길을 갈 수밖에 없다고 진단한다.

4

하버드대학을 뛰어넘은 '신 명문대학'

'미네르바스쿨'을 아시나요?

내 주변에는 아직도 하버드대학보다 입학이 어렵다는 그 유명한 '미네르바스쿨(Minerva School)'을 제대로 알고 있는 사람들이 흔치 않다. 벤 넬슨이 설립한 미네르바스쿨은 세상에 없던 전 세계 대학계의 대안학교라 부르기도 한다. 또는 대학계의 스타트업(start-up: 벤처대학)이라고도 말한다. 그래서 이 세상에서는 그 누구도 이전에는 본 적이 없는 새로운 대학이다. 이 대학은 지난 2010년 설립되어 2014년 28명의 첫 신입생을 받았다. 이후 꾸준히 학생 수가 늘어나면서 최근 몇 년 전부터는 해마다 100~200명의 신입생을 뽑고 있다. 2022년 현재 한국 학생들도 20여 명이 재학 중이다.

미네르바스쿨의 수업은 온라인 인터넷 강의로 대부분 진행되고 있다. 캠퍼스라는 개념이 따로 없다. 미국의 샌프란시스코, 영국의 런던, 독일의 베를린, 아르헨티나의 부에노스아이레스, 인도의 하이데라바드, 대만의 타이베이, 그리고 우리 한국의 서울 등 모두 7개 도시에 단지 기숙사만 가지고 있을 뿐이다. 강의실도 도서관도 따로 존재하지 않는다. 대신 다른 학교에서는 볼 수 없는 특별한 수업방식이 있다. 이는 곧 온라인 플랫폼을 이용해 수업을 진행하는 것이다. 학생들은 모두 온라인상에서 적극적으로 수업에 참여한다. 교수들은 수업 도중 적절한 타이밍에 곧 바로 질문에 참여하는 특이한 방식의 프로그램으로 교육이 이루어지고 있다.

미네르바는 새로운 대학교육을 고민하던 전 IT벤처기업 최고경영자(CEO)인 벤 넬슨과 하버드대학 사회과학부 학장 출신인 스티븐 코슬린 교수가 만든 대학이다. 각종 기업들로부터 1억 달러(약 1300억 원)의 투자를 받았다. 개교 7년 만에 모두 4만여 명이 몰려왔으며 지원자 합격률은 고작 1.9%였다. 미네르바는 합격률이 하버드대학(5.2%), 예일대학(6.3%), 스탠퍼드대학(4.7%)보다 현저히 낮다. 세계에서 가장 들어가기 어려운 대학으로 평가되는 이유다. 최종적으로 미네르바스쿨을 선택한 학생은 150명으로 50%의 학생들이 등록했다. 이는 미국의 일반 사립대학 등록률(35%)보다 높은 편이다.

미네르바 설립자인 벤 넬슨은 "우리는 미네르바가 미래대학의 모습이기를 바란다. 미네르바스쿨을 통해 보다 나은 대학교 모델이 있다는 사실을 알려줄 수 있다"며 "미네르바의 모델을 보면서 교육의 질을 높일 수 있고 비용을 낮추어 보다 많은 학생에게 열려있는 학교로 탈바꿈할 수 있을 것"이라고 말한다. 미네르바는 4년 동안 7개 나라를 돌며 공부한다. 미네르바스쿨은 전 세계가 캠퍼스다. 기존 대학은 4년 동안 한 지역의 캠퍼스에 갇혀 지내면서 큰 세계를 경험하기가 어렵다. 그러나 미네르바의 재학생들은 진짜 세계현장을 누비며 다양한 문화를 직접 눈으로 보고 체험한다. 그리고 그 지역에서 일어나는 다양한 문제를 해결하는 것이 큰 의미가 있다"고 설명한다.

지난 2019년 9월에는 한국 서울의 노원구 중계동에 있는 미네르바스쿨 한국 기숙사에 모여서 수업을 한 적이 있다. 세계 각국에서 모두 250여 명의 학생과 교수진이 한국 기숙사를 찾아왔다. 함께 보내는 시간은 약 4개월이었다. 하지만 이들은 서울은 물론 전국 도시와 농촌 지역을 두루 찾아다니면서 새로운 문화를 마음껏 체험했다. 당시 학생들은 스스로 자신이 원하는 지역을 돌아다니면서 다른 문화와 문명을 탐구하고 익히는 데 집중하는 모습을 보여주었다. 이들은 다양한 나라의 문화를 직접 체험하는 것은 세계에 대한 이해의 폭을 넓혀가는 기초지식이자 소중한 자산이 된다는 것을 깨닫는다. 또 이를 통해 자기 삶의 방식만이 모두가 아니라는 것을 이해하며 인간에 대한 폭넓은 경험을 축적하게 된다.

수업은 교수와 학생들이 시간에 맞춰 카페든 잔디밭이든 어디든지 자리를 잡아 인터넷을 열면 그곳이 바로 교실이다. 인터넷강의라고 해서 녹화된 동영상 강의를 듣는 것이 아니다. 모든 수업은 실시간으로 이루어진다. 교수님이 준비한 주제에 찬성과 반대 의견을 나타내면서 반대 의견을 낼 때는 그 근거를 조리 있게 설명해야 한다. 무엇보다 학생들의 적극적인 참여가 가장 중요하다. 수업에 더 깊이 참여하기 위해 사전에 철저한 준비가 필요하다. 일방적인 강의 대신 학생이 미리 학습한 내용을 바탕으로 수업을 진행해 배움의 중심을 교수가 아닌 학생으로 옮기는 학습방식을 채택한다.

AI 수능형(SAT) 인재를 무능하게 만든다

당시 2학년에 재학 중인 한국 학생 최다나 씨는 인터뷰에서 "거꾸로 교실 방식으로 수업을 준비한다. 수업을 시작할 때 수업을 얼마나 열심히 잘 준비를 해왔는지 질문을 하고 대답한 뒤 그 내용에 대해 이야기를 나눈다. 보통 한두 가지 활동수업이 있는데, 그 수업을 배우는 과정에서 최적화된 방식으로 수업을 진행하고 있다"고 설명한다. 수업에 참관하는 교수가 직접 학생의 참여도를 실시간으로 체크하고 학생들의 반응을 면밀히 살피면서 곧바로 대응을 한다. 강의마다 18명이 넘지 않은 소규모 수업을 유지하는 것은 학생 한 명 한 명에 집중하기 위해서다.

미네르바스쿨 창설멤버인 스티븐 코슬린 교수는 "미네르바가 제공하는 수업방식은 학생들이 끊임없이 변화하고 있는 디지털세계에 적응할 수 있도록 새로운 도구를 제공하기 위한 것"이라며 "졸업한 후에도 적응을 잘해나가면서 성공적인 인생을 준비하기를 바란다"고 언급했다. 그러면서 "미네르바스쿨 학생들의 배움의 목표는 세상을 살아가기 위해 필요한 능력의 구성요소이자 사고하는 방식을 배우는 것"이라며 "대학은 이를 '비판적 사고(thinking critically)', '창의적 생각(thinking creatively)', '효과적 의사소통(communicating effectively)', '효과적 상호작용(interacting effectively)' 등 네 가지로 나눴다"고 강조했다.

미네르바스쿨은 전체 약 80%가 미국인이 아닌 전 세계 70여 개국에서 온 다른 나라 학생들로 구성된다. 이들이 서로 다른 문화와 다른 관습들을 배우면서 함께 공부를 한다. 미네르바는 미국 명문대학 입학의 바로미터이자 우리나라의 수능격인 SAT를 참고하지 않는다. 연간 학비는 29,000달러(약 3,800만 원)로 미국의 웬만한 사립대의 3분의 2 정도 수준이다. 다른 대학처럼 넓은 캠퍼스를 갖추느라 부동산을 매입해 건물을 짓지 않기 때문에 상대적으로 저렴한 학비로 대학을 운영하는 게 가능하다. 수업은 월·화·수·목요일 주 4회 이뤄지며 모든 수업은 온라인 화상교육으로 진행된다.

미네르바스쿨의 재학생들은 인문학부터 컴퓨터 프로그램 코딩에 이르기까지 전 분야를 통섭해서 배운다. 3학년 때 선택할 수 있는 전공도 '사회과학과 뇌신경과학', '컴퓨터과학과 데이터과학'처럼 모든 과목이 2~3개의 세부 전공으로 모두 융합되어 있다. 복잡한 미래 디지털혁명의 세계에서는 수학, 물리학, 화학, 생물학, 인문, 역사, 철학 등 한 개 학문 분야의 지식으로는 문제를 해결하기가 어렵기 때문이다. 또한 똑같은 이슈라고 해도 다양한 관점과 여러 가지 시각에서 바라보고 해결책도 융합으로 찾아내는 방법을 학습하고 있다.

지금 디지털혁명에 대비한 미네르바스쿨과 같은 새로운 유형의 명문대학들이 빠르게 부상하고 있다. 반면 기존 명문대학들은 위기를 겪고있다. 미래학자 토머스 프레이는 "2030년 이전에 세계 대학의 50%가 사라질 것"이라고 예측한 바 있다. 기존 대학이 위협을 받는 것은 지식 습득 위주인 기존 교육체계가 붕괴 위기에 놓였기 때문이다. 지식 습득 위주의 교육이 붕괴하는 것은 디지털시대의 AI로 상징되는 미래의 혁신기술 때문으로 풀이된다. 우리의 한국직업능력개발원에서도 앞으로 10년 뒤엔 일자리 중 절반 이상이 인공지능(AI)으로 대체된다는 전망을 내놓아 이 같은 견해를 뒷받침하고 있다.

새 문명코드를 읽어야 AI와 경쟁한다

디지털혁명이 진행되는 시대적 상황에서 인간은 AI와의 경쟁에서 살아남기 위해 새로운 역량을 길러야 한다. 미네르바스쿨은 산업화시대 맞춤형 수능시험(SAT)으로 학생을 뽑지 않는다. 수능형(SAT) 인재를 길러내는 현재의 교육체계로는 이런 역량을 기르는 데 분명한 한계가 있기 때문이다. 지금처럼 문과와 이과를 나누고 국어, 영어, 수학, 과학 중심으로 암기 위주의 수업을 하면 미래 인재는커녕 당장 필요한 인재도 키울 수 없다는 것이다. 디지털시대는 무엇보다 학문간 경계를 허물어 서로 협업하고 공감하면서 융합할 수 있는 교육프로그램이 필요하다. 그래서 미네르바는 '통섭학문(scientific consilience)'의 능력을 키워주는 교육방식으로의 제도를 개편한 것이다.

무엇보다 미네르바스쿨의 입학전형 질문들은 기존 대학의 정형화된 내용에 비하면 굉장히 독특하다. 대부분 질문이 전혀 예상치도 못한 것들이다. 이를테면 100세 시대를 이야기하는 요즘에 도리어 '기대 수명이

30세라면 당신은 무엇을 할 것인가?' 또는 '왜 지혜로운 노인만 있는가, 젊은이는 지혜로울 수 없는가?', '당신이 누군가를 싫어한다면 그냥 그렇게 살도록 놔둬라'는 일본 속담에 대한 생각을 말해보시오. 미네르바스쿨은 학생들에게 SAT와 같은 시험점수를 요구하는 대신 창의적인 답변을 요구한다. 그리고 예상 밖의 질문을 통해 학생의 성장가능성과 문제해결 능력을 읽어낸다.

설립자 벤 넬슨 씨는 "우리는 재능 있는 사람, 열심히 일하는 학생을 찾는다"면서 "특히 리더십을 보여준 활동이나 창의성이 돋보인 활동, 난관을 극복한 경험, 인내의 흔적 등을 내밀히 들여다본다"고 설명한다. 또 스티븐 코슬린 학장은 "학생들에게는 필요 없는 재능이 있는데, 바로 시험 보는 능력"이라며 "실제로 대부분 대학생들이 학교를 졸업한 뒤에 시험을 볼 일이 그렇게 많지 않다. 운전시험을 제외하고는, 하지만 그것 외는 시험 잘 보는 능력이 현실에서 얼마나 도움이 될까요?"라고 반문한다.

미네르바스쿨은 암기 잘하고 시험에서 점수 잘 받는 학생을 배출하는 것이 교육의 목표가 아니다. 이러한 재능은 반복적으로 돌아가던 산업화 시대의 현장에서나 잘 맞아떨어졌다. 하지만 스스로 생각할 줄 아는 지능을 가진 기계의 출현, 우리는 이 기계 앞에서 생존을 위한 대비가 시급하다. 코슬린 학장은 "지금 우리 사회가 우려하고 있는 가장 큰 사안 중 하나가 AI의 출현이다. 기계가 사람을 대신해 무엇을 할 수 있을지에 대한 염려가 크다"면서 "이제 대학과 같은 고등교육기관이 중점을 두어야 할 것은 기계가 가장 어려워할 분야에 대한 재능을 키우는 일이다. 이는 곧 비판적 사고, 창의적 사고, 효과적인 소통 및 상호작용 능력과 같은 것"이라고 주장한다.

세상에 없던 대학, 인공지능 시대를 선도하는 고등교육의 현장에서 학생들은 호기심과 초롱한 눈빛으로 세상을 내다보면서 새롭고 창의적인 것들을 탐구한다. 미네르바스쿨 학생들에게서 인공지능시대를 대비해가는 교육방식이 매우 새롭고 신선하게 다가온다. 그런 미네르바스쿨이 키우고 변화시키려는 학생은 어떤 요건을 갖추어야 할지 궁금해진다. 미네르바스쿨이 요구하는 학생들의 소양은 대여섯 가지로 요약된다.

무엇보다 호기심이 남달라야 한다. 그리고 한 분야 이상에 깊은 열정을 쏟을 수 있어야 한다. 요즘 학자들이 주장하는 통섭학문의 필요성을 강조한 것이다. 특히 성실해야 하며, 공동으로 협업할 수 있는 좋은 인성을 가진 온화한 성품의 소유자여야 한다. 마지막으로 남을 배려할 줄 아는 겸손함이 몸에 깊이 배 있어야 한다. 미네르바 스쿨은 이와 같은 것이 바로 "새로운 문명을 주도하는 인공지능(AI)과 경쟁할 학생들이 갖춰야 할 기본 소양"이라고 강조한다.

싱귤래리티(Singularity) 대학

지구 대표들이 모인 하나뿐인 전문가 대학

미국의 장래가 달려 있다는 학문의 전당이 바로 실리콘밸리의 '싱귤래리티 대학'이다. 이 대학의 특징은 인류의 삶을 획기적으로 바꿀 최첨단 대학의 모습을 갖추고 있다. 따라서 미래의 모습을 먼저 선보이고 만들어가는 세상에 둘도 없는 인류 최초의 교육기관이라고 말한다. 여기서 싱귤래리티라는 용어가 우리의 이목을 사로잡는다. 싱귤래리티의 수학 및 물리학적인 의미는 어떤 기준을 정했을 때, 그 기준이 적용되지 않는 특이한 시점을 뜻한다. 이를 과학기술계에서는 '기술이 기하급수적 속도'로 발전해 과학기술의 '빅뱅'이 일어나는 한 시점을 일컫는 용어로 사용된다. 디지털시대 '기술적 특이점'은 AI의 발전이 가속화돼 인류의 지성을 모두 합친 것보다 더 뛰어난 강한 인공지능(AI)이 출현하는 시점을 말하기도 한다.

싱귤래리티 대학의 홈페이지에는 "혁신적인 프로그램과 이벤트를 통해 미래를 위한 글로벌 리더와 조직을 준비한다. 우리는 세계적 수준의 전문가, 선구적인 실무자 및 졸업생, 파트너 및 영향력 있는 스타트업(start-up: 벤처기업)으로 구성된 글로벌 네트워크의 지원을 받는다. '기하 급수적 기술'의 기회와 의미가 무엇인지를 탐구하고 세계에서 가장 시급한 문제를 해결하는 글로벌 생태계를 구성하고 연결하고자 한다"고 적고 있다. 싱귤래리티 대학이 주장하는 것은 유전공학, 나노공학, 로봇공학 등 첨단기술의 발전 속도가 감당할 수 없을 정도로 빨라지는 급격한 변화의 시점에 필요한 인력양성을 목표로 한다.

싱귤래리티 대학은 2008년 구글의 '디프 러닝(deep learning)' 엔지니어링 이사 및 컴퓨터 과학자인 레이 커즈와일이 나사(NASA)로부터 부지를 제공받고, 구글로부터 자본을 받아 설립했다. 실리콘밸리의 '나사 에임스 연구센터'의 캠퍼스에 위치하고 있다. 이 대학의 설립목적은 인류가 당면한 크나큰 도전과 과제들을 해결하기 위해 '폭발적 성장이 기대되는 기술들'을 적용해 문제를 풀 수 있도록 리더들을 교육하고, 영감을 주고, 힘을 실어주기 위해 창립한 것이다. 또한 '포스트 휴먼'으로 나타날 강한 인공지능을 지배할 인재를 키우려는 목적도 있다. 노키아, X-Prize 재단 등 대학 설립 이후 후원하는 기업 및 기관들이 꾸준히 늘어나고 있다.

정식학위를 주는 대학이 아닌데도 전 세계로부터 많은 영재들과 기업인들이 몰려들고 있다. 설립 이듬해인 2009년부터 신입생을 선발하기 시작했다. 그해 40명 모집에 1,200명이 지원했다. 2010년도는 80명 모집에 1,600명이 지원해 평균 경쟁률이 20대 1이 넘었다. 이후 2013년도에는 39개 나라에서 몰려든 인재들 가운데 80명을 선발했다. 공학을 전공한 사람이 50%를 차지하고, 박사학위 소지자가 20%, 창업 유경험자가 30%였다. 또 이들 가운데에는 디자이너와 공직자, 벤처 캐피탈리스트, 학생, 심지어 해커출신도 있다. 올 2023년에도 싱귤래리티 대학은 신입생 80명을 선발했다. 하지만 날이 갈수록 입학경쟁은 치열하다. 이는 싱귤레리티 대학 졸업생들의 사회적 기여도가 매우 높다는 것을 보여준다.

어떤 학생이 무슨 프로그램에 참여하나?

싱귤래리티 대학에서는 무엇을 어떻게 공부하는지 궁금해진다. 이 대학을 이끌고 있는 사람은 특이점에 대해 가장 많이 가장 깊이 이해하고 있다고 알려진 구글의 인공지능(AI)을 책임지고 있는 커즈와일이라는 미래학자다. 그는 "인류가 당면한 큰 도전과 과제들을 해결하기 위해 폭발적 성장이 기대되는 미래기술을 적용해 문제를 풀 수 있는 리더를 교육하고, 영감을 주고, 힘을 실어주기 위해 창립한 학교가 싱귤래리티 대학"이라고 강조한다. 매년 여름이면 전 세계에서 가장 큰 호기심으로 가득한 그야말로 정신이 반짝반짝한 사람들이 모여 세계의 가장 어려운 문제들을 고민하고 이를 풀기 위해 시도하고 있다는 그곳의 생생한 이야기는 잘 알려져 있다. 하지만 우리사회는 대다수 사람이 이 대학에 대해 모르고 있다.

대학의 수업은 '통찰'과 '지식'을 기반으로 미래를 만들어간다고 하는 구글이나 유튜브 같은 기업들의 수준을 훨씬 뛰어넘는다. 다양한 과학기술을 교과서로 가지고 가르치는 게 아니다. 구글 X 연구소, 스탠퍼드대학 연구원들, NASA 직원들, 그리고 세계 최고의 IT 업체 신규 사업팀 인재를 직접 초청해서 가르친다. 이 사람들은 한 마디로 첨단기업의 최첨단에서 아직은 돈이 되지 않는 미래사업들을 맡고 있는 최고 전문가들이다. 그런 사람들이 강연자로 참가해 토론주제를 던져주고, 최근 자기회사에서 이슈가 되는 것들이 어떤 것들이라고 공유하니까, 심도가 있다기보다는 미래를 다양한 모습으로 엿볼 수 있는 기회가 된다.

싱귤래리티 대학은 10주간의 단기 교육과정인 'GSP(Global Solution Program)'를 운영하고 있다. 그 과정의 커리큘럼은 다른 창업대학들과는 매우 다르고 빡빡하기로 소문나 있다. 교육은 매년 6월부터 8월까지 10주 동안 기숙사 생활을 하면서 진행된다. 오전 9시부터 오후 6시까지 강의와 토론수업을 하고 밤늦게까지 팀별 프로젝트를 수행하게 된다. 커즈와일은 이러한 교육을 통해 인류가 직면한 커다란 문제들을 직접 풀어

보려는 노력을 시도하고 있다고 말한다. 따라서 '글로벌 그랜드 챌린지 (global grand challenges: 빈곤, 환경, 기후변화, 물, 보안, 교육, 에너지 문제 등)'를 함께 고민한다. 실제로 신기술인 '인공지능, 바이오, 컴퓨팅, 의학, 로봇, 에너지, 우주공학과 금융, 기업가 정신 이외에 미래학, 정책, 법제도'에 대해서도 공부한다. 첨단기술들을 공부하고 미래에 필요한 학문을 통해 미래를 예측하며 이에 대비하여 첨단기술들을 융합하는 방법을 배우고 학습한다.

특히 실리콘밸리의 창업기업들을 방문해 직접 현장 경험도 쌓으며 연구자들과 자유토론을 벌이는 특별한 기회도 갖는다. 수업과 병행하여 10명 내외의 학생들이 팀을 구성해 글로벌 문제점을 해결하기 위한 프로젝트도 수행한다. 이 프로젝트는 하나의 기업을 설립하고 구체적인 사업계획을 수립하는 것이다. 10주 중 마지막 3주 동안은 프로젝트를 집중 수행한 후 학생과 교수들 앞에서 프로젝트 발표회를 가진다. 이때 유명기업의 최고경영자(CEO)들과 '벤처캐피털(venture capital)'들도 초청한다. 가능성 있는 팀 프로젝트에 대해서는 직접 투자를 하기도 한다. 해마다 팀 프로젝트를 통해 만들어진 3~4개의 창업기업은 학교지원을 받아 실리콘밸리로 곧바로 진출한다.

10주 과정에 25,000달러(약 3,200만 원)로 학비가 굉장히 비싼 편이다. 하지만 장학금제도가 잘돼 있어 많은 학생들이 혜택을 받는다. 특히 2016년도의 경우 모든 입학생의 학비가 전액 장학금으로 면제된 적도 있다. GSP 과정 외에 9일간의 기업전문가 과정도 운영된다. 싱귤래리티가 배출한 대표적 창업기업으로는 ① 우주에서 사용 가능한 3D 프린터 제조업체인 〈Made in Space〉, ② DNA 레이저프린팅 기업인 〈Cambrian Genomics〉, ③ 최초 차량공유서비스업체인 〈Getaround〉, ④ 전자폐기물 재활용 솔루션 기업 〈Blue Oak〉 등이 있다. 싱귤래리티는 단순히 창업방법만을 가르치지 않는다. 지구가 당면하고 있거나 미래에 닥칠 문제를 분석하고, 이것을 과학기술과 융합해 해결하는 방법을 교육한다. 이곳에서 수학한 학생들은 보다 넓은 시야를 갖고 첨단기술을 토대로 비즈니스를 펼쳐나갈 수 있다.

신명문 주도하는 스탠퍼드대학 'd.스쿨'

'디자인 띵킹'으로 창의력을 키운다

디지털혁명이 우리의 살갗을 파고들고 스스로 지능을 가진 기계가 출현하면서 전 세계는 지금 변화의 혼돈 속에서 살고 있다. 이제 생존하기 위해서는 어떤 방식으로든 변화의 물결에 적응해야 한다. 무엇보다 대학의 변화가 가장 우선으로 요구된다. 어느 나라든 대학문화가 그 나라의 발전과 가장 깊은 관계를 가지고 있기 때문이다. 이 혁명의 낌새를 가장 먼저 알아챈 미국에서 스타트업의 메카인 실리콘밸리를 중심으로 엄청난 변화의 물결이 일고 있다. 또 이에 맞춰 대학들이 생존의 몸부림을 치고 있다. 변화를 가장 먼저 감지한 캘리포니아 지역의 명문 스탠퍼드가 잠자는 대학들을 흔들어 깨우며 한발 앞서가고 있다.

스탠퍼드 '디스쿨(d.School)' 교육프로그램의 핵심 설계자는 래리 라이퍼 교수와 버나드 로스 교수, 데이비드 켈리 아이데오(IDEO)의 공동대표 등이다. 라이퍼 교수는 학문적 설계를, 켈리 공동대표는 산업적 활용과 확산을 각각 책임지고 있다. 세계 최초의 글로벌 소프트웨어 회사인 'SAP'의 최고경영자(CEO) 하소 플래트너가 재정을 지원함으로써 현재의 커리큘럼과 물리적 공간을 구축했다. 디스쿨은 이미 지난 1978년 라이퍼 교수의 제자인 켈리 공동대표가 아이데오를 설립하면서 디자인적 사고를 실제 산업에 접목해 발전을 도모하면서 시작된다. 켈리 공동대표는 하소 플래트너 SAP 회장에게 3,500만 달러(약 450억 원)의 자금을 지원받아 '하소 플래트너 디자인 연구소'를 설립한 것이 현재 스탠퍼드 디스쿨을 이끌게 된 것이다.

디스쿨은 '디자인 스쿨(design school)'의 약자다. 그렇다고 디자인을 가르치는 건 전혀 아니다. 단지 '생각과 아이디어를 디자인하는 방법'을 배우도록 교육한다. 스탠퍼드대학의 디스쿨을 관통하는 키워드는 '디자인 띵킹(design thinking)'이다. 디자인 띵킹은 고객의 가치와 창의성을 먼저 고려하는 최근 경영환경의 변화와 맞물려 주목을 받게 된다. 경영문제를 디자인적 사고와 관점에서 접근하는 문제해결 방법이다. 이를 위해 '인간중심의 디자인', '분명한 소통', '디자인 동사(동사형으로 설계)' 등을 기본으로 창의적 아이디어를 도출하기 위해 구체적 실천방법을 교육한다. 학생들은 교육을 통해 인간행동에 관한 관찰과 분석 방법, 팀 구성, 의견교환 방식 등을 배운다.

문제 해결능력 키우는 '창의적 교육법'

디자인 띵킹이란 인간이 교육을 통해 '디자이너의 사고방식'을 가지게 한다는 것이다. 디자인 띵킹은 ① 공감(Empathize) → ② 문제 정의(Define) → ③ 아이디어 도출(Ideate) → ④ 프로토타입(Prototype) → ⑤ 테스트(Test) 등 모두 5개의 주요 과정을 거친다. 학계 전문가들은 디자인 띵킹의 프로세스를 활용한 교육을 받을 경우 비즈니스와 기술, 그리고 인간중심 사고가 만나 혁신적 해결책을 마련할 수 있다고 말한다. 누구나 이러한 과정을 거치게 되면 새로운 발상을 할 수 있는 창의력과 함께 문제 해결방법을 찾아가는 힘과 능력을 기를 수 있게 된다.

디스쿨 프로그램의 특징은 세 가지로 요약된다. 첫째는 다양한 전공의 다학제적 관점에서 전공과정이 운영된다. 디스쿨은 기계공학에서 출발했기에 커리큘럼을 보면 'M'의 코드로 시작된다. ME310은 엔지니어링 설계, 혁신, 개발에 기초한 산업 프로젝트로 대학과 기업이 팀을 이뤄 문제를 해결하는 교육과정이다. 또한 컴퓨터를 비롯해 심리학, 경영학, 의학 등 다양한 영역에서 교육과정이 개설돼 있다. 예를 들어 생리적 평정 상태를 구현하는 기술디자인, 쇼핑객 습관 관찰을 통한 효율적 계산시스템 디자인 등을 꼽을 수 있다.

둘째는 타 대학과 협업체계를 구축하는 방식으로 교육이 진행된다. 여기에 현장기업과 협동할 수 있는 교육프로그램도 실시한다. 특징적인 것은 기업들이 현장에서 발생하는 문제에 대해 '디자인 띵킹'을 바탕으로 문제를 해결한다. 기본적으로 기업 담당자(Industry liaison)를 포함해 △교수(Faculty) △산학협력 교수(Project coaches) △조교(Teaching assistants) △행정직원(Admin staff) 등으로 팀이 꾸려진다. 이런 방식으로 지난 1972년부터 운영되어 왔다. 그리고 2009년 이후 글로벌 아카데미 파트너와 함께 ME310이 운영되고 있다.

셋째로는 디스쿨의 교육공간이 창의적 아이디어를 도출하기 위한 것으로 설계돼 있다. 실제로 ME310 2층은 학생들이 프로젝트를 진행하는 공간인데, 스튜디오 형으로 짜인 게 특징이다. 여기에는 책상과 의자가 없이 교수와 학생이 모두 서서 수업을 한다. 이렇게 하면 평등하게 소통할 수 있어 창의적 아이디어의 구상능력을 키울 수 있다고 한다. 또 벽처럼 움직일 수 있는 화이트보드가 있기 때문에 학생들이 수시로 회의를 할 수 있을 뿐만 아니라 산출물을 공유하면서 발표하기가 쉽다는 장점이 있다.

국내에서는 단국대학이 2016년 스탠퍼드대 디스쿨과 MOU를 체결한 뒤, 2017년 3월에는 스탠퍼드대 디스쿨 강사들이 단국대 죽전캠퍼스를 찾아와 '디자인 띵킹 부트캠프'를 개최했다. 이들은 단국대 재학생과 한 팀이 돼 '디자인 띵킹'을 적용해 도시 민원문제, 저출산 해결대책, 국내외 정치 갈등 등 다양한 주제에 대한 창의적 문제해결 방법을 도출하기도 했다. 각자 전공을 바탕으로 다학제적 관점에서 문제를 바라보는 힘을 키울 수 있게 한다. 디자인 띵킹과 같은 혁신적 교육목표는 디지털혁명시대 AI에 쉽게 대체되지 않는 인재를 키우는 데 있다.

스탠퍼드 d.스쿨만의 '유니크한 공부방식'

디스쿨은 다양한 전공의 학생들이 모이는데, 그 이유는 디스쿨의 교수진들이 문제를 해결하고 생각을 디자인해 혁신적인 제품을 만들어내기 위해서는 다양한 사람의 소통과 협력이 필요하다고 믿기 때문이다. 디스쿨은 이를 '극단적 협력(Radical Collaboration)'이라고 부른다. 물론 어떤 학과 학생이든, 자격 제한은 없다. 하지만 디스쿨에 들어오려면 자신이 왜 이 수업을 들어야 하는지에 관한 에세이를 써서 운영진에 제출을 하고, 운영진이 승인을 해야 한다. 그런 디스쿨 출신 학생들을 실리콘밸리의 기업들이 특별채용을 해서라도 서로 데려가려고 안달할 만큼 인기가 높다. 이미 취업에서부터 하버드대학을 월등히 앞서고 있다.

디스쿨은 문제를 해결하고 생각을 디자인하는 방법을 배우는 게 독특하다. 교수진은 학생에게 가르치지 않는다. 학생이 스스로 일상에서 문제들을 찾고, 해결할 수 있도록 보조한다. 학생은 자신이 디자인을 실행하며 배우게 된다(Learn By Doing). 디스쿨의 학생들은 문제를 찾고 생각을 디자인해서 자신만의 새로운 관점에서 문제를 해결하는데, 그 과정을 디자인 띵킹의 5단계인 '공감하기 - 정의하기 - 아이디어 내기 - 모델 만들기 - 실험하기' 원칙을 이용하고 있다.

공감하기(Empathize)는 사람들의 자연스러운 행동을 관찰하고, 많은 정보를 가지고 인터뷰하는 대신 인터뷰어에 대한 어떤 정보도 없이 다양한 관점에서 인터뷰한다. 일상은 어떤지, 사회적 및 문화적 문제는 무엇이 있는지를 알아내기 위해 다양한 사람과 만나, 그들의 이야기에 '공감'을 하게 만든다.

문제 정의하기(Define)는 팀원들이 '공감하기' 단계를 끝내고 함께 모였을 때 포스트 잇(post it: 접착제가 붙은 메모지)에 각자 만난 사람들의 이야기와 그들에 대한 자신의 생각을 적어 서로의 생각을 나누는 시간을 갖는다. 그 후 많은 사람들이 일상에서 공통적으로 겪고 있는 문제를 골라서 '정의'를 내린다.

아이디어 내기(Ideate)는 문제의 본질적 '핵심'은 무엇인지를 질문하고, 현재 가지고 있거나 준비할 수 있는 자원으로 문제의 '핵심'을 해결할 수 있는 아이디어들을 고정관념을 버리고 새롭고 독창적인 관점에서 즉흥적으로 또는 직관적으로 이것저것을 떠올려보는 것(아이디어 내는 것)이다.

모델 만들기(Prototype)는 당장 준비할 수 있는 재료들을 통해 보이지 않는 아이디어를 눈에 보이는 제품의 '모델'로 만들어보는 것을 말한다. 그리고 마지막 단계인 '실험(Test)'은 사람들에게 문제해결을 위한 제품의 모델을 직접 보여주며 그들의 반응을 듣고 부족한 부분들이 있으면 고쳐나가는 것을 '실험'으로 마무리한다.

스탠퍼드 디스쿨의 특징은 디자인 띵킹이라는 문자 그대로 생각을 디자인 한다는 것이다. 공감능력과 창조적 능력, 상상력을 기르는 것에 교육의 중점을 둔다. 원래 기업이 하는 것을 대학이 AI시대에 스쿨 프로그램으로 채택한 것이다. 내가 고객에게 공감하는 것이 중요하며 혁신이나 창조를 통해 공감하게 하면서 더 만족하고 행복하게 해주는 것이 스탠퍼드대학 디자인 띵킹의 교육 특징이다.

MIT 교육혁명 '모든 학문은 AI로 통한다'

인공지능 교육에 '미국의 미래가 있다'

지난 1861년 개교한 MIT역사는 고작 162년이다. 이는 300~400년 전통을 자랑하는 아이비리그 대학들보다는 턱없이 짧다. 그런 MIT가 사실상 미국의 반도체, PC, 모바일 혁명 등 IT산업발전을 독보적으로 이끌고 있다. 구글의 기술고문 커즈와일 등 최첨단 빅테크 기업의 최고 엔지니어나 실리콘밸리의 고급 엔지니어는 대부분 MIT출신들이다. 또 노벨상 수상자 100여 명을 배출했다. 졸업자들이 창출하는 경제규모는 한국을 넘어 세계 8위인 브라질과 비슷하다. 이런 대학이 디지털혁명을 주도하면서 변화의 중심에 서 있다. 특히 'MIT인공지능 학교'와 '스탠포드 디스쿨'은 기존 대학 안에서도 산업화와는 전혀 다른 교육프로그램으로 과감한 혁신을 꾀해 주목을 받아왔다.

MIT의 인공지능 학교 '스티븐 슈워츠먼 컴퓨팅 칼리지'는 '모든 학문은 인공지능(AI)으로 통한다'는 슬로건 아래 누구보다 먼저 혁신하겠다는 자부심으로 꿈을 펼치고 있다. 컴퓨팅 칼리지는 출발부터 모든 면에서 가히 혁명적이다. 투입되는 자금만도 10억 달러(약 1조3,000억 원)이다. 개교 160여년 사상 최대 프로젝트다. 금융회사 블랙스톤의 스티븐 슈워츠먼 회장이 3억 5,000만 달러(약 4,500억 원)를 기부했다. 그의 기부로 AI 칼리지설립이 가능했다. 그는 중국 전자상거래업체 알리바바의 마윈을 만난 뒤에 기부를 결심한다. 마윈을 통해 기존 산업을 넘어 미래 신기술에 도전하는 중국의 위력을 알았다. 스티븐 슈워츠먼은 "미래도 미국이 세계의 주도권을 유지하려면 최고 인재를 모으고 사회를 혁신적으로 바꿔야 한다"고 주장한다.

이미 지난 1959년 미국에서 인공지능(AI)이란 말과 개념이 처음 탄생할 당시 이를 주도한 존 매카시 교수가 컴퓨터과학 · 인공지능연구소(CSAIL) 전신인 'MIT 인공지능연구소'를 설립했다. 이후 60여 년 만인 2019년 9월 인공지능(AI)이 공식적으로 MIT교육의 중심에 서게 된 것이다. MIT는 AI를 이공계는 물론 인문사회계열 학생들이 사용해야 할 '미래의 언어'로 규정하고 있다. 그리고 AI를 모든 학생에게 가르치면서 다른 학문과 융합하는 단과대학(college)을 만든다. 학과(스쿨) 단위로 운영해온 MIT의 첫 단과대학이다. 학생들은 이곳에서 'AI 언어(컴퓨터 프로그래밍과 코딩)'와 자신의 전공 언어를 동시에 구사하는 '이중 언어통달자(bilingual)'로 탈바꿈한다.

MIT의 인공지능학교는 100년 미래를 내다보고 최대 기부자 이름을 따 '스티븐 슈워츠먼 컴퓨팅 칼리지'로 출범했다. 슈워츠먼은 예일대와 하버드대를 나온 금융인이다. 그는 "강력한 AI가 세상의 많은 부분을 변화시킬 것"이라고 전망한다. 그래서 인공지능(AI)의 가장 강력한 선두주자격인 연구중심 대학 MIT를 선택한 것이다. 그의 기부금 외에도 MIT는 다른 기부금으로 조성된 자금을 활용해 나머지 6억 5,000만 달러(약 8천400억 원)를 더 투입한다.

AI칼리지 설립이 발표된 것은 지난 2018년 10월이다. 라파엘 리프 총장은 "모든 학생을 이중언어를 사용하는 인재로 키우겠다"고 말했다. 생물학, 기계공학, 전자공학은 물론 사회, 경영, 역사 등 인문사회학 분야의 학생들도 AI라는 언어를 전공과 함께 의무적으로 배워서 연구에 자유자재로 활용하게 한다. 따라서 이제는 인공지능이 비단 전문가들만의 영역이 아니라 디지털시대를 살아가는 모든 사람이 시용할 것을 강조한 것이다.

인공지능(AI)이 미래 교육을 좌우한다

AI는 방대한 양의 빅데이터를 분석해 기존에는 알 수 없었던 새로운 이론이나 현상을 찾아내고 있다. 인공지능 알파고(AlphaGo)가 스스로 학습을 거듭해 사람이 할 수 없는 수준으로 발전하는 현상이 모든 분야로 확산되고 있다. 이미 AI는 환율이나 주식시장을 사람보다 훨씬 더 정확하게 예측한다. 경제 및 경영학에서는 새로운 이론을 검증하는 수단으로 사용하기 시작했다.

게다가 정치 및 행정학에서는 인공지능(AI) 시뮬레이션을 통해 현실에서 일어날 문제점을 살펴본다. 또 신도시를 어디에 개발하면 효율적인지, 교통망은 어떻게 설치해야 하는지 등에 대한 답변도 대부분 AI가 내놓는다. 과거의 사료나 유적을 분석해 가설을 만들거나 유명작품을 학습해 진품을 감별하는 등 인문학과 예술의 연구에도 많은 영향을 미친다. 이제는 AI활용 여부가 모든 학문의 성패를 좌우하는 시대가 됐다.

MIT의 '스티븐 슈워츠먼 컴퓨팅 칼리지'는 향후 의사와 생명공학자가 인공지능(AI)을 직접 만들 수 있도록 구상함으로써, 인문·사회과학 전공자의 호응이 매우 높다. AI칼리지 설립 발표 직후 MIT는 보스턴의 동문들을 대상으로 설명회를 개최했다. 여기서 멜리사 노블스 MIT 인문·예술·사회 학과장은 "AI칼리지 설립이 인문학 부활의 기회가 될 수 있다"면서 "미래 디지털 인공지능 기술이 인문학에서 생존의 길을 찾게 할 것"이라고 강조한다.

MIT 학교 안팎의 전문가로 구성된 AI칼리지 추진위원회 위원인 닉 로이 CSAIL 교수는 "50명의 교수진 중 25명은 과학·공학·경영·인문사회 전문가 가운데 컴퓨터와 인공지능(AI) 전문지식을 갖춘 인재를 선발하고 있다"고 밝혔다. 그는 또 "MIT의 인공지능(AI) 칼리지는 다양한 전공분야의 인재와 인공지능을 연결하는 교두보 역할을 맡게 될 것"이라고 설명했다.

머스크가 세운 비밀학교 '애드 아스트라'

아이들의 미래 '시험도, 성적도' 필요 없다

이 세상에서 가장 입학하기 힘든 학교가 현재까지는 '애드 아스트라(Ad Astra)'가 아닐까 생각한다. 라틴어로 '별을 향하여'라는 뜻의 애드 아스트라는 웹사이트도 없고, 전화번호도 공개되지 않는다. 또 학교 관리자나 교사에 관한 어떤 정보도 외부로 노출하지 않는다. 이 학교는 10여 명 안팎의 학생들로 시작해 현재 40~50명이라는 소수 정예로 운영되고 있다. 설립 첫해는 일론 머스크의 자녀들(2004년생 쌍둥이와 2006년생 세쌍둥이)이 5명이 전교생의 절반을 차지했다. 이 비밀스런 학교는 자신의 아들들이 인공지능에 뒤지지 않고 미래를 짊어지고 나갈 인재로 키워내기 위해 설립한 것이다.

설립 당시 머스크의 다섯 자녀는 LA의 베벌리 힐스 인근의 사립영재 초등학교인 '머먼 스쿨'에 재학 중이었다. 머스크는 이 영재학교의 교육으로는 아이들의 미래를 기대할 수 없다고 판단한다. 그리고 캘리포니아 호손의 스페이스X 본사 건물에 '애드 아스트라'를 설치한 뒤 아이들을 모두 자퇴시키고 이곳으로 전학시킨다. 그는 머먼 영재학교에서 자신의 아들을 가르치던 선생님을 '애드 아스트라'의 교장으로 임명한다. 이 비밀스러운 학교 '애드 아스트라'는 일반 사립초등학교와는 달리 공식적인 루트를 통해 지원하기가 불가능하다. 부모 중 적어도 한 명이 스페이스X, 테슬라, 보링 컴퍼니 중 한 회사에 재직해야 한다. 그러나 그마저도 학교 측의 초청장이 없이는 입학이 어렵다. 비록 서류전형에 통과하더라도 여러 차례의 면접절차를 거쳐야 할 만큼 입학이 까다롭다.

2017년 신학기에는 12명 모집정원을 놓고 400여 명의 학부모들이 몰려와 불꽃 튀는 경쟁을 벌인 것으로 유명하다. 2018년 입학원서에는 인적사항과 완성된 프로젝트 예시 외에도 지원자의 창의성과 논리력 등을 측정하는 세 가지 문제가 제시됐다. 예를 들면 허구로 만들어낸 11개의 행성 중 인간이 새로운 거처로 삼기에 가장 적합한 3개 행성과 가장 부적합한 3개 행성을 고르는 '골디락스(경제성장률은 높지만 물가상승 압력이 적은 상태)' 문항이 대표적이다. 또한 이미 작고한 예술가의 새롭게 발견된 작품을 어떤 미술관이나 수집가에게 팔아야 할지를 선택해야 하는 '최후의 작품'에 관한 기출문제도 관심을 모았다. 이는 머스크다운 기발하고도 엉뚱한 발상이 아닐 수 없다.

이 좁은 관문을 통과한 학생들은 무얼 배울까? 현재 만 7~14세로 구성된 애드 아스트라 학생들은 스템(STEM: 과학, 기술, 공학, 수학) 중심의 학습과정을 거친다. 머스크가 가장 많은 관심을 가지고 있는 AI와 로봇공학도 중요한 부분을 차지한다. 화염방사기가 탑재된 로봇에게 전투를 시키고, 기상관측용 기구를 띄우거나, '전자기펄스(EMP)'를 이용한 실험을 진행하며 과학기술에 기반한 지식을 세계적인 범위로 확장한다. 쉬는 시간을 이용해 피구 등 스포츠를 즐기는 것 외에 예체능교육이나 외국어는 따로 학습하지 않는다. 하지만 학교는 2021년부터 불합격한 학생들에게도 커리큘럼을 공개하겠다고 밝혀 관심을 모으고 있다. 정규교육 대신 홈스쿨링을 받을 경우에 한정해 온라인 수업을 제공한다. 일론 머스크는 학교운영을 위해 해마다 5억 달러 이상을 기부한다.

그가 학교를 설립하게 된 가장 큰 동기는 이렇다. 그의 쌍둥이 자녀들은 2008년까지 이어진 첫 번째 부인 저스틴 머스크(캐나다 작가)와의 결혼 생활 중 태어났다. 머스크는 이혼을 한 뒤 배우 카메론 디아즈와 앰버 허드, 뮤지션 그라임스까지 자유분방한 애정행각으로 세인의 관심을 모았다. 이혼 상태인 머스크는 매주 나흘간 자녀들과 함께 할 양육권이 있었다. 그래서 아이들을 회사에 데려가는 등 많은 시간을 아이들에게 할애했다. 본사에 학교를 둠으로써 자녀들과 더 가까이 지낼 수 있었다. 하지만 벌써 세월이 흘러 그들 쌍둥이는 애드 아스트라를 떠나 영재 고등학교에 진학했다.

애드 아스트라 '윤리와 도덕성'을 강조

애드 아스트라는 관리자나 교사에 관한 어떤 정보도 밖으로 드러나지 않는다. 2015년 일론 머스크 CEO가 베이징 TV와의 인터뷰에서 "공장의 조립라인과 같은 학교 교육 대신 적성과 능력에 맞는 교육을 제공하는 것이 훨씬 더 합리적"이라면서 "이 학교에는 학년이라는 것이 없다"고 한 것이 외부에 알려진 이야기의 전부다. 그러나 최근 피터 디아맨디스 'X 프라이즈 재단' 이사장이 직접 이 학교를 방문한 적이 있다. 그때 보고 느낀 것을 간략하게 허핑턴 포스트에 글을 기고하면서 세상 사람들의 궁금증을 어느 정도 해소시켜주고 있다.

피터 디아맨디스 이사장이 그나마 유일하게 애드 아스트라에 접근할 수 있었던 것도 머스크가 'X 프라이즈'의 이사 중 한 명이기 때문에 가능했다. 'X 프라이즈'는 마이크로소프트(MS) 공동창업자인 포리 앨런 등이 만든 저명한 우주연구 후원단체이다. 디아맨디스는 당시 기고문에서 "31명의 아이들로 구성된 이 작은 학교가 주목하는 교육의 중요한 요소는 '윤리와 도덕에 관한 대화'였다."라고 강조한다.

그러면서 "학생들이 언젠가 직면하게 될 현실세계의 여러 가지 시나리오를 토론하는 것이 주된 학과 내용"이라고 전했다. 예를 들면 "어느 시골마을에 공장이 있는데, 이 마을 사람들은 모두가 여기 취업해 있다. 그러나 이 공장으로 인해 호수는 오염되고 생명체들이 죽어간다. 공장이 문을 닫으면 모든 마을 사람들이 실업자가 된다. 반대로 공장을 계속 가동하면 호수는 파괴되고 생명체는 죽음에 이른다. 어떻게 하는 것이 좋은가"라는 것이 토론의 주제라고 밝혔다.

디아맨디스는 이런식으로 정기적이고 일상적인 대화나 게임 플레이를 통해 아이들이 매우 중요한 방식으로 세상을 바라볼 수 있는 안목을 키우게 된다고 덧붙였다. 머스크는 인공지능(AI)의 미래에 대해 긍정보다는 부정적인 입장을 취하는 대표적인 인물이다. 따라서 머스크는 뉴럴링크 등을 통해 인간이 인공지능에 뒤지지 않고 AI를 다스리기 위한 여러 가지 작업을 준비하고 있다. 그는 기술발전의 윤리적 파급효과에 대해 생각할 필요가 있다는 견해를 자주 피력해왔다. 특히 민간 우주개발업체인 '스페이스 X'를 창업해 화성 이주계획을 계속 언급하고 있다. 이는 일론 머스크가 꿈꾸어 온 몇 가지 구상을 실천하기 위한 것이다. 이를 두고 디아맨디스는 "머스크가 미래 세대를 염두에 두고 이들을 조기육성하기 위한 것"이라고 전한다.

5

새로운 문명 코드를 주도하는 '철학'

인공지능(AI)은 '철학적 영감'에서 출발한다

"할 수만 있다면 내 재산의 절반이라도 떼어 주고 위대한 철인 소크라테스와 함께 점심식사로 한나절을 보내고 싶다."

2011년 작고한 애플의 창업자 스티브 잡스가 남긴 말이다. 세계 최고 부자의 반열에 오른 그가 또 무엇이 필요해 2,500년 전의 테스형을 불러내려고 한 것일까? 이는 인공지능시대 왜 철학이 그토록 중요한 지위를 차지하고 있는 것인가를 방증하기 위한 것이다. 철학자 최진석 교수는 "철학이란 이 세계를 명징한 개념이나 범주로 포착한 다음 그 범주들의 관계로 인간이 그리는 무늬의 정체가 무엇인가 하는 것을 알게 해주는 학문"이라고 설파한다. 이는 현재 인간이 원하는 미래세계를 상상할 수 있게 해주는 가장 중요한 학문적 장치가 철학이라는 것을 밝힌 것이다. 디지털혁명을 이끄는 실리콘밸리의 빅테크 기업들이 유명 철학자를 CEO로 모시는 이유라고 할 수 있다.

이제 철학은 디지털시대 인류가 요구하는 미래사회를 리드하는 학문이다. 역사를 거슬러 올라가면 AI는 사실상 철학이 잉태한 것이다. 서양문명은 고대부터 철학과 과학이 서로 밀접한 연관을 가지고 있었다. 컴퓨터는 '0과 1'이 조합된 2진법에서 비롯된다. 2진법의 주창자는 18세기 독일 계몽주의철학의 서장을 연 라이프니츠이다. 그는 동양사상서 『주역』의 '음양사상'에서 2진법의 영감을 얻는다. 당시 컴퓨터와 AI를 염두에 둔 것은 아니었다. 다만 우주만물을 음과 양으로 모두 표현할 수 있어야 한다는 생각을 갖게 된다. 이것이 2진법의 단초가 됐다. 이후 그는 독일 고전철학의 변증법까지도 준비하게 된다.

이후 화이트헤드(1861~1947)와 버트런드 러셀(1872~1970)이 『수학원리』라는 공동저서를 통해 기호논리학을 만들었다. 인공지능은 모두 철학자의 철학적 과정에서 출발한 것이다. 기계지능 컴퓨터는 철학과 수학이 결합돼 나온 산물이다. AI를 전적으로 과학으로 보는 것은 착각이다. 실제로 인공지능이라는 과학의 이면에는 철학이 깊이 스며 있다. 서양과학 뒤에는 수학이 있고, 수학 뒤에는 철학이 있다. 그리스 철학자 플라톤이 개설한 고대 초기 학교인 '아카데미아'도 수학(기하학)이 가장 중요한 모토다. 따라서 디지털혁명의 '총아'인 AI시대에 철학이 중요한 가치를 부여받고 있는 것은 매우 당연하다.

철학적 기반이 있어야 AI시대를 선도한다

AI에 대한 철학적 성찰은 사회변화에 부응하기 위해 요구될 뿐 아니라 인공지능 연구의 내적 필요에 따르기도 한다. 인공지능(AI)은 기계인 컴퓨터에게 인간의 지능을 입힌 것이다. 따라서 인공지능을 깊이 이해하기 위해서는 생명체인 인간의 지능이나 지성, 또는 이성으로 불리는 것이 무엇이며, 또 그것들이 어떤 기능을 발휘하는지도 알아야 한다. 지능을 가졌다는 것은 먼저 생각하는 기능, 즉 이성을 가지고 있다는 것을 의미하기 때문이다. 이는 넓은 의미로 이성적인 문제까지도 인공지능이 수행할 수 있어야 지능을 가진 기계라고 말할 수 있다는 것이다.

그리고 오랜 역사에서 철학이 다뤄온 주제가 바로 '이성(reason)'에 관한 문제다. 이성과 논리의 파악이 인공지능 구성에 선행조건이라고 할 수 있다. 이는 곧 인공지능의 연구에서는 철학적 성찰이 반드시 필요하다는 것을 의미한다. 그렇다면 인공지능의 윤리적 문제들을 포함하는 가치판단에 이르기까지 연구돼야 할 필요가 있다. 무엇보다 AI시대는 철학의 논리적 구조의 세 기둥인 "형이상학, 인식론, 윤리학" 중에서도 실천 행동양식인 윤리학, 즉 우리가 어떻게 살아가야 하는가에 대한 문제의 중요성이 대두되기 때문이다.

철학자들은 AI기술이 폭발적으로 발전하는 지금 어느 때보다 중요한 역할을 담당하고 있다. 테슬라를 비롯한 인공지능 대기업들이 너도나도 앞 다투어 철학자들을 모시기에 바쁜 이유가 설명된다. 특히 자율주행차와 같이 인공지능이 사람의 목숨을 두고 중요한 정책이나 의사결정을 내릴 때 어떤 원칙에 따라 결정을 내려야 할까? 먼저 인공지능도 의식이 있다고 인정해야 할까? 의식이 있으면 권리도 보장해야 할까? 또한 책임은 어떻게 물을까? 기계지능과 구분하는 인류의 존엄성은 도대체 어디에 기반을 둬야 하는 것일까? 이런 문제점들이 심도 있게 제시되고 있다. 그리고 문제를 해결하는 능력도 철학적인 사고에서 비롯된다.

인공지능시대(AI)를 맞아 인간이 정작 중요하게 여겨야 할 문제들은 비단 순수철학적인 윤리뿐만이 아니다. 분파 철학인 법철학, 정신철학 등 철학 전반에 걸쳐 있는 매우 중요한 문제라고 할 수 있다. 이러한 문제를 인류가 토론하고 결정해 나가는 것이 백지 위에서 갑자기 이뤄지는 것이 아니기 때문이다. 이제 인공지능(AI)에 관한 문제는 구글이나 페이스북, 애플 등과 같은 자이언트 IT기업들에게 그냥 맡겨버려서는 절대로 안 된다. 인류가 그동안 쌓아올린 철학적 연구와 업적을 기반으로 철학적으로 사고할 수 있는 사람들이 이미 중심에 서 있다. 이들이 AI 기술의 발전방향과 정책에 깊은 영향을 주고 있으며, 앞으로도 더 많은 철학자들이 참여해야 한다.

이를테면 인공지능(AI) 기술을 선도하는 엔지니어 중에서는 존 스튜어트 밀의 공리주의를 당연하게 궁극적인 윤리적인 진리나 되는 것처럼 여기는 사람들도 있다. 그러나 공리주의에는 실제로 소수를 무시하는 경향이 있다. 또 공리주의는 이 외에도 많은 윤리적 결함이 있다. 그래서 많은 철학자들이 AI윤리학을 통해서 이런 점을 비판하고 개선해나가려는 노력을 보이고 있다. 실제로 전문적인 철학적 견제와 타협으로 기술자가 관리하는 '테크노크러시(Technocracy: 기술자관리체제)'를 방지해야 한다고 주장하는 사람들이 많다.

비단 전문적인 철학자가 아니더라도 우리 개개인이 철학적 배경을 갖고 있어야 어떤 이슈가 생겼을 때는 철학적으로 생각하고 토론을 할 수 있다. 그래야 대중으로서 유의미한 철학적 참여를 기대할 수 있다. 따라서 철학은 더 이상 전문가들만의 전유물이 되어서는 안 된다. 우리가 어떤 업종에 종사하든, 어떤 삶을 살아가든 철학적 사고 근육을 길러야 한다. 철학은 AI시대 우리가 반드시 가져야 할 소프트 스킬이라고 생각하고 모두가 적극적으로 공부해야 한다. AI는 이미 특정한 소수의 사람만이 사용하는 기술이 아니다. 곧 대부분 사람이 마치 전기를 사용하듯 일상에서 사용하는 보편적 기술로 진화하고 있다. 이제는 우리 자신을 위해서도 AI를 이해해야 한다. 오래전부터 정부나 대기업들이 데이터를 마음대로 긁어모아 이용하고 또 이들 데이터를 정보로 가공해 사고팔고 있다. 이런 다양한 이슈들 때문에 우리가 절대로 가만히 손 놓고 있을 수는 없다.

AI시대 자기성찰을 통해 철학적 자기각성이 없는 사람은 과거에 갇혀 지낼 수밖에 없다. 과거에 갇힌 사람은 미래를 살 수 없다. 무엇보다 AI시대에 승자가 될 수 없다. 또 IT기업이나 혹은 정부의 정신적 노예로 살아야 한다. 각성이 없는 지식은 오히려 세상에도 독이 된다. 자기 각성이 없는 어떤 일도 자기에게 의미가 없을 뿐만 아니라 국가사회에도 의미가 없고 오히려 폭력이 될 수 있다. 그래서 많은 지식을 쌓고도 철학을 스스로 내면화하거나 적절히 이용하는 일들을 경험하지 못하면 지식은 모두 헛것이 된다. 우리는 많은 지식을 가진 사람이 보통 사람보다 더 교활하고 독살스러운 경우를 자주 목격한다. 철학을 통한 철저한 자기 각성의 시간이 반드시 필요하다.

우리는 대학에서 철학을 공부하면서 위대한 철학자의 생각을 들여다

보고 그들의 훌륭한 이론이나 지식만을 배웠다. 그런데 위대한 철학자의 가르침을 통해 정작 내가 누구이며, 나는 어떻게 살 것인가에 대한 철학적 성찰은 부족했다. 이를테면 어떤 위대한 철학자의 철학을 공부할 때 그가 무엇을 추구했으며, 그는 무슨 말을 했는지는 그렇게 중요한 문제가 아니다. 중요한 것은 철학을 공부하는 내 자신이 무엇을 원하는지를 항상 스스로에게 질문을 던질 줄 알아야 한다. 단순한 철학지식을 갖는 것에 빠지다 보면 자신도 모르는 어느 순간에 나는 무엇을 원하는지? 나는 어떤 사람이 되고 싶은지? 이러한 각성의 태도를 갖지 못하고 마치 내가 그 철학자나 된 것처럼 자가당착에 빠진다. 이로써 인생은 고갈되고 성취할 수 있는 것이란 아무것도 없다.

대학에서 죽어가는 인문학의 '아이러니'

근대 문명은 '지식이 곧 힘이다'는 철학적 사고로 서막을 열었다. 하지만 디지털혁명의 주인공 AI앞에서 지식은 더 이상 힘이나 권력이 아니다. 바둑 고수 이세돌과 커제가 이미 무릎을 꿇었다. 이제 세상의 어떤 천재도 AI의 경쟁상대가 되지 못한다. 머리가 우수한 사람이 모이는 법조계나 의료계의 일을 인공지능은 단 하루면 그들이 한 평생을 쌓아온 업적을 모두 섭렵할 수 있다. 20세기 최고의 과학자 알버트 아인슈타인은 "디지털시대는 지식보다 중요한 것이 상상하는 힘이다"고 강조했다.

디지털시대가 원하는 상상력은 인문학을 통해 배워야 할 문제다. 그런데 지금 대학의 인문학도들에게 꿈과 희망이 사라지고 있다. 왜냐하면 그들은 디지털혁명이 원하는 인문학이 무엇인지를 잘 모르기 때문이다.

요즘 '인구론(인문계 졸업생 90%가 논다는 뜻)'이라는 말이 유행하는데, 이는 취업이 어려운 인문학과 졸업생의 현실을 빗댄 신조어다. 자기 인생에 대한 꿈과 비전을 갖지 못하고 있다는 것을 의미한다. 무엇보다 기업은 인문학을 필요로 하는데, 이들이 꿈을 잃어가고 있다는 것은 여간 안타깝고 불행한 일이 아닐 수 없다. 인간의 행복한 삶은 일(직업)을 통해 자신의 꿈을 실현하고 성취하는 데 있다. 5,000년 인류역사에서 지금 우리 아이들만큼 자유와 부를 마음껏 누려본 적이 없었다. 그런데도 젊은이의 자살률이 세계에 유례가 없을 정도로 높다. 이는 우리 아이들이 스스로 꿈과 비전을 찾지 못하는 것과도 깊은 관련이 있다.

무엇보다 디지털시대는 AI라는 판도라상자에서 꿈과 비전을 찾아야 한다. 인공지능과 함께 살면서 인생을 행복하게 개척해 나가려면 인문학의 역할이 매우 크고 중요하다. 그런데도 우리 대학에서는 인문학이 죽어가고 있다. 하지만 대기업은 어느 때보다 인문학적 소양을 가진 인재를 절실히 요구하고 있다. 기업마다 살아남기 위해 인문철학자들을 모셔다 다양한 강의를 통해 임직원들에게 디지털혁명에 필요한 인문학적 소양을 키워주려고 노력한다. 그런 대기업이 요구하는 인문학이 정작 대학에서는 죽어가는 '아이러니'가 현재 우리 사회에서 벌어지고 있다. 이는 대학의 인문학이 여전히 디지털혁명의 흐름과 변화를 읽지 못하고 있기 때문이다.

지금 실리콘밸리의 거대 IT기업들은 인문학적 통찰과 철학적 사고능력을 가진 인재를 애타게 찾고 있다. 특히 이 혁명의 미세한 변화와 흐름을 읽고 인류가 무엇을 필요로 하는지를 판단할 수 있는 세계적인 철학자를 CEO로 모시는 기업이 늘고 있다. 그러나 우리 대학에서는 인문학을 가르치는 선생도 배우는 학생도 수능형(SAT) 공부 방식에 길들여져 있다. 그래서 이 혁명이 무엇을 필요로 하는지, 그 본질을 잘 파악하지 못한다. 디지털혁명이 요구하는 것은 수학공식처럼 정해진 답을 찾는 게 아니다. 이 혁명은 공감하고 협업하면서 상상하는 능력을 길러주는 인문학적 소양을 필요로 한다. 이미 앞서가는 신명문대학들이 그들의 성공스토리를 적나라하게 보여주었다. 대학은 이제 새로운 시대가 원하는 인재를 길러낼 수 있는 인문학의 역할이 무엇인지를 진지하게 고민하고 연구해야 한다.

IT기업은 철학을 중요하게 생각한다

디지털시대 '우수한 인재가 되려면 창조적 상상력을 가져야 한다.' 그런 능력을 키우는 바탕이 바로 철학이다. 그리고 이는 칸트의 주장처럼 "철학을 공부하지 마라, 스스로 철학을 하라"는 말을 실천할 때만 가능한 명제가 된다. 이제는 누구도 감히 하지 못한 것을 생각할 수 있다면 이미 성공은 보장된 것이나 다름없다. 디지털시대는 그 패러다임을 바꿀 정도로 뛰어난 사고력을 요구하기 때문이다. 인류문명의 발전은 철학자의 고뇌에서 비롯된 것이다. 고대에서 중세로 넘어가는 패러다임은 교부철학의 대성자 아우구스티누스가, 그리고 중세에서 근대로 넘어가는 패러다임에는 데카르트와 베이컨과 같은 걸출한 철학자들이 있었다. 근대에서 현대로의 출발은 칸트라는 철학자가 있었기에 새 문명의 지평을 열 수 있었다. 창조적인 생각만이 이 디지털문명의 주인공인 AI를 뛰어넘을 유일한 무기가 될 수 있기 때문이다.

일론 머스크는 실리콘밸리에서 대표적인 AI기업을 이끄는 최고경영자(CEO)다. 그는 자신이 직접 설립한 '애드 아스트라'의 교육목표가 AI시대에 '조만장자(빌게이츠 재산의 1만 배)'를 육성한다는 것이다. 여기서는 '윤리학과 도덕'이 교육과정의 중심이다. 디지털시대에 인류는 필연적으로 인공지능으로 인한 윤리적 도덕적 판단문제에 봉착하게 된다는 것이 머스크의 생각이다. 이를테면 스탠퍼드 디스쿨에서는 문학수업으로 '분노의 포도'를 배우는 것은 작품을 통해 문학을 배우려는 게 아니라 AI시대에 필요한 중간관리자를 키우는 게 교육의 목표다.

가령 미국에서 법률인공지능 '로서'의 출현으로 기존 법조계가 모두 AI로 대체됐다고 할 경우(10년 내 가능) AI가 잘못 판결할 수 있다. 이땐 인공지능(AI)에게 어떻게 윤리적, 도덕적으로 잘못한 죄를 물을 수 있을 것인가? 어떻게 인공지능을 윤리적으로 공명정대한 교육을 시킬 것인가? 이러한 문제점들이 범국가적 또는 국제사회 문제로 나타날 수 있다는 것이다. 머스크는 이런 문제를 해결하는 기업이 있다면 엄청난 부를 창출할 수 있다고 단언한다. 그는 자신의 아이들을 그러한 인재로 키우겠다는 야심을 가지고 인공지능시대에 대비한 학교인 '애드 아스트라'를 설립한 것이다.

머스크는 "향후 우리 회사에 AI가 들어오면 많은 사람을 해고해야 하는데, 그들 중에도 반드시 남아서 일을 해야 할 사람이 있다. 그러면 해고당하는 사람의 윤리적, 도덕적 판단을 어떻게 할 것인가? 남은 사람들이 회사에서 AI 때문에 일어나는 소외감, 윤리적, 도덕적 문제를 어떻게 해결할 것인가? 이에 대한 판단력을 길러줘야 한다"고 강조한다. 이에 대한 교육과정이 실제로 스탠퍼드 디스쿨에서 이뤄지고 있다. AI시대를 대비해 관리자가 갖추어야 자질과 능력은 현재 기업들이 요구하는 조건과는 매우 다르다.

지금 대기업은 인간보다 비용이 훨씬 싸면서도 더 많은 이윤을 창출하는 AI로 대체하고 있다. AI가 판단 오류로 심각한 문제를 야기하면 자칫 기업이 무너질 수 있다. 지금 이런 문제를 해결할 수 있도록 인재를 키우는 것이 바로 머스크가 지향하는 교육목표다. AI시대는 좋은 상상력 하나로 세상을 이끄는 기업의 주인공이 될 수 있다. 대표적 인물이 페이스북을 창업한 마크 저커버그다. 당시 이들 대학생이 만든 사이트 하나가 거대한 세계적 기업으로 탄생할 것이라고 누가 상상이라도 할 수 있었을까? 이제 누구나 세상을 바꿀 만한 아이디어만 있으면 대기업과도 경쟁할 수 있다. 이런 시스템을 지금 실리콘밸리가 만들어가고 있다.

미국을 중심으로 전 세계에서 스타트업 열풍이 불고 있는 것도 디지털의 주인공인 인공지능(AI)과 맥락을 같이한다. 우리의 젊은 인재들 중에서도 이미 이 혁명을 이해하고 있는 청년들이 '스카이캐슬'이라는 허상을 과감히 벗어던지고 그 열풍 속으로 뛰어들고 있다. 세상을 바꿀 수 있는 그런 아이디어는 어디서 나오는 것인가? 무엇이든 이룰 수 있는 대단한 아이디어는 그냥 아무데서나 튀어나오는 것이 아니다. 좋은 '아이디어'는 어려서부터 깊고 넓고 두텁게 쌓아온 독서를 바탕으로 한 철학적 상상력에서 비롯된다. 그리고 디지털시대를 주도하는 이런 상상력은 진실하고 자유로운 영혼들이 피워낼 수 있는 향기와 같은 것이다.

Part 2

디지털시대
새로운 직업이
나타난다

66

디지털혁명의 주인공 인공지능(AI)이
인간의 직업을 빼앗고 있다.
머지않아 우리가 할 일은 모두 사라지고 인간은
'불량 사피엔스'로 남을 것이란 불안한 전망까지 나온다.
하지만 문명 발전사에서도 경험했듯이
새 문명이 나타나면
새로운 직업의 태동은 필연적이다.

99

1

우리 인류에게 찾아온 새로운 도전

미래를 못 읽는 국민이 더 '위험하다'

우리는 지금 디지털혁명의 거센 흐름 앞에서 위기를 맞고 있다. 위기는 위험과 기회가 동시에 포착되는 경향성을 띠고 있다. 제1차 산업혁명 이후 인류는 약 250년 만에 엄청난 변화를 경험하고 있다. 인류 역사는 언제나 크고 작은 변화의 연속이었다. 하지만 지금 맞이하고 있는 이 혁명은 뭔가 예사롭지 않다. 주인공 AI가 전혀 예상하기 힘든 새로운 패러다임(paradigm)의 변화를 이끌고 있다. 어느 국가든 현재 펼쳐지고 있는 이 혁명의 물결에 편승하지 못하면 매우 위험하다. 이번에 낙오한 국가나 민족은 자칫 영원한 후진국의 늪에 빠져 멸시와 천대를 받을지도 모른다.

한 인간의 운명은 시대의 흐름과 변화, 그리고 태어난 국가에 많은 영향을 받는다. 어느 시대 어느 나라에서 태어나느냐에 따라 그 국민의 운명은 다르게 나타난다. 그래서 국가가 좋은 바탕이 돼주지 못하면 개인의 운명도 꽃피우기가 어렵다. 인류역사에서 선진국은 대개 시대의 흐름을 빠르게 읽고 변화에 잘 적응한 나라들이다. 그러나 변화에 둔감한 국가는 어느 시대를 막론하고 가난으로 고통당하거나 식민지 국가로 전락해 심지어 소멸되기도 한다. 우리도 시대의 흐름을 읽지 못해 이웃 일본에게 호되게 당한 경험이 있다.

제1차 산업혁명은 18세기 중후반 영국을 중심으로 서양에서 일어나 전 세계로 확산됐다. 구미는 이 혁명으로 선진 과학기술문명을 발전시키고 신무기를 개발해 약소국을 약탈하는 만행을 부렸다. 19세기 후반부터 20세기 후반까지 약 100년 동안 세계는 열강의 자원약탈전쟁으로 피비린내를 풍겼다. 먼저 산업화를 이룩한 서양제국이 자원을 확보하기 위해 침략을 일삼았다. 20세기 중후반은 자유민주주의와 공산주의라는 양진영의 이념투쟁이 극심했다. 한 민족 내부에서조차도 단지 이념이 다르다는 이유로 대량학살이 끊이지 않았다.

특히 1, 2차 세계대전은 약소국 자원약탈을 위해 제국끼리 벌인 싸움이었다. 전쟁에서 패배한 국가는 경제적 파국을 맞았다. 일본 천황의 텐노 전체주의, 독일 히틀러의 민족주의 나치즘, 이탈리아 무솔리니의 파시즘이 그 '잘란' 패전의 주인공들이다. 그토록 처참하게 파괴되고 패배한 이들이 어떻게 30년 만에 또다시 선진국이 될 수 있었는지 궁금하다. 그 해답은 산업혁명의 토대인 과학기술문명에 있다. 현대 과학기술문명은 '기초과학'의 힘이 절대적이었다. 따라서 이 지식을 습득한 국가는 전쟁에서 패망해도 단숨에 다시 일어설 수 있었다. 산업화시대는 기초과학이 바로 선진국의 보증수표였다.

그러나 하늘의 신은 그들에게만 영원한 축복을 허락하지는 않는다. 마침내 한 시대의 사고를 규정하는 '인식체계(paradigm)'를 근본적으로 뒤흔드는 새로운 변화가 지금 우리 눈앞에서 펼쳐지고 있다. 이미 디지털혁명을 주도하고 있는 인공지능(AI)이 우리 생활 속으로 깊숙이 파고들었다. 이 혁명은 기존 산업혁명과는 질적 및 양적으로 다르다. 이제는 누구든지 제대로 준비만 하면 선진국으로 도약할 기회를 잡을 수가 있다. 특히 우리 대한민국은 5,000년 역사에서 경제력을 가장 잘 갖춘 시기에 이 혁명을 만났으니 여간 다행이 아닐 수 없다.

이제 디지털혁명의 본질을 잘 파악하고 근본적인 대책을 세운다면 지난 5,000년 역사에서 우리가 한 번도 경험하지 못한 선진국의 무대를 우리 힘으로 밟아볼 수가 있다. 중요한 것은 국가지도자 역할이다. 지도자들이 변화하는 이 문명코드를 정확히 읽고 올바르게 이끌 능력을 갖추어야 한다. 그래야 새 문명이 필요로 하는 인재를 육성할 교육정책을 마련할 수 있기 때문이다. 지금 윤석열 정부가 해결해야 할 시급한 과제는 AI 시대를 이끌 교육정책을 수립하는 것이다. 만에 하나 이 금쪽같은 기회를 놓친다면 우리는 또다시 지난 20세기 초입에 맛본 보릿고개나 식민지와 같은 가혹하고 험난한 길을 걸어야 할지도 모른다.

그나마 천만다행은 무능하고 호전적인 북한 정권을 추종해온 좌파정권이 퇴출되고 자유민주주의를 추구하는 정부가 들어선 것이다. 지금 미·중이 벌이는 패권의 본질도 이 혁명의 헤게모니를 장악하려는 데 있다. 우리 정부와 기업, 그리고 국민 모두가 서슬 퍼런 칼날 위에 선 엄혹한 심정으로 이 혁명의 본질을 정확히 파악하고 대책을 마련해야 한다. 온 국민이 협력해 우리 앞에 놓인 이 위기를 기회로 만들지 못한다면 분명 후회하게 된다. 그러나 후회에는 반드시 가혹한 대가가 따른다는 것을 명심해야 한다. 우리는 지난 역사에서 산업혁명에 먼저 편승한 국가들이 마치 역사의 주인공처럼 군림해온 것을 두 눈으로 똑똑히 봐왔다.

디지털 혁명의 '본질'은 무엇인가

우리가 살고 있는 오프라인 세계(Offline world)는 아톰(Atom: 원자)이라는 물질로 가득 차 있다. 그러나 디지털 컴퓨터상의 온라인세계(Online world)는 아무 것도 없는 텅 빈 공간이나 다름없다. 우리를 둘러싸고 있는 물질세계는 모든 것이 기본입자인 원자로 구성되어 있다. 그리고 현실세계에서 벌어지고 있는 모든 현상을 컴퓨터가 정보처리 장치를 통해 온라인상에 저장할 수 있다. 이는 컴퓨터가 모든 현상을 '비트(Bit: 2진수 0과1로 조합)'로 데이터화해서 '아톰세계와 비트세계'가 마치 쌍둥이처럼 일대일로 대응하게 만드는 것이다. 그리고 그 아톰을 디지털 컴퓨터상의 가상세계에 올려놓는 이 어마어마한 기술을 디지털혁명의 '본질'이라고 말할 수 있다.

디지털혁명은 인공지능(AI)을 장착한 사물인터넷(IoT)과 같은 기술발전으로 가격이 싸지면서 더욱 빠르게 진행되고 있다. 사물인터넷이란 먼저 엄지손톱보다 작은 반도체칩을 사물에 부착해 주변 환경에서 실시간으로 벌어지는 현상들을 측정한다. 그리고 이를 데이터화하고 또 다른 센서로 인터넷처럼 전송할 수 있게 한다. 이러한 기능을 가지고 물체간의 인터넷 송수신 작용이 가능하게 만든 것을 사물인터넷이라고 말한다. 이를테면 카펫에 사물인터넷을 부착하면 카펫의 먼지 정보를 측정해 청소기의 사물인터넷으로 보내주면서 지금 먼지가 많으니 청소를 해야 한다는 정보를 알려준다. 그러면 청소기가 곧바로 스스로 굴러가서 카펫을 말끔히 청소하고 제자리로 돌아가는 일련의 사물간의 정보소통이 이뤄지게 된다.

또 집안의 체중계가 내 몸무게 정보를 감지해 냉장고에 보내면 밤 9시 이후부터는 내가 더 먹지 못하도록 냉장고문이 열리지 않는다. 이렇게 함으로써 내 체중을 억지로 조절하게 만든다. 그런데도 내가 다시 냉장고문을 열려고 시도하면 냉장고가 내 스마트폰으로 경고 문자를 발신한다. "네가 지금 제정신이니? 체중이 그 지경인데 이 야밤에 뭘 또 더 먹으려고 나부대니?" 이처럼 사물인터넷을 통해 사물 간에도 마치 사람들이 소통하듯이 물체와도 대화를 주고받으면서 주어진 임무를 수행하는 기능을 갖추게 된다. 이러한 기술들은 이제 막 시작하는 이 혁명의 한 단면일 뿐이다.

이미 보편화된 웨어러블 로봇이나 컴퓨터기능이 가정에 깊숙이 파고들어와 우리 삶을 더 없이 편리하고 윤택하게 도와준다. 웨어러블 컴퓨터기능이 우리의 신발, 머리, 모자, 침대, 변기 등 다양한 곳에 부착돼 건강을 날마다 체크해 실시간 필요한 정보를 알려준다. 심지어 변기에 부착된 센서는 변의 냄새나 색깔 등 내용물을 분석해 음식을 가려먹게 하거나 당장 주치의를 찾아가 진단을 받도록 권하기도 한다. 또 창문에 부착된 센서는 그날의 날씨를 체크해 출퇴근 등 야외 일상과 관련된 모든 정보를 알려준다.

이러한 과학기술은 개인이나 가정을 넘어 서비스업, 제조업 등 산업 전반에 걸쳐 엄청난 변화와 발전을 이룩하고 있다. 이와 동시에 수많은 정보를 빅데이터로 저장하면서 이 혁명을 가속화하고 있다. 그런데 인류는 이러한 변화의 회오리를 두고 디지털혁명이라고 정의를 내린다. 지금도 산업현장에서는 'AI', '빅데이터', 'IOT', '자율주행자동차', '메타버스', '블록체인', '3D프린터', '로봇', '5G' 등 수 없이 다양한 디지털 핵심기술이 AI를 중심으로 서로 연결하고 융합하면서 상상조차 어려운 새로운 것들을 만들어내고 있다. 이 놀라운 세상의 변화를 두고 가히 '혁명'이라고밖에 달리 부를 적절한 말을 찾을 수 없다.

이미 물질세계의 아톰과 디지털세계의 비트가 혼재돼 있는 현상은 우리 안에 와 있다. 현재 우리가 가상 및 증강현실(VR-AR)을 날마다 일상에서 경험하고 있다. 이를테면 스마트폰에 있는 앱으로 사진을 찍으면 얼굴에 토끼귀가 달리는데, 이는 얼굴이라는 아톰에 토끼 귀라는 비트가 얹혀 있는 것을 의미한다. 이러한 것들을 스마트폰에서 즐기는 젊은이들에게는 아톰과 비트를 구별하는 것이 무의미해진다. 우리 아이들은 일상에서 이 혁명의 기본을 이해하면서 즐기고 있는 것이다.

아톰이란 물질세계의 오프라인 경제는 고전적 경제로서 '자본과 노동, 토지'라는 기본 요소가 필요하다. 하지만 디지털의 비트세계 온라인 경제는 한계비용이 지극히 낮은 경제학으로 추가생산에 필요한 비용증가분이 제로에 가깝다. 이 두 세계가 일치하는 모습으로 대응하게 되면 어떤 모습의 경제학이 우리를 기다리고 있을는지 아직은 누구도 예단할 수 없다. 아톰과 비트가 결합된 새로운 시대에 필요한 경제학은 어떤 것일까? 여기에는 새로운 패러다임의 등장이 필수적이다.

그동안 인류는 연결을 통해 다양한 변화를 거듭해왔다. 연결이 자유롭고 다양할수록 문명의 발전은 빠르고 풍요로웠다. 하지만 가장 최근에 빠르게 진화하는 초연결의 혁신으로 우리는 엄청난 변화를 경험하고 있다. 특히 인터넷의 등장으로 1970년 말에서 1980년대 초까지 개인용 컴퓨터(PC)가 각 가정으로 들어온다. 처음에는 모뎀에서 랜선으로 연결되면서 온라인이라는 혁명적인 세상을 열었다.

이 첫 번째 연결의 혁신에 성공한 기업이 마이크로소프트(MS)를 비롯한 IBM, 애플 등 미국 실리콘밸리를 주도하는 IT기업들이다. 두 번째 연결의 혁신은 2007년 스티브 잡스가 아이폰을 출시하면서 시작된다. 이는 스마트폰에 와이파이라는 무선인터넷과 앱스토어를 연결하는 모바일 인터넷 세상이 열린 것이다. 그런데 또 다른 엄청난 연결의 혁명이 '메타버스'라는 이름으로 우리 곁에 다가와 있다. 그래서 이를 흔히 '인터넷 4.0'이라고도 말하다. 그리고 이 모든 혁신과 진화 · 발전을 일러 디지털 혁명이라고 부른다.

2

AI가 인간의 일자리를 모두 뺏는다

아이들이 꿈꾸는 직업 '5년 뒤에 없다'

"향후 10~20년 내 인간의 일자리는 대부분 AI가 차지한다." 2013년 옥스포드대학의 칼 프레이와 마이클 오스본 교수가 세상의 모든 직업을 평가한 뒤에 남긴 말이다. 이제 그 우수한 명문대를 나와도 내가 꿈꾸던 직업을 찾기란 점점 하늘의 별따기가 된다. 명문대 졸업이 곧 고급 일자리를 안겨준다는 생각은 몽상이다. 디지털혁명이 게임장의 판도를 완전히 뒤바꾸었기 때문이다. 두 교수는 현재 인류사회에는 약 1,000만 개의 직종이 있다고 말한다. 그리고 향후 AI에 의해 대체될 직종을 분류했다.

이중 약 50% 가량은 이미 2013년 당시 컴퓨터 매뉴얼로도 곧바로 대체할 수 있었다고 분석했다. 이후 10년이 지난 지금 대체될 수 있는 직업은 700만개로 70%에 달한다. 또 10년 뒤에는 AI와 로봇이 결합하면 현재 직업의 90% 이상을 AI가 차지한다는 어두운 전망을 내놨다.

벌써 은행들이 가장 먼저 그 직격탄을 맞고 있다. 은행은 AI에 경쟁력이 뒤지는 경제 및 경영학 등의 문과 출신을 뽑지 않는다. 지난 2022년에 이어 올해도 은행은 일반직 공개채용에서 디지털관련 자격증소유자나 소프트웨어 아카데미 교육생 등을 우선 채용하고 있다. 신한은행은 디지털기기를 활용해 원하는 작업을 실행하는 '디지털 리터러시' 평가를 도입했다. 이 혁명을 경험하고 있는 은행이 먼저 명문대나 토익 및 토플 등의 스펙보다 실용적인 디지털관련 인재를 선호하고 있다.

이제 모든 은행이 필요한 직군에 한해 디지털마케터, ICT(정보통신기술) 경력직을 선호하는 경향이 점차 뚜렷해지고 있다. 올 2023년에도 국민은행과 하나은행은 연금부문과 같은 필요한 인력만 채용하면서도 소프트웨어 개발자나 디지털인재만을 우선 채용했다. 특히 카카오 등 온라인 분야의 인터넷 전문은행들도 디지털 분야 인력채용 규모를 대폭 늘리면서 대부분 경력직 개발자를 우대하고 있다. 특히 카뱅은 전체 임직원에서 개발자가 차지하는 비중이 이미 50%에 달한다. 은행은 대부분 업무가 디지털로 대체되면서 기존의 상경대 졸업자보다는 디지털 관련 전문 인력을 우선적으로 뽑고 있다.

이런 현상은 비단 금융 분야의 현상만이 아니다. 이미 의료, 법조 등 모든 산업분야가 이러한 경향을 띠고 있다. 지금 대학에 들어가는 아이들이 졸업을 할 때면 우리 아이들이 가질 직업은 대부분 AI가 차지하게 된다. 전문가들은 "머지않아 명문대학의 졸업장보다는 디지털 세계를 잘 이해하고 준비해온 인재들만이 더 좋은 직장에서 인공지능과 함께 일하는 광경을 보게 될 것"이라고 단언한다.

따라서 디지털혁명의 물결에 걸맞은 새로운 인식전환이 필요하다. 아이들은 곧 AI에 대체될 직업에 목을 매는 어리석음에서 벗어나야 행복한 미래를 살아갈 수 있다. 진부한 사고의 틀에 매몰돼 있으면 미래 직업을 갖기가 어렵다. 우리 삶의 현장이 마치 장기를 두다 바둑판으로 옮겨가는 것처럼 게임의 판이 달라지고 있기 때문이다. 이런 변화의 추세에 적응하려는 개인의 노력이 먼저 필요하다. 그리고 국가가 이에 대처할 수 있는 새로운 패러다임을 만드는 것이 중요하다. 지금 주변에서는 평생직장의 종말, 고령인구 증가, 새로운 직업과 사라질 직업 등을 둘러싼 다양한 갈등이 일어나고 있다.

디지털 광풍의 변화 앞에서는 누구도 미래를 예측하기 어렵다. 지금 누가 감히 내 아이가 무엇을 전공해 어떤 직업을 가졌으면 좋겠다고 콕 집어 장담할 수 있을까? 누구도 내일 일을 예측하기 어렵다. 산업화시대는 이미 중·고등학교시절부터 나는 어느 대학에 들어가 무엇을 전공해 미래 어떤 직장에서 일하겠다는 야무진 꿈을 꿀 수 있었다. 지금 대학에 들어가는 아이들이 세상에 나올 때는 내가 꿈꾸던 일자리가 대부분 인공지능이 차지하게 된다.

디지털세계를 아는 아이들게는 미래가 있다.

곧 본격적인 인공지능(AI) 시대가 도래하면 지금 가지고 있는 인류의 직업은 모두 인공지능(AI)에 대체될 것이라는 전망은 불을 보듯 명확하다. 그렇다고 인간의 직업이 모두 사라지고 인간이 할 일 없는 '불량 사피엔스'로 남는 것은 결코 아니다. 문명 발전사에서도 경험했듯이 새로운 과학기술이 나타나면 그에 따른 새로운 직업의 태동은 필연적이다. 특히 소프트웨어에서는 지금도 많은 인재들이 더 나은 인공지능개발을 위해 끊임없이 연구하고 있다.

지금 이 분야에서는 수많은 사람이 좋은 알고리즘을 만들고 작성하는 '코딩 및 컴퓨팅' 작업에 몰두하면서 더 나은 미래를 향해 열심히 뛰고 있다. 따라서 인공지능(AI) 분야에서는 이미 수많은 직업이 쏟아져 나오고 있다. 그리고 인공지능에 장착될 각종 로봇분야에서도 로봇공학을 비롯해 로봇에 적합한 재질을 개발하는 등 수많은 일자리가 생겨나고 있다. 이제 새로운 직업을 창출하기 위해서는 이 혁명에 필요한 관련 학문을 개발하고 연구해야 한다.

하버드대학의 종말이나 직업의 소멸은 그 자체로 끝을 의미하는 것이 아니라 새로운 출발을 알리는 신호탄이다. 기존 산업화에 맞춰진 학문과 기술능력으로는 더 이상 AI와 경쟁을 할 수 없다. 다만 지금 무엇을 전공해 구체적으로 어떤 직업을 가지겠다는 '잡팔로잉시대'가 종말을 고하고 있을 뿐이다.

지난 20세기를 주도한 산업화는 테크놀로지의 발전과 기술혁신 덕분에 일자리가 늘어나면서 일은 오히려 더 수월해졌다. 미국의 고용지표를 보면 테크놀로지에 힘입어 미국의 고용통계는 20세기 중반 1950년대부터 최근까지 서비스업이 40%에서 70%로 증가했다. 그리고 제조업이 30%에서 10%로 낮아졌으며 공직은 인구 증가에도 20% 수준을 유지했고, 농업은 10%에서 1%로 급격히 줄었다. 결과적으로 전체 일자리 수는 되레 늘어났다. 서비스업은 부가가치가 높기 때문에 일자리 증가와 함께 연봉까지 높아져 삶의 질은 더 윤택해졌다. 과학기술의 발전이 인간에게는 엄청난 도움을 안겨준 것이다.

현재 미국의 7대 디지털 공화국의 빅테크(big-tech) 기업인 마이크로소프트, IBM, 애플, 구글, 아마존, 페이스북, 테슬라가 이 혁명을 주도하고 있다. 현재 이들 기업이 미국은 물론 전 세계의 산업계와 경제계의 시스템을 크게 바꿔놓았다. 뉴욕대학(NYU)의 스콧 갤러웨이 교수는 최근 자신이 쓴 책『더 포(The Four)』에서 디지털혁명을 선도하는 이 기업들이 현대문명과 인류의 습관을 완전히 변화시켰다고 주장한다. 또 디지털기업의 제품이나 소프트웨어 콘텐츠 활용이 곧 현대사회의 표준(model)이 되었다고 말한다. 이제 이 세상을 이끄는 새로운 표준만 잘 이해하고 따르면 일자리는 얼마든지 준비돼 있다.

디지털시대는 '플랫폼' 기업만 살아남는다

이 혁명의 핵심인 디지털은 기계처럼 독자적으로 운용되는 것이 아니다. 이는 모든 분야가 인공지능(AI)을 기반으로 기술의 융합과 초연결로 이뤄진다. 디지털세계는 1985년 빌게이츠가 마이크로소프트(MS)를 창업한 뒤 컴퓨터를 서로 연결하면서 처음으로 나타나기 시작한다. 마이크로소프트는 단순한 컴퓨터 운영체제로 성공한 기업이 아니다. 컴퓨터 운영체제는 이전에도 이후에도 많이 있었다. 그러나 마이크로소프트(MS)가 디지털 컴퓨터세계의 중심에 우뚝 설 정도로 크고 위대한 것은 전 세계 컴퓨터를 연결하는 역할을 주도했기 때문이다. 그리고 이것이 오늘날 디지털혁명의 원동력인 '플랫폼(platform)'의 대명사가 된 것이다.

플랫폼 기업모델은 수요자와 공급자를 만나도록 '매칭(maching)'하는 역할을 한다. 이는 동일하거나 유사한 목적의 서비스들을 취합 및 분류, 통합해 관리함으로써 이용자들의 이용기반이 되는 유무형의 공간과 그런 형태의 비즈니스 생태계를 말한다. 마이크로소프트에 이어 2000년대 초입부터 아마존, 월마트, 스타벅스와 같은 주요 기업들이 자산의 핵심 역량을 외부업체들이 활용할 수 있도록 개방하면서 플랫폼 활용이 본격화되었다. 특히 2008년 애플의 앱 스토어, 구글의 안드로이드 출시로 촉발된 플랫폼 주도 경쟁이 본격화됐다. 처음에는 주로 PC, 스마트폰, 인터넷, 미디어 등의 정보통신(ICT) 산업으로 퍼지면서 지금은 모든 산업 분야에 플랫폼이 전면 부상하고 있다.

플랫폼 사업의 특징은 공동 활용을 목적으로 모인 이해관계자들의 산업생태계를 형성한다는 데 있다. 어떤 재화나 서비스를 공급하기를 원하거나, 혹은 그 재화와 서비스를 소비하기를 원하거나, 그냥 단순히 검색이나 조사, 연구, 지원, 보조, 관리 등을 목적으로 하더라도 결국 무엇을 하려면 모두가 한자리에 모이게 되는 그 공간이 바로 플랫폼이다. 이런 플랫폼은 물론 과거에도 비슷한 기능을 수행한 기차역이나 공항과 같은 유형적인 것이 있었다. 그러나 현대에 들어와 웹사이트나 휴대폰 애플리케이션처럼 앉은 자리에서 한 큐에 모든 것을 처리할 수 있는 디지털 인터넷 정보기술이 뒷받침되면서 무형적 플랫폼이 급격히 증가하고 있다. 마침내 무형적 플랫폼이 인터넷 가상공간에서 초연결 및 융합으로 수많은 일자리를 창출하고 있다.

특히 2010년대 말부터 공유경제 등의 키워드가 화제가 되면서 플랫폼 사용빈도가 폭발적으로 증가했다. 이제 플랫폼이 비즈니스 전략의 새로운 도구로 첨단 정보통신기술(ICT)과 같은 특정한 분야뿐만 아니라 정부의 행정서비스까지도 광범위하게 활용된다. 플랫폼에 대한 이해는 단순하다. 하지만 플랫폼에 기반한 수익모델 개발은 매우 어렵다. 누구나 수익모델의 플랫폼만 개발하면 단숨에 큰 부를 거머쥘 수 있다. 지금도 수많은 사람들이 새로운 수익모델의 플랫폼 개발에 뛰어들고 있다. 비록 플랫폼 모델을 스스로 개발하지 않더라도 플랫폼을 자신의 비즈니스에 활용할 수 있는 안목을 갖춰야 살아남을 수 있다. 또 플랫폼에 기반한 비즈니스라고 해도 계속 업그레이드가 되는 모델이 아니면 미래 성공이 보장되지 않는다.

지금 실리콘밸리의 빅테크 기업은 한결같이 플랫폼을 기반으로 세계적 기업이 되었다. 특히 디지털시대 플랫폼이라는 게 모두 새로운 생태계를 만들어 나가는 것을 의미한다. 따라서 생태계라는 개념을 항상 염두에 두고 있으면, 더 나은 방향모델이 그려질 수 있다. 그런데 플랫폼

비즈니스 생태계가 미국과 한국, 중국, 유럽이 모두 서로 다르다. 각국의 생태계가 서로 다를 수 있으므로 상호 힌트를 얻어가면서 업그레이드해야 한다. 그래서 디지털시대 플랫폼 생태계는 끊임없이 진화하는 업그레이드 모델이 돼야 한다. 그리고 바로 그 업그레이드 모델의 원천이 되는 것이 상상력과 아이디어, 그리고 데이터라고 할 수 있다.

이미 산업계에서는 플랫폼 경제만 살아남을 수 있다고 말한다. 소프트웨어는 모두 상호 연결에서 좋은 결과를 내고 있다. 연결이 중요한 것은 플랫폼 네트워크 효과 때문이다. 서로 연결에 의해 다양한 노드가 상호작용을 통해 만들어진다. 이를 전문용어로 '창발성(emergence)'이라고 말한다. 산업화시대는 언제나 정확한 답이 하나밖에 없었다. 그러나 디지털시대는 상호작용하는 노드들이 계속 연결되면서 어떤 효과를 나타내는지 아무도 모른다. 노드 100개를 모으면 산업화 기술처럼 100이 되는 것이 아니다. 전혀 의외의 것이 나타날 수 있다. 산업화시대 '소비자'를 디지털시대는 '이용자'라고 말한다. '소비'는 사용해서 없애는 것을 뜻한다. 하지만 '이용'은 어떤 목적에 맞게 사용한 뒤에도 다시 쓸 수 있고, 또 다른 사용 목적이 나타날 수도 있다는 것을 의미한다.

AI사회는 협업과 공감이 중요하다

디지털시대는 생산과 사용이 융합해 새로운 것을 창출하게 된다. 디지털 소프트웨어 컴퓨터는 계산기이다. 하지만 실제로는 '0과 1'이 조합돼 우리가 상상하는 것을 만들어낸다. 이를 '코딩', '프로그래밍' 또는 '컴퓨팅'이라고도 말한다. 그래서 디지털은 상호작용으로 무엇이 만들어질지를 모른다. 그러나 산업화 현장에서는 기계를 사용해 재단하고 깎아내 한 치의 오차도 없이 제품을 생산한다. 그래서 대학과 산업현장이 서로 맞물려 성장할 수 있었다. 산업현장에서 이런 인력이 필요하다고 말하면 대학에서는 그에 걸맞은 인재를 길러서 산업현장으로 내보내는 방식으로 서로 연동돼 있었다. 그러나 디지털혁명시대는 양상이 이와는 사뭇 다르게 진행되고 있다.

지난 한 세기 인류문명을 이끌어 온 산업화시대는 경쟁구조 사회였다. 새로운 상품을 생산하기 위해서는 더 많은 자원이 필요했다. 따라서 서로 뺏거나 빼앗기는 뺄셈의 경제학이 주를 이루었다. 당시 제국들이 약한 나라들을 식민지로 삼아 자원약탈경쟁을 벌인 것도 이 때문이다. 또 대학에서는 재빨리 계산을 해서 먼저 정답을 찾아야 승리할 수 있었다. 그래서 1위 자리를 차지하기 위해 자연히 경쟁이 치열했다. 그러나 디지털사회는 경쟁사회가 아니다. 상호작용을 통해 상생하는 협업의 사회로 진행되면서 산업구조 자체가 다르게 발전한다. 무엇이든지 서로 협업하고 융합하면 새롭고 더 좋은 제품을 만들어낼 수 있다. 디지털사회는 상호협동이 필요한 덧셈의 세계를 지향하기 때문이다.

디지털사회에서는 비록 아이디어 경쟁이 벌어지더라도 이 마저도 혼자보다 협업하고 공감할 때 더 훌륭한 아이디어를 개발할 수 있다. 여기서 경쟁이란 서로 상상력을 자극하면서 더 나은 아이디어를 얻기 위한 방편으로 작용하기 때문이다. 그러므로 궁극적으로는 협업을 통하여 더 큰 성과를 이뤄내게 된다. 빅테크 기업들이 대부분 공동창업으로 이루어지고 있는 경향이 이를 잘 대변해준다.

따라서 디지털세계에서는 누구도 독불장군 식으로는 성장하기가 거의 불가능하다. 서로 하나씩 포개는 개념인 '적층(layer)'을 이루어나감으로써 더 좋은 결과를 만들어 낼 수 있다. 이는 디지털시대의 산업화와 달리 덧셈의 경제학으로 갈 수밖에 없는 구조로 형성된 것이기 때문이다. 그리고 디지털세계의 이 적층 개념을 대표하는 핵심기술이 바로 '3D 프린팅'이라고 할 수 있다.

세계시장의 변화와 흐름을 먼저 읽어라

개인이나 국가를 막론하고 어떤 운명도 시대적 흐름을 거스르지는 못한다. 현재 세계시장의 큰 흐름을 이끄는 세력이 미국이다. 과학기술은 실리콘밸리 엔지니어들이, 돈은 뉴욕 월가의 빅머니 투자금융회사들이 주도한다. 그리고 혁신을 통한 신제품개발과 이들 상품에 대한 공고는 라스베이거스의 CES(국제전자제품박람회)가 이를 선도하고 있다. 후발 지역 빅테크 기업들도 마찬가지다. 일본의 소프트뱅크 손정의, 삼성의 이재용, 알리바바 마윈, 텐센트의 마화텅 등이 세계적인 기업을 만들어 낼 수 있었던 것은 그들이 모두 세계시장의 흐름을 정확히 읽었기 때문이다.

오늘날 IT기업의 성공도 그들 개개인이 특출 나서가 아니다. 세계시장의 변화를 읽고 기회를 포착했기 때문이다. 시대의 승자가 되려면 먼저 흐름을 읽고 그 변화의 패턴을 찾아 기회를 잡아야 한다. 일론 머스크가 테슬라 전기자동차라는 모델을 들고 나왔을 때 그것은 이미 수십 년 전에 많은 자동차 기업들이 꿈꾸어온 것이다. 하지만 머스크는 그 흐름을 타고 변화해야 할 시점(기회: point)이라는 점을 정확히 읽어낸 것이다. 진부한 표현이지만 "시대가 영웅을 만든다"는 말은 예나 지금이나 불변의 진리다. 다만 시대마다 그 변화를 읽고 기회를 명징하게 포착하는 사람만이 영웅이 될 뿐이다.

3

디지털혁명의 성공은 '타이밍과 집중'

아이디어 하나가 인생을 확 바꾼다

인공지능(AI)시대는 누구나 뛰어난 상상력 하나로 세상을 이끄는 대기업의 주인공이 될 수 있다. 대표적인 인물이 페이스북을 창업한 마크 저커버그다. 그가 2003년 당시 대학을 중퇴할 때만 해도 젊은 청년이 만든 '웹사이트' 하나가 세계적인 기업으로 탄생할 것이라고는 아무도 생각하지 않았다. 저커버그는 하버드대학에서 심리학과 컴퓨터과학을 전공했다. 하지만 학창시절에 전광석화와 같이 스쳐가는 아이디어 하나를 붙잡았다. 그리고 창업타이밍을 놓치지 않기 위해 하버드 대학의 대선배인 빌게이츠처럼 학업을 포기했다. 흔히 IT업계에서는 이 두 사람을 두고 디지털혁명의 성공은 '타이밍과 집중'에 있다고 말한다.

이제는 누구든지 좋은 아이디어만 있으면 거부가 될 수 있다. 디지털 시대는 자본가와 엔지니어의 구별이 없다. 지금 이 혁명을 이끄는 실리 콘밸리의 '빅테크 기업'의 주인공은 모두 엔지니어다. 유니크한 아이디 어로 누구든 거대기업의 주인공이 될 수 있기 때문이다. 디지털사회에서 그런 가능성은 누구에게나 열려 있다. 이것이 바로 이 혁명의 특징이자 희망이다.

지금 이러한 현상은 디지털 온라인 세상에서만 벌어지고 있다. 하지만 세상은 온라인만 있는 것은 아니다. 진정한 세상의 변화가 있으려면 제 조업과 유통, 그리고 우리를 둘러싸고 있는 아톰(atom)으로 이루어져 있 는 실재 세계가 변화해야 한다. 그러나 실물 경제규모는 아직도 오프라 인이 온라인보다 5배가 넘는다. 그러다 보니 온라인 안에서만 수평적이 고 평등해서는 안 된다. 이를 가능하게 하기 위해 더 큰 변화와 혁명이 일어나야 한다. 그 변화의 바람이 지금 미국 서부 실리콘밸리와 미국 동 부지역에서 거세게 불고 있다.

이제는 아이디어만 가지고 이러저러한 설명을 하면 사람들이 원하는 제품을 제공해주는 오픈소스 하드웨어라는 게 있다. 만약 누군가 전자회로에 대해 아무것도 몰라도 전자회로가 들어가는 아이디어만 가진다면 원하는 제품을 만들 수 있다. 3D 프린트는 내가 상상한 설계도를 담아서 프린팅 해준다. 킬러 콘텐츠를 가진 제품을 사이트에 올리면 판매대행 업체가 팔아준다. 하물며 아이디어까지 제공해주는 곳도 있다. 전 세계 7만개의 박람회에 나가면 누구나 좋은 아이디어를 얻을 수도 있다. 아이디어는 있는데 돈이 없다면 자본금을 펀딩해주는 곳도 많다. 그 돈을 가지고 제품을 만든 다음에 돈만큼 제품을 보내주면 된다.

아이디어를 가진 아이들에게 꿈과 비전을 제공해주는 곳이 바로Y 콤비네이터(Y Combinator)다. Y콤비네이터는 슈퍼파워 미국의 경제를 선도하는 실리콘밸리의 최대 스타트업 인큐베이팅 기업으로 유명하다. 이 기업은 2023년 현재 약2,000여 개가 넘는 벤처기업에 투자하고 있다. 그동안 에어비앤비, 드롭박스, 스트라이프, 코인베이스, 레딧, 제네피츠 등 헤아릴 수 없을 만큼 많은 벤처기업을 지원해 성공시켰다. Y콤비네이터가 키운 기업의 시장가치만 해도 1,000억 달러(약 130조 원)가 넘는다. Y는 유망 스타트업을 발굴해 창업자금 시드머니(Seed accelerator) 지원과 함께 경영자문까지 한다. 그리고 언론계 인맥까지 연결해주고 그 대신 성공한 회사주식의 7%를 받는다. 포브스는 Y콤비네이터를 2021, 2022년 연속 최고의 스타트업 인큐베이터로 꼽았다. Y의 메인 프로그램은 1년에 두 번 운영하며 인터뷰를 통해 뛰어난 아이디어를 가진 인재를 찾아낸다.

Y콤비네이트 창업자인 샘 올트먼은 매주 저녁마다 실리콘밸리의 주요 생태계 구성원(성공적인 기업가, 벤처 캐피탈 등)과 이야기하는 시간을 갖는다. 기업의 좌우명은 '사람들이 원하는 것을 만들기'이다. 특히 Y의 '좋은 아이디어 하나가 세상을 바꾼다'는 프로그램은 창업자들의 제품, 팀과 시장을 더욱 발전시킨다. 또 비즈니스 모델을 재정비하고, 제품과 시장의 적합성을 달성하고, 스타트업의 고성장을 위한 스케일링(크기 조정)으로 확장하는 데 초점을 맞추고 있다. 지금 Y사의 투자 결정은 곧바로 성공으로 가는 보증수표다. 페이스북과 같은 IT기업의 창업을 꿈꾸는 젊은 인재들이 아이디어를 들고 Y사의 문을 두드린다. 2005년부터 실시해온 석 달짜리 벤처창업캠프는 글로벌벤처 생태계에서 '아메리칸 아이돌'과 같은 걸출한 스타들을 길러내고 있다.

역대 최연소 창업 '신데렐라 스토리'

실제로 지난 2017년에는 14세 캐나다 워털루 출신 사로시 고디시와 16세인 미국 미시시피주 출신 스테판 스토이치가 Y콤비네이트를 통해 최연소 창업주 반열에 오르는 기염을 토했다. 이들은 세일즈맨의 고객 이메일 수집을 돕는 모바일 앱 개발사 '슬릭(Slik)'을 창업해 세인의 눈길을 끌었다. 고교수업이 끝난 뒤 프로그램을 개발하던 두 아이의 운명은 당시 우연히 연결된 전화 한 통으로 완전히 바뀐다.

두 아이가 고심 끝에 건 전화를 때마침 Y콤비네이터 최고 경영자 샘 올트먼이 받는다. 저녁식사 중이던 샘 올트먼은 10대 소년들의 사업계획을 듣고 바로 인터뷰 약속을 잡고, 100만 달러(약 13억 원) 투자를 결정한다. 두 아이는 그해 5월 실리콘밸리로 거처를 옮겨 Y사의 경영지원을 받는다. 당시 미국 CNBC는 이를 두고 "Y콤비네이터의 투자를 받은 역대 최연소 창업신데렐라 스토리"라고 보도했다. 이게 현재 실리콘밸리에서 벌어지고 있는 디지털혁명의 실상이다.

지금 이 나이의 우리 한국의 청소년들은 무엇을 하고 있을까? 명문대학 진학용 스펙 쌓기에 바쁘다. 하지만 실리콘밸리의 신데렐라 소년 기업가들은 학교공부를 하면서도 이 혁명에 대한 열정으로 좋은 아이디어를 찾아내 100만 달러란 거금을 투자받고 내로라하는 수천억 원짜리 거대 기업가로 변신하고 있다. 문제는 우리 아이들이 수능공부를 잘해 전체 대학생의 1~2% 내외인 스카이캐슬을 나온들 갈 길이 막막하다는 것이다. 또 잘해야 연봉 5~6천만 원이 고작이다. 그런데 실리콘밸리에서는 수많은 벤처기업들이 디지털혁명을 잘 이해하고 끊임없이 고민하는 청년들에게 경영노하우를 전수하거나 그들의 성공을 위해 자본금을 지원하면서 성공으로 이끌어주고 있다.

Y콤비네이터는 혁신에 혁신을 거듭하는 미국 경제의 역동성과 벤처생

태계를 잘 보여준다. 언론매체를 비롯한 디지털업계에서는 Y사를 '실리콘밸리의 킹 메이커', '세계에서 가장 강력한 스타트업 인큐베이터', '떠오르는 빅테크(BIT) 기업의 산란장' 등 온갖 수식어로 격찬을 아끼지 않는다. 눈치 빠르고 재능 있는 한국인 유학생들을 비롯해 많은 국내 젊은이들도 Y사의 지원을 받으며 기업가의 야망을 꿈꾸고 있다. 실리콘밸리에서는 지금 가장 영향력 있는 인사로 꼽히는 Y사의 최고 경영자 샘 올트먼의 관심사가 어디로 향하는지, 그가 어디에 투자하는지에 촉각을 곤두세우고 있다.

글로벌 인재를 기르는 '온라인 공개강의'

비단 Y콤비네이터 뿐만이 아니다. 구글을 비롯한 실리콘밸리의 수많은 글로벌 빅테크 기업들이 디지털세계를 잘 이해하고 끊임없이 도전하고 고민하는 젊은 청년들을 찾고 있다. 또 재능 있는 청년들에게 경영 노하우를 전수하거나 그들과 함께 일하려는 벤처기업도 수없이 많다. 명문대를 나와 고작 수천만 원 연봉을 받으려고 유치원부터 초중고 14년을 노력해야 기껏 1~2%만이 가는 대학이 스카이캐슬이다. 그런데 문제는 그 좋은 명문대를 나와도 직장을 구하기가 점점 어렵다. 앞으로는 수능으로 대학가는 학생들에게 취업문은 갈수록 좁아진다. 하지만 디지털세계를 잘 이해하고 좋은 아이디어만 개발하면 더 큰 성공이 보장되는데,

우리 아이들은 왜 이 어리석은 짓을 하는지 디지털세계를 아는 사람에게는 도무지 이해가 안 된다.

디지털혁명 선도국가 미국에서는 대학과 빅테크 기업들이 온라인 공개강의를 통해 관심 있는 젊은 인재들을 국제적으로 길러 실리콘밸리로 안내하고 있다. 특히 아시아 지역에서는 디지털혁명에 눈뜬 한국과 대만, 중국, 일본지역의 인재들이 미국 대학과 기업에서 제공하는 온라인 강좌를 통해 실리콘밸리의 취업문을 두드리고 있다. 물론 모든 강의는 영어로 돼 있다. 나라마다 꿈이 있는 젊은이들은 스터디그룹을 구성해 공부하면서 꿈을 키우고 있다. 내용을 반복해 들으면서 글로벌 언어인 영어도 정복하고 직업도 구하는 두 가지 효과가 있다.

다음은 한양대 김창경 교수가 소개한 공짜로 당장 들을 수 있는 온라인 공개 강의 사이트다. 무려 250여 개의 아이비(IVY) 코스가 있다. 영어가 어느 정도 준비된 사람들은 공개강의를 통해 영어를 공부하면서 디지털 IT기업들이 원하는 세상이 어떤 것인가를 이해하는 것은 중요한 도전이 될 수 있다. 이들 모든 강의가 기본적으로 무료이지만 점차 유료로 가는 경향이 있다. 하지만 일부 유료강의도 강의료가 비싸지는 않다. 디지털세계를 잘 이해하고 있는 젊은이들이 시간과 열정을 투자한다면 반드시 좋은 결실을 거둘 수 있다. 무엇보다 디지털시대의 영어는 꼭 습득해야 할 글로벌 필수언어라는 것을 알고 의지를 다지기 바란다.

초급자 코스(Beginner: 67개 개설)

Harvard University via edX

+++++(59 ratings) / Self paced

Introduction to Computer Science

An Introduction to Interactive Programming

Rice University Coursera

+++++2919 ractings) / 6th Mar, 2017

중급자 코스(Intermediate: 243개 개설)

Machine Learnin

Stanford University via Coursera

+++++279 ratings / 6th Mar, 2017

상급자 코스(Advanced: 68개 개설)

6. S191: Introdcution to Deep Learning

Massachusetts Institute of Technology via Independent

+++++(1 raging) / Self Paced

Deep Learning(딥 러닝) for Natural Language Processing

University of Oxford via Independent

Self Paced

6.S094: Deep Learning for Self, Dividing Cars

Massachusetts Institute of Technology via Independent etc...

사이트에 들어가면 이들 강의를 듣고 읽고 공부한 학생들이 남긴 후기도 올라와 있다. "모두를 위한 컴퓨터 과학이라는 CS50 온라인 강의는 하버드 대학이 실시하는 유명 강의다. 한국어 자막이 있어 영어를 못해도 편하게 들을 수 있으며, 정말 기초부터 진행하는 수업이라고 느껴졌고 교수님의 강의 실력도 개인적으로는 매우 좋았다." "초보자에게는 큰 도움이 될 수 있다. 또 많은 수강생들이 이를 통해 새로운 길을 개척하고 있다."

이것 말고도 개인에게 수여하는 디지털혁명 관련 학위(나노 학위: Nano degree)가 7,000여 개나 개설돼 있다. 누구든 해외에서 특히 미국 실리콘밸리에서 직장을 구하려는 사람은 이런 학위가 꼭 필요하다. 실리콘밸리의 기업들은 한국의 어떤 학위도 인정해주지 않는다. 특히 미국에서는 한국의 학위를 쉽게 믿지 않을 뿐 아니라 무엇보다 영어가 준비돼야 한다. 특히 개인에게 맞춤형으로 주는 나노 학위는 수강이 결코 쉽지가 않은 온라인 강의다. 강의가 매주 진행되면서 시험을 치르는데, 그때마다 시험을 통과해야 다음 주로 넘어 갈 수 있다.

특히 인공지능(AI) 수업은 수십만 명이 듣는다. 또 온라인상에서 숙제를 낸다. 숙제는 교수가 아니라 AI가 내고 개인별로 채점한다. 그리고 수강자가 프로젝트를 내면 인공지능이 그것을 실제로 맞는 것인지 대입해서 알아본다. 그래서 16주 과정을 마치고 주는 학위를 나노 학위라고 한다. 그리고 구글이 제공하는 나노 학위에 인도인의 인력을 교육하기 위해 만든 '인디아 나노 학위(India Nano Degree)'가 있다. 또 구글 운영체계인 '안드로이드 나노 학위(Android Nano Degree)'가 있다. 고급프로그램 언어인 파이선(Python) 나노 학위, 컴퓨터 사이언스, 프로그래밍 나노 학위 등도 있다.

안타깝게도 우리는 '가르칠 선생이 없다'

아쉽게도 우리 대학에서는 빅테크 기업들이 필요로 하는 인재를 가르칠 교수가 없다. 관심 있는 학생들이나 미래를 준비하는 젊은 직장인은 온라인 공개강의를 통해 그룹스터디로 공부하는 길밖에 없다. 파이선은 초보자부터 전문가까지 누구든 쉽게 접근할 수 있는 컴퓨터 프로그래밍 언어로 다양한 플랫폼에서 활용이 가능하다. 이는 라이브러리 지원으로 시스템, 네트워크, 웹 개발, 빅데이터 분석 등에 활용되는 기초문법을 공부하는 교육프로그램이다. 주 2~3회 총 2개월 코스로 구성되지만 파이선 기본문법은 1개월이면 기초문법에 집중할 수가 있다.

지금 세상은 빛의 속도로 빠르게 진화하고 있다. 그런데 문제는 변화하는 시대를 따라 잡을 교육기관과 가르칠 선생이 없다는 것이 안타깝다. 하지만 디지털시대를 사는 우리는 머지않아 AI 로봇과 함께 갈 수밖에 없다. 이런 시대를 살아야 할 사람은 반드시 이 혁명을 잘 이해하고 스스로 준비해야 한다. 디지털혁명을 꿰뚫어보고 강연에 나선 일부 교수들은 인류의 수명이 꾸준히 증가하면서 지금의 대학 교육만으로 기나긴 인생을 감당할 수 없다고 주장한다. 결국 디지털시대를 행복하게 살아가려면 이 혁명의 본질을 파악하고 스스로 공부하는 수밖에 없다.

이제 디지털세계에서 새로운 것을 가르치는 곳은 대학이 아니다. 온라인 공개강의나 평생학습을 통해 스스로 미래를 준비해야 한다. 그러나 새로운 시대의 도래를 두려워할 필요는 없다. 이미 미국의 IT기업이나 주요 대학에서 이런 시대가 올 것에 대비해 취업할 수 있는 길을 알려주고 있다. 젊은이는 학교교육에만 매달릴 것이 아니라 스스로 길을 찾아 나선다면 성공의 길은 열려 있다. 이 혁명의 흐름을 주목하고, 핵심기술과 관심이 있는 분야를 선택하고 착실히 준비해 나가면 누구나 시대의 주역이 될 수 있다.

다른 한편에서는 지금도 많은 청년 취업자들이 대학을 졸업하지 않고도 창업을 하거나 고급일자리를 찾고 있다. 이 혁명의 본질을 누구보다 잘 파악하고 있는 디지털 원주인 중에서는 많은 학생들이 스스로 개척해 창업에 성공한 사례가 유튜브 등 인터넷 공간에서 공개되고 있다. 이들은 대학을 졸업하고 취업문을 두드려서 직업을 찾은 것이 아니다. 또 자신들을 이끌어주는 선생도 없었다. 하지만 혼자 공부해 실리콘밸리의 빅테크 기업을 찾아 취업에 성공한 의지의 청년들이다.

따라서 디지털시대는 AI를 전문적으로 전공하는 우수한 학생들이 많이 나와야 한다. 우리 사회는 지금 청년실업이 심각한 사회문제가 되고 있다. 하지만 디지털세계에 눈 뜬 청년들이 인공지능학습 관련 루트를 통해 스스로 구글, 애플, 페이스북, 아마존 등과 같은 거대기술기업에서 수억 원이라는 고액 연봉을 받고 일하는 인재들이 늘고 있다. 또 어떤 사람들은 세상에 존재하지 않은 직업을 디지털세계에서 나만의 취향과 꿈을 바탕으로 새로운 길을 개척하고 있다. 이들은 자신이 원하는 목표가 정해지면 인터넷상에서 유튜브나 인스타그램, 메타버스 등에서 다양한 루트를 통해 자신의 꿈을 설계하고 개척한다.

4

인공지능(AI) 사회에 나타난 '일자리'

디지털 세상에도 새로운 직업은 많다

디지털시대 인간의 일자리는 정말 대부분 AI가 차지하는 것일까? 많은 사람들이 향후 인공지능시대 인간의 일자리를 두고 의견이 서로 분분하게 엇갈리고 있다. 일부 전문가들은 산업화시대에도 혁명이 진행될 때마다 일자리를 걱정했다. 하지만 오히려 인간에게 유용하고 새로운 일자리가 더 많이 늘어났다며 긍정론을 편다. 그러나 다른 한편에서는 디지털 혁명은 기존 산업혁명과는 달리 인간의 일자리가 대부분 인공지능(AI)에 대체될 것이라고 비관하는 경향을 보인다. 하지만 그 누구도 미래의 일자리를 정확히 예측하기는 어렵다. 20세기 인기를 끌었던 엘빈 토플러와 같은 유명한 미래학자도 일자리에 관한 것은 제대로 예측한 사례는 드물었기 때문이다.

그러나 디지털혁명에 많은 관심을 가져온 필자는 디지털시대의 일자리도 이전과 같이 낙관적이라고 생각한다. 무엇보다 디지털혁명을 선도하는 핵심기술에서 이미 수많은 일자리가 속속 나타나고 있다. 지금 우리 사회는 청년실업이 사회문제가 되고 있다. 하지만 실제로 디지털혁명이 일어나는 IT기업현장에서는 일자리 미스매치(mismatch) 문제가 심각하다. IT분야에서는 오히려 인력 부족을 호소하고 있다. 인공지능과 블록체인 등 디지털혁명을 이끄는 현장 곳곳에서는 전문 인력이 부족해 난리다. 비단 디지털혁명을 주도하는 미국뿐만이 아니다. 우리나라에서도 삼성과 네이버, 카카오 등 IT기업들이 인공지능 관련 인재를 구하지 못해 많은 인재를 해외에서 모셔오다시피 하고 있다.

다수 전문가들도 디지털혁명이 진행되면서 다양한 곳에서 다양한 일자리가 나타나게 될 것이라고 긍정적인 예측을 한다. 이를 주도할 주요 핵심기술을 중심으로 현재 어떤 일자리가 어떻게 모습으로 나타나고 있으며, 또 어떤 직업들이 나타날 것인가를 살펴보자. 물론 이외에도 수많은 일자리가 더 많이 생길 수 있다. 하지만 현재 디지털세계의 현장에서 일어나고 있는 핵심기술을 중심으로 우리 아이들이 미래의 삶을 준비한다면 AI에 대체되지 않고 더 나은 직업을 가지고 행복한 삶을 누릴 수 있다. 이러한 트렌드를 정치지도자들과 학부모가 먼저 읽고 준비해야 아이들의 미래를 밝힐 수 있을 텐데 지금 분위기로는 걱정이 앞선다.

미래 사회를 선도할 '메타버스'

미래 산업의 '먹거리 블루오션'

지금 우리 곁으로 빠르게 다가오고 있는 인터넷상의 세 번째 혁명군이 바로 '메타버스(metaverse)'다. 어쩌면 인터넷상의 연결혁신의 마지막 주자가 될지도 모른다. 아톰세계와 비트세계가 마치 쌍둥이처럼 일대일로 대응하게 만든 다음 현실 세계를 모두 가상의 디지털에 올려놓는 기술이 이 혁명의 본질이라면, 이 기술이 완성된 환경을 '메타버스'라고 할 수 있다.

메타버스란 초월을 뜻하는 메타(Meta)와 세상을 말하는 유니버스(Universe)의 합성어다. 이는 온라인 공간을 마치 현실의 3차원 공간처럼 이용하는 차세대 기술이다. 전문가들은 메타버스를 두고 인터넷 다음의 시대라면서 '인터넷 4.0'이라고도 말한다. 또 그들은 메타버스 시대가 현실화되는 시기를 지금부터 대략 7년 뒤인 2030년쯤으로 내다보고 있다. 하지만 실리콘밸리의 빅테크 기업들은 3년이나 더 빠른 2027년으로 잡는다. 이때는 메타버스 활용 인구가 약 10억 명에 이를 것으로 전망한다.

좀 더 구체적으로 설명하면 메타버스는 사이버 공간에서 '아바타(avatar)'로 살며 소통할 수 있는 디지털세계를 말한다. 아바타란 온라인에서 '나'를 대신하는 캐릭터를 말한다. 이는 분신이나 화신을 뜻하는 말에서 유래한다. 아바타는 나의 숨겨진 감성, 과거의 내 모습, 개인적인 자아 등 나와 관련된 모든 것들이 투영돼 있다. 디지털 온라인 세계를 경험하면서 이제 인간은 사회적 자아만 가지고 살아가기에는 너무 피곤하다. 한 인간이 살아가면서 일어나는 모든 활동을 온라인상에서 아바타로 대신할 수 있는 흐름을 일러 메타버스라고 말한다. 하지만 이것은 메타버스의 기본적인 의미일 뿐이다.

이전에도 일부 경제학자들은 모든 경제가 디지털 온라인으로 옮겨갈 것이라고 예측해왔다. 그러나 아직도 많은 사람들이 이를 실감하지 못하고 있다. 그런데 메타버스가 빠르게 새로운 관심사로 떠오른 것은 코로나 팬데믹이 크게 작용했다. 이번 코로나 사태가 온라인 사회를 앞당기면서 메타버스 시대가 새로운 중심산업으로 앞당겨 대두된 것이다. 이제 인류는 메타버스를 통해 현실세계를 완벽하게 가상세계에서 구현할 수 있게 된다. 이로써 인간은 전혀 새로운 디지털세계를 경험할 수 있는 새로운 세계로 진화해가고 있다. 따라서 전문가들은 다가오는 메타버스 시대를 두고 미래 산업의 '일자리 블루오션'이라고 말한다. 그 이유는 어디에 있을까?

게임은 '메타버스의 일부'일 뿐이다

지금 우리가 즐기는 아바타와 가상현실, 그리고 게임 속의 세상은 메타버스의 일부에 지나지 않는다. 그렇다면 메타버스의 진면목은 무엇일까? 예를 들면 모바일 세상이 스마트폰의 작은 창을 통해 디지털 온라인 세계를 이용하고 경험하는 것이라면, 메타버스는 이 창을 직접 내 눈에 갖다 붙인 안경이나 헤드셋을 통해 내 눈이 보는 것을 알고리즘이 볼 수 있게 해준다. 또 알고리즘이 내 눈에 보이는 정보까지도 입력할 수 있게 해주는 것이다. 따라서 메타버스는 앞으로 우리 모두가 사용하는 현실과 가상을 완전히 구별없이 사용하는 차세대 인터넷이라고 할 수 있다. 지금 게임 속에서 펼쳐지는 정도의 가상세계는 메타버스의 일부에 지나지 않는다. 메타버스는 이제 걸음마에 불과해 앞으로 펼쳐질 시장 규모는 실로 엄청나다.

이를테면 모바일이 일상이 된 지금 우리가 스마트폰 하나를 가지고 다니면서 다양한 앱을 통해 온라인 세상의 모든 것을 경험하고 해결할 수 있다. 하지만 메타버스는 이 창을 직접 내 눈에 붙이는 안경이나 헤드셋을 착용해 인터넷 세상을 경험할 수 있게 한다. 이땐 키보드로 정보를 입력할 수 없으니까 내 손이나 발로, 또는 내 몸 전신을 사용해 원하는 정보를 입력할 수 있다. 그러한 미래가 바로 진화된 메타버스가 완전히 열리는 순간이라고 할 수 있다. 그래서 메타버스는 곧 우리 모두가 사용하는 지금 인터넷의 다음 단계라고 말하는 것이다.

메타버스가 완성되면 우리 인류는 인터넷에서 또 한 번의 혁명적인 변화를 경험하게 된다. 지금 생각하는 세상과 전혀 다른 세계에서 살게 된다. 이러한 미래 가치를 알아차린 대기업들이 이미 메타버스에 엄청난 투자를 하고 있다. 세계 시가총액 10위 기업 중에서는 8개의 대기업이 메타버스 시장에 뛰어들었다. 구글을 비롯해 알파벳, 아마존, 페이스북, 애플, 마이크로소프트 등 미국의 실리콘밸리에서 세계적인 IT기업을 선도하는 빅테크 기업들이 메타버스 미래 세상을 준비하고 있다. 그러니 향후 메타버스에서 엄청난 일자리가 쏟아져 나올 수밖에 없다.

현재 메타버스에는 페이스북이 가장 많은 투자를 하고 있다. 페이스북의 메타는 팔목에 웨어러블을 부착하면 뇌가 손과 팔의 근육신호를 읽어

내고 뇌가 손에 보내는 신호를 뉴럴인터페이스로 잡아 생각만 해도 손을 어떻게 움직일지를 판단하게 한다. 내가 인터넷에서 어떤 행동을 취하고자할 때 생각만하면 키보드가 없이도 모든 것을 조정할 수 있는 기술을 메타버스 안에서 꿈꾸고 있다. 또 페이스북은 이걸 통해 자율자동차, 로봇, 드론, 스마트폰 등과 같은 4차 산업혁명의 핵심기술과 관련한 것을 컨트롤하겠다는 야심찬 비전을 제시하고 있다.

애플도 메타버스 세계를 꿈꾸고 있다. 하지만 페이스북과는 전혀 다른 차원의 길을 모색하고 있다. 애플은 '사람들이 굳이 웨어러블을 착용해야 할까?' 라는 의문을 제기한다. 애플은 늦어도 2026년까지 '애플 글래스'를 출시한다고 밝혔다. 이는 페이스북이 만들어 사용하고 있는 안경이나 헤드셋 보다 훨씬 뛰어난 기능을 가진 프리미엄급 안경을 만든다는 것이다. 애플 글래스는 자율주행차에 들어가는 '라이더'를 장착한다. 카메라 센서보다 더 뛰어난 자율주행차가 주변사물을 인식하는 '라이더'는 웨어러블을 착용하지 않아도 내 손의 움직임에 따라 눈에 보이는 영상과 뇌가 생각하는 인지기능과 조작기능까지 직접 조종을 할 수 있게 해준다. 또 애플은 '애플 글래스' 외에도 애플 혼합현실 VR 헤드셋을 개발 중이다.

특히 마이크로소프트(MS)는 메타버스를 "디지털 휴먼들이 놀 수 있는 공간"이라고 개념정의를 새롭게 내리고 있다. 그래서 메타버스 공간에서는 사람과 사람 사이의 연결이 훨씬 더 자유롭게 이뤄지고, 우리가 상상하면서 꿈꿔온 일들을 가상공간에서 함께 체험할 수 있게 한다. 이처럼 전 세계적인 IT기업들이 메타버스에 뛰어듦으로써 세상의 판이 빠르게 바뀌고 있다. 빅테크 기업들의 주장대로라면 늦어도 2030년이면 메타버스 세계가 우리의 일상이 되는 것은 분명하다. 이때는 오프 세계의 대부분 일상이 온라인으로 옮겨간다. 그리고 기존 경제활동이 모두 가상세계의 공간에서 이뤄지게 된다.

메타버스가 관심 받는 '4개 분야'

현재 메타버스로 사람들에게 많은 관심을 받고 있는 분야는 대개 네 가지로 요약된다. 첫째는 모바일 게임과 같은 '게임산업'이다. 현재 가장 많은 관심을 받고 있으며 이미 매출까지 발생하고 있다. 잘 알려진 〈포켓몬 고(PoKemon Go)〉에서부터 〈동물의 숲〉까지 다양한 게임들이 존재하고 있다. 두 번째는 대화 및 모임의 장이다. 이 분야는 코로나 팬데믹으로 더욱 활성화하고 있다. 가상공간에서 서로 만나서 이야기하거나 또는 간단한 게임을 즐길 수 있다. 더 중요한 것은 인터넷이나 휴대폰이 없는 세상을 상상할 수 없는 X세대(1965~1977)의 자녀들인 Z세대(1990~2010)가 가상공간에서 우정, 사랑, 친목 등 다양한 관계를 형성하며 현실 세계만큼 상호존중과 신뢰를 기반한 사회를 만들고 있다.

세 번째로는 공연과 축제 등이다. 이미 해외 유명 뮤지션이 가상공간에서 공연을 하고 무려 200억 원 이상 수익을 올렸다는 뉴스가 나온다. 우리나라에서도 지금 BTS와 블랙핑크 등이 활동을 가상공간인 메타버스에서 벌이고 있다. 마지막 네 번째로는 전문적인 업무분야이다. 현재 우리는 메타버스하면 게임이나 대화방, 그리고 공연 등과 같은 놀이문화 등을 떠올리게 되는데, 이제 전혀 새로운 메타버스의 세계가 펼쳐지고 있다. 이는 자동차설계부터 건축까지 AR고글을 쓰고 가상공간에서 설계를 할 수 있는 시대가 된 것이다. 더욱 창의적이고 업무에서 시간적인 효율을 극대화할 수 있게 된다. 이렇게 메타버스는 이미 우리의 삶속으로 깊숙이 들어와 있다.

메타버스가 높게 평가받는 이유는 카톡과 비슷하다. 카카오톡도 처음엔 SNS대화 앱부터 이용하다 자연스럽게 카카오톡으로 사람들이 모이기 시작했다. 서로 생일 등을 챙겨주고 선물을 하기 시작하며 친분을 쌓았다. 이제는 카톡으로 돈을 보내달라고도 한다. SNS대화 앱에서 선물하기(쇼핑), 이체하기(금융), 예약하기(문화)에 이르기까지 카카오톡 안으로 들어오게 된다. 그러면서 우리 일상은 많은 부분이 카카오톡으로 대체되기 시작했다. 이제는 카카오택시부터 공연예매까지 카톡에서 진행된다. 하나의 플랫폼에서 우리 삶이 모두 흡수되기 시작한 것이다. 이를 대체할 수 있는 새로운 수단이 바로 메타버스 플랫폼이다. 이미 대화용 앱부터 문화체험까지 다양한 분야에서 대체가 일어나고 있다.

전문가들은 메타버스와 관련한 증강현실(AR)과 가상현실(VR)의 시장 규모가 엄청날 것으로 전망한다. 가상현실에 해당하는 VR의 경우 2019년에 125억 달러에서 2030년에는 4,505억 달러로 늘어난다고 본다. 또 증강현실에 해당하는 AR은 2019년 330억 달러로 VR보다 2배 이상 규모가 크다. 2030년이 되면 격차는 더욱 벌어져 1조 924억 달러가 된다. 이렇게 시장규모에서 차이가 나는 것은 AR은 현실세계를 반영하는 것이고, VR은 가상세계를 반영하기 때문에 주로 게임산업에 국한돼 있어 규모가 작을 수밖에 없다.

메타버스 관련 산업은 플랫폼(장비), 게임 및 미디어, 그리고 기반산업 등으로 분류할 수 있다. 메타버스 플랫폼사업에 참여하고 있는 기업은 플랫폼과 AR, VR기기를 갖추고 있는 페이스북, 애플, 마이크로소프트, 구글, 삼성전자, 네이버, 소니 등이 있다. 게임과 미디어 분야에서는 대표적인 게임분야는 로블록스, 닌텐도, 포트나이트가 있다. 미디어 기업으로는 빅히트, 와이지 엔터테인먼트 등이다. 또 메타버스를 산업에 이용하는 분야는 가상공간을 제작하는 유니티, 메타버스에 꼭 필요한 부품인 GPU를 만드는 엔비디아, 원활한 통신을 처리할 수 있는 미국 통신회사 AT&T와 버라이즌, 빅데이터를 처리하는 클라우드업 아마존, 구글,

마이크로소프트가 주도하고 있다. 최근 한국의 대표기업인 삼성도 메타버스를 신성장 산업으로 내다보고 지난 2022년 3월 주총을 통해 메타버스 참여를 전격 결정했다.

메타버스를 이끄는 두 개의 거대세력

전 세계 메타버스를 이끄는 큰 세력이 미국과 중국이다. 미국은 애플과 페이스북(메타)과 같은 IT대기업들이 마치 춘추전국시대를 방불케 할 정도로 기업 각자의 노하우와 기술로 메타버스를 준비하고 있다. 그러나 아직은 시작단계이므로 어느 기업도 메타버스 세계를 일방적으로 주도하지 못하고 있다. 그런데 중국은 모든 것을 정부가 결정하는 완벽한 '통제사회 시스템'으로 메타버스를 이끌고 있다. 알리바바와 온라인 커머스, 바이두, 텐센트와 같은 거대 IT기업이 중국 공산당정부의 통제 아래 움직이고 있다. 특히 중국은 안면인식기술이 세계에서 최고의 수준인 것처럼 국가가 직접 메타버스 방향을 주도한다. 하지만 미국의 자유주의와 중국의 통제주의라는 두 거대 세력 중에서 누가 메타버스 미래의 승자가 될는지 아직은 가늠하기가 어렵다.

메타버스를 완성하기 위해서는 여전히 많은 숙제들이 남아 있다. 이를테면 컴퓨팅, 네트워크 하드웨어, 결제서비스, 콘텐츠를 만드는 인재 발굴 등 넘어야 할 난관의 벽이 높다. 무엇보다 메타버스가 본격화하면 새로운 결제방식이 도입돼야 한다. 그리고 이 결제방식의 도입은 메타버스와 블록체인 기술의 암호화폐와도 깊은 관련이 있다. 지금은 암호화폐가 투기처럼 인식되는데, 이는 블록체인이 넘어서야 할 또 하나의 장벽이다. 암호화폐는 투기라기보다는 가상공간에서 디지털화폐로서의 사용기능이 활성화돼야 한다. 전문가들은 암호화폐가 많이 사용되는 공간이 바로 메타버스인데, 머지않아 반드시 디지털 화폐가 결제수단이 될 것이라고 장담한다. 따라서 미래 디지털 암호화폐는 비단 게임뿐 아니라 메타버스 가상공간에서 일어나는 모든 경제활동에도 주요 결제수단이 될 수밖에 없다.

새로운 일자리 블루오션 '블록체인'

2030년까지 '4억 개 일자리' 만든다

블록체인(Block chain)의 사전적 정의는 "누구나 열람할 수 있는 디지털장부에 거래내역을 투명하게 기록하고, 여러 대의 컴퓨터에 이를 복제해 저장하는 분산형 데이터 저장기술이다." 블록체인은 공개된 장부의 조작이나 왜곡이 어려운 장점을 차용해 변조나 왜곡을 못하도록 '블록(Block)'단위 기록을 여러 장소에 분산해 저장하기 때문에 해킹이 불가능하다. 또 '디지털장부'라는 원본과 사본의 차이가 없는 '장점이자 약점'을 해결하기 위해 '해시함수(hash function)'를 암호로 사용해 블록체인의 처음 기록이 지속적으로 보관될 수 있게 한다.

블록체인은 지난 2008년 사토시 나카모토(1975년생)라는 가명의 일본인 개인이 제안했다. 그리고 2023년 현재 디지털혁명을 논의할 때 빠지지 않고 등장하는 대표적인 핵심 기술로 자리 잡고 있다. 그런데도 대다수 사람들의 시선은 곱지 않다. 블록체인에 대한 인식은 여전히 암호화폐 투기로 광풍이 불던 2017년 수준에 멈춰 있다. 블록체인이 만들어 낼 중요한 변화와 그 대응에 관한 사회적 논의는 아직 진행되지 않고 있다. 이는 향후 블록체인이 우리 사회에 가져올 미래 가치를 제대로 알리지 못하고 있어 매우 안타까운 일이다.

하지만 블록체인이 만들어 낼 엄청난 변화가 점차 현실로 다가오고 있다. 지난 2017년을 기점으로 블록체인으로 탈중앙화된 많은 서비스가 탄생하고 있다. 벌써 IBM과 카카오는 블록체인에 기반한 플랫폼을 출시했다. 수천만 명이 이용하는 삼성전자의 플래그십 스마트폰 모델엔 암호화폐 지갑이 적용된다. 수십억 사용자를 보유한 페이스북의 암호화폐 프로젝트 '리브라'는 미국 의회의 견제를 받고 있다. 향후 암호화폐가 달러의 기축통화를 위협할 수 있기 때문이다.

블록체인이 만들어내는 '유일한' 존재는 디지털공간에서 소유를 증명하는 방식을 변화시킨 것이다. 블록체인은 디지털공간의 '유일한' 존재와 무형의 권리를 결합해 제3자를 통해 소유를 증명할 수 있다. 이는 부동산이나 비상장 주식 같은 자산거래를 위한 복잡한 과정을 생략함으로써 효율적인 금융거래가 가능하게 된다. 블록체인 방식을 바탕으로 암호화폐로 대표되는 새로운 개념의 소유가 시도되고 있다. 비트코인은 중앙화된 시스템 없이도 복제와 변조가 불가능한 디지털자산을 탄생시킬 수 있다. 블록체인이 가상세계에서 거대한 변화를 불러올 수 있기 때문에 디지털혁명의 핵심기술로 떠오르고 있는 것이다.

블록체인기술은 주로 금융, 보험, 전력산업, 제조 및 공공분야에 활용되고 있다. 그 중에서도 비트코인이 처음 사용된 금융업에서 가장 광범위하게 적용되면서 영향력이 매우 크다. 이외에도 영국 중앙은행의 가상화폐 RS코인(RSCoin) 시스템, 중국 초상은행과 R3CEV의 블록체인 결제활용 프로젝트가 알려져 있다. 보험업도 금융과 마찬가지로 블록체인의 초기 응용환경 중 하나다. 탈중앙화 리스크 방지시스템을 통해 글로벌기업의 관심을 모으고 있다. 전력산업에서는 발전소 등이 블록체인 네트워크를 구축하고 파견기관, 전력망 운영회사 및 규제기관을 검증 노드로 네트워크에 할당한다. 이로써 모든 운영체제의 변수가 실시간으로 체인에 등록되고 있으며, 나아가 실시간 운영도 가능하게 된다.

이제 블록체인기술이 전 세계적으로 물류, 금융, 농업 등 산업 각 분야에서 혁신을 불러일으키고 있다. 하지만 우리는 2017년 ICO(가상화폐공개) 전면 금지이후 진전이 없는 상황이다. 이후 많은 국내 신생블록체인기업이 해외로 떠나면서 국내 산업비중이 빠르게 축소되고 있다. 지금이라도 블록체인의 부작용을 최소화하는 안전장치를 마련해 사회적 가치를 만들어 내야 한다. 비트코인 등 암호화폐의 핵심인 블록체인은 아직 시작단계에 불과하다. 이 기술이 성숙되면 미래 스마트사회에서 각종 서비스 인프라, 자율주행차, 메타버스 등 다양한 결제수단의 암호화폐를 뒷받침하면서 엄청난 일자리를 창출하게 된다.

그런데도 블록체인에 대해서는 여전히 많은 사람들이 비트코인만을 연상하고 있다. 그동안 비트코인 열풍은 마치 신기루처럼 나타났다 사라지곤 했다. 하지만 블록체인 기술은 이와 무관하게 지금도 보이지 않은 곳에서 끊임없이 진화발전하고 있다. 이미 IT산업을 선도하는 기업들은 블록체인을 활용할 준비를 마쳤다. 전문가들은 블록체인은 반드시 미래를 선도할 중요한 기술로 보고 있기 때문이다. 이제 디지털세계의 블록체인은 선택이 아닌 필수가 됐다. 무엇보다 세계적인 투자가 워런 버핏은 "블록체인 기반한 암호화폐는 현재는 도박이나 다름없다. 하지만 블록체인은 향후 세상을 바꿀 중요한 기술"이라고 주장한다.

최근 세계경제포럼(WEF)이 공개한 〈자연과 비즈니스의 미래〉란 보고서는 "블록체인기술로 2030년까지 3억 9,500만 개의 일자리가 생기고 10조1,000억 달러 가치의 사업기회가 창출될 수 있다"면서 "2030년까지 식품공급 망을 통한 식품낭비와 폐기물을 줄여 3,650억 달러의 비용을 아낄 수 있다"고 밝혔다. 특히 "베냉과 가나, 인도, 르완다에서는 이 같은 내용의 파일럿 프로그램(시험 삼아 내보내는 프로그램)을 진행한 결과 상대적으로 저렴한 보관기술과 처리 관행을 통해 수확 후 식품손실을 60% 이상 줄일 수 있었다"고 보고했다. 에너지와 채굴 공급 망에 블록체인 애플리케이션을 활용할 경우 향후 10년간 300억 달러 가치의 기회를 얻을 수 있다는 분석도 나왔다.

보고서는 또 "향후 10년 동안 블록체인 애플리케이션이 다이아몬드, 주석, 텅스텐, 코발트 등 채굴 사업에서도 빠르게 성장할 수 있을 것"이라며 "규모의 경제로 인해 기업들은 초기 블록체인 투자자들로부터 상당한 비용절감 효과를 얻을 수 있다"고 진단한다. 이어 "높은 비용이 들어가는 재료 검증 과정도 필요하지 않게 될 것"이라고 말했다. 늦었지만 지금이라도 우리 정부 당국이 일자리 창출의 블루오션인 블록체인에 대한 종합적인 대책을 마련해야 한다. 그리고 이 분야에 재능이 있는 우리의 젊은 청년들도 미래 가치가 엄청난 블록체인 산업에 관심을 가지고 공부할 필요가 있다고 생각한다.

현재 블록체인 응용환경을 연구하는 분야는 소수에 불과하다. 하지만 2020년 이후 블록체인이 다른 첨단디지털기술인 사물인터넷(IoT), 인공지능(AI), 빅데이터(BD) 등과 속속 융합하고 있다. 따라서 전문가들은 최근 블록체인이 응용기술 분야인 금융과 보험, 에너지 및 전력 등을 뛰어넘어 인터넷 콘텐츠, 저작권, 자원공유, 스마트 물류, 공공사무, 산업제도, 의료, 농업, 경제예측, 스마트 교통, 신용관리 등에 이르기까지 전 산업분야에 걸쳐 다양한 파급효과가 나타날 것으로 전망하고 있다. 특히 블록체인은 디지털혁명시대 가장 취약한 것으로 꼽히는 정보 분야를 안보할 수 있는 가장 발전한 핵심기술의 대안이 될 것으로 전망하고 있다.

양자역학의 소중한 선물 '반도체'

현대 물리학이론에서 가장 성공한 학문이 '양자역학'이다. 이는 컴퓨터의 주요 부품인 반도체(semiconductor)의 원리를 설명해 줄 뿐 아니라 과학기술, 철학, 문학, 예술 등 우리 생활 전반에 걸쳐 매우 중요한 영향을 미치고 있다. 특히 양자역학을 기반으로 이루어진 반도체기술은 한국의 삼성과 대만의 TSMC 등이 3나노 기술에 성공했다. 3나노 세계 최초 양산 타이틀을 거머쥔 삼성은 2022년 6월 GAA(Gate-All-Around) 기술을 적용한 3나노 파운드리 공정기반 초도 양산을 시작했다. 이어

TSMC도 3분기부터 본격화한다고 밝혔다. 최종 목표는 1나노 기술의 완성이다. 꿈의 기술 1나노는 단 한 개의 전자에 모든 정보를 담아내는 것인데, 이는 정말 어마어마한 기술도전이 아닐 수 없다. 만약 이 기술이 성공한다면 반도체는 인류에게 가장 소중한 기술의 한 분야가 된다.

전자산업에서 반도체의 핵심정의는 '도체도 부도체도' 아니라는 것이다. 반도체는 전기를 흐르게 할 수도, 흐르지 않게도 할 수 있다. 이로써 반도체는 전기흐름을 조절할 수 있다. 이것이 전자산업에서의 반도체핵심기술이다. 이런 반도체로 진공관기능을 하는 회로소자를 의미하는 것이 트랜지스터다. 이는 수도관의 수도꼭지와 같을 역할을 한다. 수도꼭지를 이용해 수도관에 물을 자유롭게 조절하듯이, 수도꼭지와 같은 트랜지스터를 이용해 전류의 흐름을 마음대로 조절한다. 반도체공학의 최종목표는 트랜지스터 원리를 이해하는 데 있다. 이는 반도체가 어떤 원리로 전류를 관리하는지, 어떤 구조를 가지고 있는 것인가에 대한 세부적인 내용이 전자성질을 다루는 양자역학과 깊이 관련돼 있다.

양자역학은 원자를 구성하고 있는 '핵(양성자와 중성자)'과 이를 둘러싸고 있는 '전자'의 성질에 대해 제대로 알면 모든 게 끝난다. 외부의 영향을 받지 않고 자유롭게 움직일 수 있는 독립된 자유전자는 다양한 성질의 에너지를 가질 수 있기 때문에 연속적인 에너지를 갖는다. 하지만 물질에 속해 있는 전자는 도체든 부도체든 반도체든 그 물질의 원자들과 상호작용을 한다. 전자가 가질 수 있는 에너지 형태는 항상 바뀌게 되므로 전자성질을 이해하는 것이 굉장히 어렵다.

양자역학에서 반도체는 전자가 가지고 있는 에너지가 매우 중요하다. 이는 그 에너지 형태에 따라 도체, 부도체, 반도체로 결정되기 때문이다. 그리고 전기의 세기나 어떤 경우에 전기가 잘 흐르는가를 아는 척도가 된다. 전자가 가지는 에너지 형태가 곧 그 물질의 전기적 특성을 결정한다. 전기적 특성은 또한 그 물질의 미시적 관점에서 전자가 가지는 에너지의 형태에 따라 결정된다. 이러한 반도체 기술이 바로 양자역학을 응용한 것이다. 반도체가 없다면 지금 우리 몸의 일부처럼 사용하는 컴퓨터와 스마트폰은 세상에 존재하지 못한다. 따라서 현재 미국과 중국이 벌이고 있는 산업전쟁의 핵심기술이 바로 반도체다.

인재를 애타게 찾는 '반도체산업'

디지털시대 반도체는 '산업의 쌀' 또는 '산업의 총아'로도 불린다. TV, 컴퓨터, 스마트폰, 자동차 등 우리 생활 전반에 활용되는 전자기기는 반드시 반도체가 필요하기 때문이다. 인공지능(AI), 사물인터넷(IoT), 자율주행차 등에도 반도체 사용이 필수적이다. 따라서 디지털혁명시대 반도체의 중요성이 더욱 커질 수밖에 없다. 이재용 삼성전자 회장은 "반도체는 거대한 세상을 움직이는 작은 엔진이자 우리의 미래를 열어가는 데 꼭 필요한 동력"이라고 표현한다.

그런데도 반도체 산업은 지금 세계적으로 고질적인 인력난을 겪고 있다. 산업통상자원부에 따르면 국내 반도체 분야에서 2030년까지 필요한 인력은 약 1만 4,600명이다. 반도체 업계의 연간 부족 인력은 지난 2022년 1,621명에 달했다. 한국반도체산업협회는 향후 10년간 반도체 분야에서 약 3만 명의 인재가 부족할 것이라고 밝혔다.

정부는 이에 대한 해법으로 '계약학과 확대' 카드를 꺼냈다. 계약학과는 산업체가 맞춤형 인력을 양성하기 위해 대학과 계약을 맺고 운영하는 학위과정이다. 현재 성균관대, 고려대, 연세대, 서강대, 한양대, 포스텍, KAIST, 경북대 등이 계약학과를 설치하고 있다. 내년부터는 4대 과학기술원에도 반도체 계약학과를 도입해 연간 200명 이상을 양성한다고 발표했다. 또 기업들은 졸업생 전원을 정식직원으로 채용하겠다고 약속했다.

그러나 계약학과 정책으로는 한계가 있다. 무엇보다 고급인재를 육성하기가 어렵다는 지적이 나온다. 계약학과는 보통 5년 안팎을 주기로 다시 계약을 맺는다. 이는 장기 지속성을 보장하지 못한다. 정원 외로 학생을 뽑기 때문에 규모 확대에도 제한이 있다. 전문가들은 수도권 대학의 정원을 묶어놓은 수도권정비계획법을 개정해 반도체 관련 학과만은 정원을 늘려야 한다고 강조한다. 석·박사급 고급 인재양성을 위한 토대 마련도 시급하다. 황철성 서울대 재료공학부 석좌교수는 "계약학과는 일정기간이 지나면 없어지기 때문에 정규교수를 뽑지 않고, 학부생만 있어 우수한 연구 성과를 내기 어렵다"며 "교양인을 키운다는 일반 학부생 교육이념에서 벗어나 장기적인 전문교육으로 고급인재를 양성할 수 있는 교육시스템이 필요하다"고 강조한다.

급기야 윤석열 대통령도 반도체를 '산업의 핵심'이라고 강조하며 반도체 인재육성을 위한 규제완화를 예고했다. 세계적으로 반도체 위상은 경제 및 산업의 자산을 넘어 '안보자산'으로 급부상하고 있다. 반도체 산업 현장에서는 인력난에 시달리고 있다. 전문가들은 "정부가 반짝 지원에 그치지 말고, 중장기적 인력수급안정을 위한 교육토대를 마련해야 한다"고 주장하면서 "정부는 인재양성을 위해 풀어야 할 규제가 있다면 과감하게 풀고, 재정도 적극 지원해야 한다"고 강조한다.

무엇보다 날이 갈수록 반도체 산업의 전략적 중요성이 커지고 있는 만큼 부처 간 상호협조가 절실히 필요하다. 이종호 과학기술정보통신부 장관은 "반도체에 대한 이해와 전략적 가치를 알고 반도체 경쟁력 확보를 위한 기술 및 인재 확보 지원방안, 글로벌 반도체 협력전략, 국가역량결집을 위한 민관 협력방안을 모색하겠다"고 밝혀 향후 반도체 산업에 대한 국가지원이 주목되고 있다.

이와 같이 디지털혁명을 선도하는 핵심기술에서 이미 수많은 일자리들이 나타나고 있다. 지금 우리 사회는 특히 청년실업이 사회문제가 되고 있지만 실제로 디지털혁명이 일어나는 IT기업현장에서는 일자리 미스매치가 심각하다. IT분야에서는 오히려 인력부족을 호소하고 있다. 살펴본 바와 같이 메타버스, 블록체인, 반도체 등만 해도 이미 수많은 일자리가 창출되고 있다. 전문가들도 지적한 것 같이 디지털혁명이 진행되면서 다양한 곳에서 엄청난 새 일자지리가 나타나게 된다. 다만 이러한 트렌드를 부모가 먼저 읽고 준비해야 우리 아이들이 밝고 희망찬 미래를 준비해 나갈 수 있다.

5

디지털 핵심기술이 몰고 온 '직업군'

미래 직업은 인공지능(AI)이 의 대세다

디지털시대 인공지능(AI)과 데이터는 불가분의 관계를 갖는다. 날이 갈수록 데이터의 활용영역이 다양하게 확장되면서 AI도 빠르게 비상하고 있다. 정부 공공부문의 각종 행정서비스에서부터 경제, 사회, 문화, 국방, 과학, 교육 등 전반에 걸쳐 인공지능의 데이터 활용이 크게 늘어나고 있다. 또 민간부문에서도 제조, 유통, 자동차, 보험, 증권 등 다양한 영역에서 AI 활용도가 높아지고 있다. 인공지능의 데이터 활용이 아직은 주요 기관이나 대기업 중심으로 일어나고 있다. 하지만 머지않아 크고 작은 사업장이나 심지어 가정에서까지도 AI와 데이터의 활용이 광범위하게 일어날 것으로 전망된다.

　디지털시대를 선도하는 국가들은 이미 미래사회는 AI와 데이터의 활용에 달려 있다고 보고 치열한 인공지능 기술과 데이터 확보에 치열한 경쟁을 벌이고 있다. 현재 '인공지능 빅 파이브(AI Big fives)'로 불리는 나라가 미국과 중국, 이스라엘, 영국, 캐나다 등이다. 뒤이어 프랑스, 독일, 일본, 인도, 스웨덴, 핀란드, 한국(12위) 등이다. 우리도 경제력 순위만큼 경쟁력을 갖기 위해 인공지능에 더 많은 투자가 필요하다. 그만큼 미래 인공지능이 차지할 비중이 높기 때문이다. 2022년 현재 구글이 발표한 국가별 AI기업수를 보면 미국(2,393)이 독보적이다. 그리고 중국(383), 이스라엘(362), 영국(245) 등이 뒤를 쫓고 있다. 우리 한국은 42개로 집계돼 AI선진국에 비해 턱없이 미흡하다.

　또 AI기술 글로벌 톱(top) 100대 기업에는 미국이 1위에서부터 상위분야에 35개로 가장 많다. 일본이 24개로 2위에 올라 있다. 중국이 11개로 3위로 랭크돼, 3개 국가가 전체 70%를 차지하고 있다. 이어 독일, 프랑스, 네덜란드, 스웨덴, 핀란드 등이 뒤를 있고 있다. 한국은 삼성과 엘지, 현대 등 3개 기업이 순위에 올랐다. 우리 국내서는 청년실업이 심각한 사회문제다. 그런데 아직은 소수이기는 하지만 디지털혁명에 눈 뜬 젊은 청년들이 스스로 AI를 학습해 미국 실리콘밸리의 IT기업에서 높은 연봉을 받고 일하는 인재들이 늘고 있다는 희망적인 소식이 들려오고 있다.

AI를 공부했지만 기술기업에서 일할 기회를 찾지 못한 청년들은 개인 창업에 도전하는 사람들도 있다. 현재 서비스업을 비롯한 다양한 분야에서는 인공지능을 기반으로 혁신이 일어나고 있다. 점차 많은 사람들이 AI를 활용해 더 빨리, 더 많이, 더 싸고 더 질 좋은 제품 만들어 경쟁력을 높여가고 있다. 디지털시대에 자신의 삶을 풍요롭게 가꾸어나가려면 AI에 대한 지식을 갖추어야 한다. 미래사회는 무엇을 하든 AI지식기반이 없으면 경쟁력을 갖추기 어렵다. 이제 누가 AI를 더 효율적으로 다루고 활용하느냐에 따라 자기능력을 발휘하며 풍요로운 삶을 누릴 수 있다. 제조업이나 유통업, 심지어 주식 등 다양한 분야에서 이미 AI를 통한 기술혁신이 날마다 새롭게 일어나고 있다.

선진국 자본은 AI와 데이터에 사활을 건다

AI선진국 정부와 기업은 임직원들에게 인공지능(AI) 교육을 철저히 시행하고 있다. 국가나 기업이 모두 디지털시대의 아이콘인 인공지능 인재 확보에 진력하고 있다. 무엇보다 디지털시대의 기업은 인공지능에 대체되지 않을 임직원이 많으면 많을수록 더 큰 수익을 올릴 수 있다. 지금 IT기업들은 인공지능을 잘 다루고 활용할 수 있는 창조적 상상력과 협업하고 공감하는 능력을 갖춘 인재, 그리고 윤리적, 도덕적 판단능력을 가진 인재들을 애써 찾고 있다.

최고의 디지털 인재들이 가장 많이 모여 있는 곳이 미국 서부 캘리포니아주 샌프란시스코 남동부지역의 실리콘밸리(Silicon Valley)다. 현재 AI기술을 선도하기 위해 미국과 중국은 치열한 인재영입과 함께 데이터 확보에 치열한 경쟁을 벌이고 있다. 전문가들은 향후 미중 패권을 판가름할 수 있는 핵심기술이 바로 인공지능(AI)이 될 것이라고 주장한다.

인공지능 전문가들은 "미래는 'AI스쿨'이 신흥산업으로 부상하게 될 것"이라며 "지금도 AI기술이 새로운 일자리를 가장 많이 창출하고 있다." 라고 말한다. 그러면서 "머지않아 모든 학교가 AI교육을 필수과목으로 선택하게 될 것"이라고 주장한다. 앞으로는 인공지능으로 다양한 프로그램을 만들어 활용하고, 인공지능 로봇을 만들어 가사도우미로 활용하게 된다. 로봇강국 일본은 이미 환자지원 개호로봇을 사용하고 있다. 또 인공지능 검색엔진과 데이터를 활용해 화장품 등 다양한 생활제품을 개발하고 있다. 벌써 인공지능 선진국에서는 무인자동차가 돌아다니면서 AI의 먹거리인 데이터를 하루에도 수십억, 수백억 개씩 쓸어 담고 있다.

미국은 구글을 필두로 빅테크 기업들이 데이터 확보에 주도권을 잡고 있다. 하지만 최근 중국 공산당정부의 데이터 확보는 날이 갈수록 무서운 속도를 내고 있다. 중국 공산당정부는 자국 내 데이터 유출을 막기 위해 구글의 검색엔진이나 트위터 사용을 전면 금지하고 있다. 수많은 기기들과 무인자동차 등에서 사용되고 있는 사물인터넷을 통해 다양한 물체와 장소, 특히 다양한 설비에서 쏟아져 나오는 데이터를 잘 묶으면 엄청난 부가가치를 만들어낼 수 있다. 특히 5G는 인공지능(AI), 사물인터넷(IoT), 증강 및 가상현실(AR/VR), 빅데이터 등 제 4차 산업혁명을 이끄는 핵심기술들을 모두 초연결로 융합할 수 있다.

무엇보다 수많은 기기가 서로 연결되면서 폭발적으로 형성되는 데이터가 신속하게 이동하기 위해서는 5G기술이 매우 중요하다. 5G통신장비는 빅데이터를 가장 빠른 시간에 데이터베이스로 가져가는 기술이다. 디지털시대 기업의 운명은 대용량 데이터베이스에 누가 더 많은 데이터를 소유하느냐에 달렸다고 해도 과언이 아니다. IT 전문가들은 AI프로그램이나 코딩작업 전문 인력과 풍부한 데이터에 국가와 기업의 미래가 달려 있다고 강조한다.

일자리 사슬고리 '자율주행차 사회'

기술융합에 일자리가 쏟아져 나온다

자동차업계 전문가들은 향후 5~10년쯤이면 도래할 자율주행차가 다양한 일자리를 일으킬 것으로 전망한다. 자율주행차는 대도시 외형을 바꿀 뿐만 아니라 기술융합으로 새로운 직업의 생태계가 만들어질 것으로 보고 있다. 이산화탄소의 기후변화와 맞물려 전기차가 본궤도에 오르면 자율주행차는 도시 전체를 새로운 시스템으로 구성하게 된다. 특히 자율주행차시대는 전기자동차가 핵심부품인 배터리를 비롯해 블록체인에 기반한 가상화폐, 그리고 메타버스 등과의 기술융합으로 수많은 일자리를 창출하게 된다.

기후온난화시대는 탄소중립이 대세이기 때문에 대부분 전기자동차로 갈 수밖에 없다. 지금 모든 자동차 회사가 전기차와 관련한 배터리산업(ESS)에 엄청난 투자를 하고 있다. 현재 전기자동차는 독일과 중국이 한발 앞서 있다. 전기충전소가 대대적으로 설립되고, 한번 충전에 600km 이상 간다면 전기자동차가 모든 우위를 점하게 되는데, 이미 2022년 6월 테슬라가 1,000km의 꿈을 달성했다. 무엇보다 전기자동차는 탄소중립에 부합하면서도 소음이 없어 인기가 높다. 특히 자율주행차는 미래 결제시스템인 가상화폐와 블록체인 등과 맞물려 메타버스 흐름을 주도하게 된다.

자율주행차 시대는 일상생활 개념이 완전히 바뀌게 된다. 이제 자동차는 단순 이동 수단용이 아니다. 이동하는 놀이 공간 또는 이동하는 작업의 공간이 된다. 그러면 전기자동차가 자동차인가에 대한 개념정리가 필요하다. 지금 스마트폰이 단순한 전화기가 아니듯이 자율주행차시대 전기자동차는 더 이상 이동수단의 자동차가 아니다. 자율주행차 자체가 수많은 생활기능을 대신할 뿐만 아니라 그 안에서 여행과 겸하여 휴식과 놀이, 그리고 업무나 작업까지도 해결하는 복합공간으로 활용된다.

최근 시장조사업체 내비건트리서치는 "세계 자율주행차 시장은 2020년 전체 자동차시장의 2%인 2,000억 달러를 차지했다"면서 "2035년까지는 10%대가 넘는 1조 2,000억 달러에 이를 것"이라고 전망한다. 무엇보다 자율주행 관련기술은 반도체, 무선통신, 센서 등 다양한 정보통신기술(ICT)이 연결돼 있다. 따라서 전문가들은 디지털시대의 초연결 사회에서 자율주행차가 주요 핵심기술들을 융합하면서 다양한 일자리가 창출될 것으로 전망하고 있다. 따라서 우리는 앞으로 자산 포토폴리오를 짜든, 자녀 교육 또는 내 개인의 발전을 도모하든 모두 이와 같은 큰 흐름 속에서 그림을 그려야 한다.

로봇이 인간의 노동을 담당한다

인간이 자신을 닮은 기계장치 로봇을 염원하던 상상력이 이제 현실이 됐다. 과거 로봇은 대부분 공장 등 노동과 관련된 하드웨어 분야에서 발전을 이룩했다. 하지만 디지털 가상세계와 현실의 물리적인 세계가 융합하는 디지털혁명 공간에서는 인공지능 로봇이 새로운 모습으로 등장하고 있다. 전문가들은 인공지능과 결합한 로봇이 이제 인간보다 더 복잡하고 정교한 일을 처리해 냄으로써 새로운 산업분야에서 엄청난 파괴력을 보일 것이라고 강조한다. 로봇과 사람의 협업을 넘어 로봇과 로봇이 협업하는 세계가 열리면서 거대한 제조공장에서는 더 이상 사람을 만날 수 없게 된다. 무엇보다 로봇 인간이 출현하면 인류 미래는 예측하기 어려운 일들이 벌어지게 된다.

로봇의 다양한 활동과 활약은 많은 부분 인간을 대신하면서 이미 어떤 분야에서는 인간보다 더 발전한 곳도 있다. 이를테면 로봇을 제작하는 몇몇 기업에서 로봇이 탁구를 치게 함으로써 이젠 상대가 없어도 휴식시간에 기계와 탁구를 즐길 수 있다. 또 테니스, 당구 등 스포츠 분야에서도 인간만큼 능숙한 로봇이 이미 등장했다. 로봇업계는 로봇이 해마다 진화를 거듭하면서 10년 뒤면 인간이 하는 모든 활동을 대신할 수 있게 될 것으로 전망한다. 심지어 스포츠 분야에서는 로봇이 프로선수를 능가할 날도 머지않았다고 주장한다.

이제 머지않아 인간은 로봇 없이는 생활하기 어려운 시대를 살게 된다. 로봇이 단순 노동을 넘어 복잡한 레시피(recipe)에 따라 수백 가지 요리도 만들어낸다. 인간 대신 순찰과 경비업무뿐 아니라 화재나 원전사고 지역에서 위험한 구조작업도 진행하고 있다. 심지어 심해 및 극지탐험이나 우주탐사, 군인을 대신해 전쟁까지도 수행할 수 있다. 로봇은 가까운 미래에 인간이 할 수 있는 일을 넘어 인간이 할 수 없는 일까지도 모두 처리하면서 인간보다 뛰어난 역할을 수행하게 된다.

지금 로봇이 우리 삶 속으로 성큼 다가와 생활혁명을 일으키고 있다. 이른바 로봇시대가 활착하고 있는 것이다. 전문가들은 곧 로봇이 인간을 노동에서 해방시킬 것으로 내다보고 있다. 로봇산업이 전 세계에서 가장 발달한 국가는 단연 일본이다. 일본은 2025년이면 1가구 1로봇시대가 도래할 것으로 예측하고 있다. 무엇보다 디지털혁명을 이끄는 인공지능(AI) 기술의 진보로 로봇은 우리가 사용하는 스마트폰만큼이나 가까이서 인간과 함께 지낼 날이 온다.

지난해(2022년) 1월 미국 라스베이거스의 CESS에서 선보인 영국 휴머노이드 로봇 기업 엔지니어드 아츠가 만든 '휴머노이드 로봇 아메카'가 가장 큰 눈길을 끌었다. AI를 적용한 인간형 로봇 플랫폼으로 사람들과 자유로운 의사소통으로 상호작용을 한다. 종종 눈을 깜박이거나 미소를 짓는 등 자신의 감정을 사실적으로 표현해 현재까지 나온 휴머노이드 로 봇 중에서 가장 완성도가 높다는 평가를 받았다.

당시 이를 본 사람들은 곧 인간을 뛰어넘을 인공지능 로봇의 출현을 알리는 것 같았다며 탄성을 자아냈다. 지능형 로봇은 인간생활에 혁명을 가져오고 있다. 2022년 디지털시대 기술혁신을 주도하는 6대 기술 중에 로봇이 채택됐다. 전문가들은 로봇산업의 급속한 발전으로 애완동물처 럼 로봇이 인간과 대화를 나누고 협업하면서 함께 살아가는 공생시대가 곧 열릴 것이라고 말한다.

이와 같이 로봇이 인간의 생활전반에서 혁명적 변화를 일으키고 있다. 로봇 바텐더, 로봇 셰프, 로봇 춤 파트너, 로봇 선수, 로봇 도우미 등 인 간의 삶과 로봇의 공조는 피할 수 없는 현실이 되고 있다. 앞으로 인간은 로봇과 협동함으로써 노동은 급속도로 감소하고 그야말로 저녁이 있는 따뜻한 삶을 누릴 수 있다. 분명한 것은 빠르게 변화하는 디지털혁명으 로 로봇은 다양한 분야에 걸쳐 우리 미래의 삶을 전혀 다른 모습으로 바 꾸어 놓게 된다. 전문가들은 디지털혁명과 함께 로봇분야에서도 다양한 일자리가 창출될 것이라고 강조한다.

2030년 두뇌에 '나노봇(Nanobots)'이 이식된다

나노봇이란 나노기술과 로봇기술의 접합으로 등장한 극소 단위의 로봇을 말한다. 10억분의 1m의 크기를 가진 전기적, 기계적 장치로 병을 진단하고 치료하며 체내 병원균 침입을 차단한다. 일부가 파괴되면 또 다른 나노봇이 이를 대체해 스스로 상처나 손실 및 고장을 치유할 수 있는 기능도 갖는다. 나노봇은 암세포를 찾아내 박멸을 하고 수술 없이 암을 완치시키며 또 손상된 피부를 재생시키는 의학기술에도 이용된다. 의학 전문가들은 "앞으로 모든 병은 수술 없이 해결된다"며 "나노봇이 근본적인 생명연장을 가져오는 중요한 역할을 하게 될 것"이라고 단언한다.

나노봇 기술을 통해 생명연장이 가능해지면 인간은 '권태'라는 문제에 봉착한다. 이런 상황을 극복하기 위해 가상현실이 인간에게 새로운 흥밋거리를 제공하는 역할을 한다. 2030년대는 나노봇이 인간의 뇌에 이식되고 이를 통해 인간의 뇌는 클라우드에 연결된다. 신경계 내부에 들어간 나노봇은 가상현실(VR) 경험을 통해 완전한 몰입감을 제공한다. 뇌의 '신피질(neocortex)'이 클라우드에 확장되면서 인간은 영화 '매트릭스'와 같은 가상공간에서 살 수 있다. 인간의 생각이나 기억을 저장할 수 있고, 논리적 지능과 감성지능을 확대시켜 준다.

따라서 전문가들은 향후 로봇 산업의 발달과 더불어 로봇 제작자 및 로봇서비스 매니저 관련 직업이 크게 부상할 것으로 판단하고 있다. 이미 전자상거래와 공장들을 비롯한 자동화 산업군에서는 50% 가량이 로봇으로 인력을 대체하고 있다. 앞으로 10년 이내에는 로봇의 업무방식 영역이 무려 300% 이상 증대될 것으로 업계는 내다보고 있다. 로봇제작과 관리를 위한 업데이트와 서비스 등 관리자의 역할이 매우 중요하다. 로봇기업에서 로봇제작과 관리, 그리고 로봇서비스업 분야에 필요한 인력 채용이 점차 확대되면서 해마다 수많은 일자리가 증가되고 있다.

사물 인터넷(IoT: internet of things)

인터넷에 이어 다가오는 세상은 사물인터넷이다. 이는 모든 사물에 인터넷이 연결되는 세상을 말한다. 디지털혁명의 핵심 키워드인 초연결 사회에서는 사물인터넷 활용이 필수적이다. 지금까지의 인터넷 이용이 인간과 인간의 커뮤니케이션을 확장하는 데 기여했다면 이젠 사물과 사물 간의 연결에 이르기까지 인터넷이 엄청나게 확장된다. 따라서 사물인터넷 분야에도 수많은 일자리가 쏟아진다.

스마트폰과 태블릿PC 등 디지털 소프트웨어 커넥터의 보급이 늘고 스마트 시계, 스마트 안경, 스마트 카 등으로 스마트화의 대상이 확대된다. 이제 인간은 좀 더 시야를 넓혀 각종 사물이 인터넷에 연결되고 스마트화하는 환경을 만들 수 있게 된다. 도로, 가로등, 자동차, 의학기기, 냉장고 등 가전, 가구, 신발, 옷 등 생활용품을 비롯한 모든 사물이 연결되면 인간이 사용하는 스마트기기는 몇 개가 아니라 엄청난 숫자로 늘어난다. 이는 기계와 기계가 서로 정보를 주고받고 대화를 가능하게 하는 것이 바로 사물인터넷이기 때문이다.

사물인터넷은 특히 스마트폰이나 태블릿과 무선으로 연동해 사용하는 안경이나 손목시계, 밴드형기기 같은 '웨어러블 기기'와 밀접한 관계를 맺고 있다. 기존에는 기기가 서비스와 별도로 존재해 왔다. 또 기기 각각의 특성을 유지한 채 이용돼 왔다. 그러나 이제 기기는 점차 플랫폼으로 확산되거나 통합하려는 환경으로 변화한다. 특히 모바일기기가 변화의 핵심에 자리 잡고 있다. '이동성(Mobility)'을 통해 예전에는 생각지 못한 범위로 확장된다. 여기에는 웨어러블 기기가 필수적이다.

사물인터넷을 통해 실시간 소통하는 사물은 수많은 정보를 생성한다. 1인당 5개의 디지털기기가 연결되면 전 세계 5억 개의 기기가 서로 정보를 주고받을 수 있다. 이렇게 형성되는 데이터 규모는 상상을 초월한다. 이로써 디지털시대는 대규모의 빅데이터가 생성된다. 세상의 모든 정보는 디지털이 남기는 흔적으로 또 다른 데이터바다가 된다. 보이지는 않지만 세상을 메울 정도로 많은 빅데이터는 어떻게 활용하는지에 따라 경쟁력을 키우는 황금열쇠가 된다. 이미 빅데이터 활용통계를 토대로 미래를 예측하면서 비즈니스모델을 만들고 있다.

사물과 사물, 사물과 사람이 소통할 수 있는 것은 이전에 볼 수 없었던 새로운 모습이다. 그러나 디지털혁명시대에 사물인터넷이 구현될 수 있는 가장 큰 요인은 반도체와 센서기술, 정보통신기술(ICT)의 발전 덕택이다. 그리고 다양하고 엄청난 데이터를 빅데이터로 저장할 수 있는 스토리지(클라우드)가 형성돼 있기 때문이다. 다보스포럼의 클라우스 슈바브 회장은 당시 포럼주제를 정의하기를 "제4차 산업혁명의 핵심은 디지털, 물리적, 생물학적 경계가 없어지면서 기술이 융합되는 것"이라고 언급했다. 디지털혁명의 주요 의제가 모든 경계를 허무는 기술의 융합이라면 이를 뒷받침할 핵심 요소가 곧 사물인터넷이다.

센서가 부착된 칫솔을 이용해 이를 닦으면 스마트한 칫솔은 내가 몇 번의 양치질을 했는지, 이가 잘 닦이지 않고 있는 부분은 어딘지 등을 데이터로 저장해 폰으로 정보를 알려준다. 또 '스마트 유아복'은 체온과 맥박 등 아기의 신체 정보를 수집해 실시간으로 부모에게 전해 준다. 그야말로 모든 사물에 ICT가 결합되는 혁명적인 생활환경이 우리 곁에서 벌써 일어나고 있다. 스마트 침대에서 자고 일어나면 간밤에 일어난 나의 수면 행동을 알 수 있다. 한쪽으로 기울어져 자거나 불편한 자세로 자게 되면 침대가 스스로 움직여 자세를 교정해 준다. 이런 정보는 스마트폰으로 전송돼 잠버릇 분석 데이터로 활용된다.

그러나 이렇게 ICT가 우리 생활에 깊숙이 파고들수록 개인정보 보호는 점점 더 중요해진다. 모바일을 통해 항상 접속되면서 디지털 경험과 실제 경험이 통합되는 것은 프라이버시를 더욱 취약하게 만든다. 따라서 개인정보 보호를 위해 사회와 기업, 개인의 인식 전환이 필요하다. 데이터의 증가로 민감하거나 부적절하게 위장된 데이터로 피해의 위험도 커진다. 지적재산권 문제도 발생한다. 데이터 권리나 공유를 위한 종합정책이 필요해진다. 이로써 전문가들은 "사물인터넷을 통해서 다양하면서도 수많은 일자리가 창출될 것"이라고 강조한다.

3D 프린터(3 Dimensional Printer)

3D프린터는 3차원의 입체적 공간에 인쇄하는 장치를 말한다. 3D프린팅을 통해 다리, 건물, 주택 심지어 자동차, 기차 등 수없이 많은 제품을 만들어 낸다. 미래는 3D프린팅 기술로 상상하는 모든 것을 실현할 수 있다. 분말기반의 재료를 레이저로 녹인 뒤 응고시켜 프린트하거나 액체기

반의 재료를 강한 자외선이나 레이저를 이용해 순간적으로 굳혀서 프린트할 수 있다. 또 흔한 방식으로는 고체기반의 재료를 열을 가해 녹인 뒤 쌓아 올려 상온에서 굳히는 방법 등이 있다.

3D프린팅의 주재료로 플라스틱 소재를 많이 이용한다. 최근 다양한 산업 분야에서 3D프린팅의 활용 가능성에 주목하면서 플라스틱 소재 외에도 고무, 금속, 세라믹, 음식재료 등 다양한 소재가 활용되고 있다. 전통적으로 항공이나 자동차 같은 제조업 분야에서 주로 사용돼왔다. 그러나 최근에는 그 활용영역을 빠르게 넓혀 가고 있다. 대표적인 분야가 바로 의료, 건설, 소매, 식품, 의류 산업 등이다. 특히 의료분야에서 가장 적극적으로 3D프린팅 기술을 도입하고 있다. 그리고 관절, 치아, 두개골, 의수, 인공 귀, 인공신장, 심지어 인공심장까지 인간 장기를 만드는 데 활용하고 있다.

이제는 장기를 이식하는 것이 아니라 장기를 기른다고 말한다. 3D 프린터로 장기를 기를 수 있기 때문이다. "우리가 장기를 이식하는 대신에 장기를 기를 수는 없을까?(Can we grow organs instead of transplanting them?)" 웨이크포레스트 대학의 재생의학과 앤서니 아탈라 교수는 30개의 조직으로 신장을 완벽하게 만드는 데 성공했다. 그는 당시 장기 중 신장을 가지고 나왔는데 그것이 바로 아탈라 교수팀이 3D

프린터로 기른 콩팥이다.

당시 아탈라 교수가 한 젊은 친구를 데리고 나왔다. 그 젊은이는 10년 전에 중학생이었을 때 콩팥기능 이상으로 3D프린터로 만든 신장을 이식했다. 그리고 지금은 레슬링 선수가 됐다. 이처럼 3D프린팅으로 장기를 만드는 시대까지 왔다. 또 과학자들이 3D프린터로 고기를 인쇄하는 방법도 발견했다. 미국항공우주국은 우주에서 먹을 음식을 만들기 위해 3D푸드프린터를 개발해 화제가 됐다.

지난 2019년 4월 15일 이스라엘 텔아비브대학(TAU)의 과학자들이 환자의 세포와 생물학적 물질을 이용해 처음으로 인간의 심장을 3D프린트하는 데 성공했다. 과학자들이 이전에 환자의 세포를 이용해 합성심장과 생체가공 조직을 만든 일은 있었다. 하지만 생물학적 물질을 재료로 복잡기관을 만든 것은 처음이었다.

텔아비브대학 연구진은 "누구나 세포, 혈관, 심실, 심방으로 가득 찬 심장을 성공적으로 조작하고 인쇄할 수 있다."라며 "그러나 이번 '개념입증 위업'은 새로운 장기이식의 길을 열었다."라고 강조했다. 최근 급격하게 발전하는 바이오공학기술과 함께 3D프린팅 분야에서도 수많은 일자리가 나타날 것으로 기대하고 있다.

연구진은 특히 "심장은 인간의 세포와 환자에게 특정한 생물학적 물질로 만들어지는데 이번 연구에서 이러한 물질은 복잡한 조직 모델의 3D 프린팅에 사용될 수 있는 당과 단백질로 구성된 물질을 완성했다."라면서 "이번 연구를 통해 향후 개인의 맞춤 조직과 대체장기 개발을 위한 접근 방식의 가능성이 마련됐다."라고 설명했다.

무엇보다 인공지능시대 3D프린트가 크게 주목을 받고 있는 것은 '적층개념(layer conception)' 때문이다. 산업계에서는 3D프린트의 적층개념을 통해 점점 자원이 고갈돼 가는 시대에 자원을 아낄 수 있게 된 것이다. 이는 기존의 뺄셈의 경제학이 아니라 덧셈으로 나아갈 수 있는 핵심 기술로 각광받고 있다.

그동안 산업계에서는 모든 제품을 생산할 때 각각 치수나 크기에 맞추어 정밀하게 깎아내는 작업이 주를 이뤘다. 그리고 깎아낸 원료는 재활용에 높은 비용이 들었다. 하지만 3D프린팅 기술이 나날이 발전하면서 전문가들은 "자원도 아끼고 많은 일자리도 만드는 두 가지 효과를 가져올 수 있다."라고 주장한다.

5G통신 넘어선 만물인터넷 '6G'

먼저 간단하게 이동통신의 발전과정을 한번 살펴보자. 1세대(1G) 이동통신은 음성통화만 가능했던 카폰세대를 말한다. 1990대 초 카폰이 웬만한 승용차만큼이나 비싸 귀족폰으로 불리기도 했다. 이후 자동차 밖으로 나온 2세대(2G)통신의 휴대전화는 벽돌을 연상시킬 만큼 크고 묵직했다. 2G통신의 특징은 음성신호를 디지털신호로 전환해 사용하는 것이다. 이로써 음성뿐 아니라 문자와 같은 데이터의 전송이 무선으로 가능해졌다. 스마트폰이 세상에 나오게 된 것은 3세대(3G) 통신이다. 2007년 애플이 스마트폰시대를 열었다.

3G는 음성과 문자뿐만 아니라 영상통화가 어느 정도 가능했다. 그리고 모바일 콘텐츠를 내려 받고 데이터서비스가 이뤄지면서 인터넷과 멀티미디어가 가능해졌다. 하지만 실시간으로 즐기기엔 속도에 문제가 있었다. 4세대(4G)부터는 언제 어디서든 인터넷 접속은 물론이고 게임도 즐기게 된다. 모바일 콘텐츠의 질과 양이 폭발적으로 성장했다. 지금의 4G만으로도 통신이용에는 아무런 문제가 없다. 그런데 왜 4G에서 5G로 가려고 격렬한 경쟁을 벌이는 것일까. 4G와 5G는 질적 및 양적으로 게임이 안 된다. 이를 도로에 비교하면 4G가 2차선 지방 국도인데, 5G는 10차선 고속도로에 비교될 만큼 수많은 유무형의 정보를 엄청나게 많이

실어 나를 수 있다.

5G시대가 상용화되면 수면 중 이불을 발로 차 체온이 떨어지면 침대가 자동으로 온도를 높인다. 코를 골면 베개가 움직여 코고는 것을 멈추게 한다. 아침에 일어나면 저절로 커튼이 열리고 TV를 통해 교통정보와 교통상황을 체크해 준다. 샤워하면서 거울을 통해 날씨와 외부에서 온 메시지도 확인할 수 있다. 운전 중 전화가 오면 원격주행으로 바꿀 수도 있다. 비가 오고 날이 어두워지면 자동으로 레이더가 전방에 나타나는 물체를 감지해 준다.

또 수업 중 바다 속 잠수부와 교실에서 실시간으로 통화하며 질문할 수도 있고 바다 속 생물을 3D프린터로 만들어 볼 수도 있다. 360도 VR(가상현실)영상으로 바다 속을 구경할 수도 있다. 쇼핑센터에 들어서면 자동으로 가장 잘 어울리는 옷을 골라주기도 한다. 멀리 있는 환자를 원격으로 치료할 수 있다. 그야말로 상상 속의 가상현실이 우리 곁에 점점 현실로 다가오고 있다. 이러한 기술에 가장 큰 역할을 하는 기술이 바로 5G통신이다.

5G의 핵심기술은 아직까지 국제적으로 표준이 정해진 것이 없다. 현재까지 5G기술 표준화의 백가쟁명시대라고 할 수 있다. 다만 스위스 제

네바에 본부가 있는 전기통신 연합에서 5G시스템의 평가와 규격을 결정한다. 2020년에 5G기술표준화를 발표할 예정이었으나 아직 실현되지 않고 있다. 그런 5G의 주요 특징은 초고속, 초저지연, 초연결성이다. 5G는 기존 네트워크보다 속도가 훨씬 빠르다. 끊김이나 지연현상 없이 많은 센서를 동시에 초연결하기 때문에 디지털혁명의 차세대 핵심기술로 주목받고 있다.

6G시대는 상상이 곧 현실이 된다

여전히 5G 상용화 논란이 지속되고 있는 가운데, 통신업계는 이미 6G 시대를 준비하고 있다. 꿈의 통신망 버전인 6G는 사물인터넷(IoT), 자율주행, 도심항공모빌리티(UAM) 등 초연결 시대 핵심통신 인프라다. 이를 두고 전문가들은 만물지능인터넷(AIoE) 시대가 열릴 것이라고 말한다. 이론상 6G는 5G의 기가비트급(Gbps) 속도보다 훨씬 빠른 1테라비트급(1Tbps) 전송 속도에 지연시간은 5G의 10분의 1 수준인 0.1ms(0.0001초)를 기록하는 것으로 알려졌다. 아직 6G에 대한 표준이 확정되지 않은 만큼 우리나라를 비롯해 미국, 중국 등 글로벌 경쟁이 심화되고 있다.

통신을 지원하는 공간도 훨씬 더 넓어진다. 저궤도 위성을 통해 지상을 비롯해 공중 10㎞ 구역까지 통신서비스를 할 수 있다. 6G 도입이 활성화되면 사람·사물·공간이 유기적으로 긴밀하게 연결된 만물지능인 터넷(AIoE) 시대가 올 것이라는 분석은 이 때문이다. 6G를 통하면 실시간 원격수술, 완전 자율주행차, 에어택시, 디지털트윈(가상과 현실을 똑같이 구현) 기반 도시관리 등 각종 고도화된 융합 서비스를 대규모로 벌일 수 있다. 메타버스를 비롯한 초연결·초실감 서비스영역도 커진다. 웨어러블 기기를 활용해 홀로그램(입체상 재현) 통신을 하고, 증강현실(AR) 기반 메타버스 서비스를 일상적으로 이용하는 새로운 세상이 열린다.

특히 대한민국 정부와 우리 기업들은 2029~2030년을 6G 상용화 시점으로 전망하고 있다. 이동통신 기술 세대가 통상 10년 주기로 바뀌기 때문이다. 5G는 2019년 한국이 세계 최초로 상용화했다. 이쯤 되면 "아직도 완전 구현이 멀었다는 5G나 제대로 준비할 것이지 왜 벌써부터 6G 얘기인가."라는 비아냥거림이 나올 수 있다.

하지만 전문가들의 시각은 다르다. 6G에 필요한 기반 기술이 복잡하다 보니 제때 상용화에 나서기 위해선 장기간 준비가 필요하다. 이를테면 6G는 테라헤르츠(THz) 고주파 대역을 쓴다. 100기가헤르츠(GHz)~10THz 사이 주파수 대역을 뜻한다. 주파수를 끌어올리면 쓸 수 있는 대역폭이 그만큼 더 넓어져 네트워크 전송 속도 및 반응도가 빨라지게 된다. 그런데 또 다른 반작용이 나타난다. 전파 도달거리가 짧아지고, 안테나 송수신 과정에서 전력 손실이 커진다. 이를 보완하고 발전시키기 위해 전력 증폭기 등 장비나 새 솔루션 개발이 필수다. 그래서 5G가 여전히 완성되지 않아도 6G개발을 미리 서둘러야 한다.

삼성전자 입사 보장 '6G 학과' 신설

국내 기업들도 6G기술과 전문인력 확보에 열을 올리고 있다. 5G의 선두 주자격인 삼성전자는 이미 2022년 1월 17일 고려대와 손잡고 차세대 통신학과를 신설한다고 발표했다. 이 학과는 6G 등 차세대 통신인력을 키우는 채용연계형 계약학과다. 2023년부터 매년 신입생 30명을 선발해 실무 맞춤형 교육을 한다. 학생들은 재학기간 등록금 전액과 보조금을 지원받고, 졸업 시 삼성전자 입사를 보장받는다. 삼성전자 인턴십 프로그램 참가, 해외 저명학회 참관 등 기회도 주어진다. 삼성전자 관계자는 "급성장하는 통신시장을 선도할 전문 인력을 선제적으로 육성하기 위한 조치"라고 설명했다.

삼성전자는 5G 상용화 첫해인 지난 2019년부터 이미 6G 선행기술 연구를 축적해왔다. 자체 연구조직인 삼성리서치 산하에 차세대 통신연구센터를 설립했다. 이미 2021년 8월엔 2024년까지 6G를 비롯해 시스템 반도체·바이오·인공지능(AI)·로봇 등에 240조원을 투자하겠다고 발표했다. 이에 앞서 2021년 6월엔 미국 샌타바버라 캘리포니아주립대(UCSB)와 6G ㎔대역 통신 시스템 시연에 성공했다.

LG전자도 2019년부터 KAIST와 6G 공동연구센터를 설립해 운영하고 있다. 최근 LG그룹이 전폭적으로 지원하는 전장사업에서 6G 네트워크 기술 활용도가 매우 높을 것으로 알려졌다. 지능형 사물인터넷, 무선통신망에 연결되는 커넥티드카 기술구현 등에 쓸 수 있기 때문이다. LG전자는 지난달 독일 프라운호퍼 연구소와 공동 개발한 전력 증폭기 소자를 공개했다. 이 전력 증폭기를 활용해 실외에서 직선거리 100m 이상 6G THz대역 무선 데이터를 송수신하는 데 성공했다.

이동통신3사도 국내외 기업·연구소와 합종연횡하며 6G 기술확보전에 나섰다. SK텔레콤은 삼성전자, 노키아, 에릭슨과 손잡고 6G 주요기술을 연구개발하고 있다. KT는 서울대 뉴미디어통신공동연구소와 함께 6G 기술을 연구 중이다. 개발 방향과 표준화 등 분야에서 협업한다. LG유플러스는 6G 기술개발을 위해 한국전자통신연구원(ETRI), KAIST, LG전자와 함께 국책과제를 진행하고 있다. 비(非)지상 네트워크, Tbps급 무선통신, THz급 무선 전송, 기능형 액세스 기술 개발에 협업한다. 국내 기업이 6G시대의 선두주자가 된다면 우리의 미래는 한층 더 밝아질 전망이다.

6

인류 건강의 지킴이 '바이오공학(BT)'

바이오공학(BT: biotechnology) 분야 전문가들은 AI시대 "의사는 사라질 수 있어도 인간생명체의 등불인 BT분야는 인류에게 영원한 블루오션"이라고 강조한다. 향후 바이오공학 분야도 많은 일자리가 쏟아질 것으로 전망된다. 실제로 BT는 사람의 유전자 DNA를 인위적으로 재조합해 형질을 전환하거나 생체기능을 모방해 다양한 분야에 응용하는 기술로 생명현상, 즉 생물기능 그 자체를 인위적으로 조작하는 기술이다. 이는 생물체가 가지는 유전, 번식, 성장, 자기제어 및 물질대사 등의 기능과 정보를 이용해 인류의 생명현상에 필요한 물질과 서비스를 가공 및 생산하는 기술을 말한다.

바이오공학 분야는 20세기 후반 들어 유전자에 관한 연구가 활발해지면서 1996년 스코틀랜드의 로즐린 연구소의 이언 월머트와 키스 켐벨 박사가 핵이식 기술을 이용해 '복제양 돌리'를 탄생시키는 역사적 사건이 있었다. 이후 다른 과학자들이 쥐와 소는 물론 인간과 가장 가까운 유전형질을 지닌 영장류에 이르기까지 복제 생명을 탄생시키는 일이 줄을 이었다. 바이오공학에 가장 앞선 미국에서는 이 분야의 벤처 비즈니스가 성행하고 있을 정도로 미래 성장기술로 각광받고 있다.

무엇보다 21세기 들어 급속한 발전을 이룩한 바이오공학의 업적은 가히 눈부시다고 할 수 있다. 지난 수십 년간 발전해 온 생명과학연구 분야는 반세기 전만 해도 공상과학소설(SF)에서나 등장하던 이야기들이 속속 현실이 되고 있다. 특히 2013년 '게놈 프로젝트(Genome Project)'가 완성됐다. 인간유전정보를 담고 있는 DNA에 대한 개별적인 분석을 끝마치면서 인류가 영생의 길로 들어가는 문을 열었다는 평가를 받는다.

바이오공학과 뇌과학자들은 음식 상태와 배우자 결정 등에 이르기까지 우리가 살아가면서 내리는 모든 '선택과 결정'이 개인이 가진 신비로운 자유의지가 아니라는 것을 밝힌다. 이는 매우 짧은 시간에 확률을 계산해 내는 1,000억 개의 뉴런에서 비롯된다는 것을 알게 된다. 게다가 '인간의 의식'은 생명체가 진화하면서 반복된 패턴의 학습을 통해 작동하는 '알고리즘'이라는 것이 알려지면서 BT가 새로운 '생명이론'을 다시 쓰고 있다. 인류의 생명현상과 관련한 생명공학이 각광받으면서 고급 의료 및 의학기술에도 다양한 신기술과 함께 새로운 일자리들이 쏟아져 나오고 있다.

국내에서 일어나는 '바이오 유망기술'

한국생명공학연구원은 지난 2022년 2월에 기술패권 경쟁시대에 미래를 선도할 바이오 유망기술을 발표했다. 연구원이 발표한 유망기술은 '차세대 유전체합성', '소포체기반 약물전달기술(레드바이오)', '바이오장기 생산 카메라기술(그린바이오)', '환경오염물질분해 마이크로옴(화이트바이오)' 등이 선정됐다.

당시 생명공학연구원이 발표한 바이오공학 관련 산업에 젊은 인재들이 도전한다면 미래 좋은 직업을 보장받을 수 있게 되었다. 특히 차세대 유전체합성은 플랫폼 바이오 분야로서 생명체의 DNA를 설계하고 이를 신속정확하게 대량 합성하는 것이다. 연구진은 유전체 합성이 건강, 환경, 우주 등 많은 분야에서 인류가 직면한 기술적 한계를 극복하고 바이오가 합성생물학 딥테크 기반의 제조혁신의 '자연지향설계(Nature Co-Design: A Revolution in the Making)'로 패러다임 전환에 핵심적인 기술이 될 것으로 전망하고 있다.

한편 미국과 독일을 중심으로 유럽의 의료 선진국들이 강력한 주도권 싸움을 벌이고 있는 바이오공학 분야는 온 인류의 소망인 건강을 담보하고 있는 만큼 우리 기업들이 가지고 있는 장점을 최대한 발휘하면서 선진국을 따라잡을 만반의 준비를 해야 한다. 이번 코로나 팬데믹에서도 아직은 우리의 기술수준이 구미선진국에 비해 5~10년 정도는 뒤떨어진 기술격차의 한계를 여실히 드러냈다.

그러나 우리나라도 코로나 19진단 기기와 주사기 시장에서 우수성을 인정받았다. 지금부터 정부와 관련업계가 관심을 가지고 바이오공학 분야를 개척해나갈 수 있도록 고위험·고수익 연구개발을 체계적으로 계획하고 지원한다면 기술패권경쟁시대의 새로운 강자가 될 수 있음이 입증됐다. 특히 2020년 초 코로나 팬데믹 이후 우리나라 제약 바이오산업은 새로운 중심산업으로 도약하고 있다. 한국의 수많은 기업이 코로나 백신과 치료제 개발에 뛰어들었다. 그 결과 미국과 영국에 이어 두 분야를 모두 신기술을 보유한 세 번째 국가라는 기록을 세웠다. 코로나19가 아닌 전통 제약 산업분야에서도 긍정적인 성과들이 나오고 있다. 국내 제약회사 가운데는 한미약품이 지난해 10월 바이오신약 〈롤베돈(한국제품명 롤론티스)〉이 미국 FDA로부터 승인을 받았다. 이로써 한국산 신약은 모두 6개로 늘어났다.

따라서 국내 제약회사들도 이제는 신약개발에 자신감을 가지고 팔을 걷어붙였다. 무엇보다 세계적으로 약 2,000조에 이르는 바이오시장의 문을 강하게 두드리기 시작한 것이다. 미국 시장만도 790조 원에 이르고 있어 국내 바이오산업을 주도하는 셀트리온, 한미약품, 대웅제약, SK 바이오 사이언스 등이 도전장을 내밀고 있다.

국내 바이오공학 전문가들은 "이번에 새로 등장한 코로나 바이러스 외에도 세계적으로 유행하는 질병이 1만 2,000개 가량인데 현재 개인맞춤형 정밀 의료시대로 바뀌고 있다."라면서 "이미 공룡과 같은 글로벌 대기업의 기술만 도입하다 보면 영원히 뒤를 쫓는 후발국 신세를 벗어나기가 어렵다."라고 지적한다. 전문가들은 또 차별화된 우리만의 기술을 살리기 위해 인공지능 등을 융합해 '당뇨 발'과 '무릎관절' 등 맞춤형 인공장기 분야에서 아직 선진국이 선도하지 못하고 있는 바이오 프린팅 영역을 개척해 틈새시장을 공략해야 한다고 주장한다. 그리고 의사보다는 이 분야에 더 많은 인재를 키워나간다면 선진국을 뛰어넘어 양질의 일자리를 더 많이 창출할 수 있다고 강조한다.

더욱 희망적인 소식은 최근 유전자를 정밀 교정하는 차세대 유전자 가위를 인공지능으로 더 정밀하고 안전하게 설계하는 기술이 국내 의료팀에 의해 개발됐다. 이는 차세대 유전자가위인 '프리미엄 편집기'를 교정을 원하는 유전자 정보를 입력하는 것만으로 설계하는 AI모델을 개발한 것이다. 과기부는 "김형범 연세대 교수팀이 개발한 이번 기술은 유전자 교정 및 검정 연구에 도움을 줄 수 있어 장기적으로 인간의 유전질환을 치료하는데 새로운 전략을 제시할 것으로 보인다."라고 평가했다.

신의 손 '유전자 가위'

전 세계적으로 바이오공학 분야에서 인류의 미래 질병을 치료할 가장 앞선 기술로 유전자 교정기술(Genetic Modification)이 크게 각광을 받고 있다. 세포핵은 핵을 싸고 있는 핵막, RNA와 단백질 등 물질이 출입하는 핵공 그리고 DNA 등 크게 세 가지로 구성된다. 세포핵 안에는 46개(23쌍)의 '염색체(많은 염색사가 꼬여 짧게 응축된 것)'가 존재한다.

그 염색체 안에서 각각의 특징을 만들어 내는 물질이 '유전자(DNA)'이다. 인간의 경우 염색체 안에는 '30억 쌍의 염기서열'이 존재한다. 유전자는 아데닌과 티민, 구아닌, 시토신이라는 4개의 염기성분이 쌍을 이뤄 이중 나선구조로 연결된다. 이 염기쌍이 어떻게 나열되는가에 따라 유전정보의 '서열(염기서열: DNA sequencing)'이 달라진다. 서로 다른 염기서열이 개인의 유전정보(데이터)이다. 그리고 이 유전정보를 인위적으로 바꾸는 것이 유전자변형이다.

유전공학에서 말하는 '유전자가위'는 '특수한 단백질 효소'를 가리킨다. 이 효소가 상대의 유전자에 결합해 특정한 염기서열을 잘라내기 때문에 붙여진 이름이다. 유전자 가위로 문제의 염기서열을 잘라 내면 나머지 부위가 재조합돼 정상 유전자로 복구된다. 아직은 유전자 가위로 혈우병을 치료할 수 있는 것은 동물실험 단계에 머물러 있다. 머지않아 임상시험에까지 돌입하게 된다면 혈우병 환자를 비롯해 암 환자들에게 엄청난 희소식이 될 것이다.

그동안 유전자 가위는 1, 2, 3세대를 거치면서 발전해 왔다. 2013년에 개발된 1, 2세대 유전자 가위는 똑같은 쥐의 췌장에서 유전자 적중 쥐를 만드는 데 2년이 걸렸다. 그런데도 만들기가 어렵고 비용이 많이 들면서도 정확성이 떨어졌다. 하지만 2017년에 만들어진 3세대 유전자 가위 '크리스퍼 캐스나인(CRISPR CAS9)'은 효율과 비용, 정확성 등 모든 면에서 매우 우월한 특징을 보인다.

지금은 1주일이면 족하다. 이는 시간적인 면에서 혁명이라고 할 수 있다. 의학자들은 유전자 가위가 곧 다가올 암 정복의 희망이라고 말한다. 유전자 가위를 면역 세포에 적용해 암 치료 임상시험을 한 사례가 미국을 중심으로 유럽이나 중국 등지에서 속속 이뤄지고 있다. 우리나라에서도 연구가 활발히 진행되고 있다. 의학전문가들은 암과 같은 난치병을 극복할 날이 머지않았다고 전망하고 있다.

인간의 생로병사는 유전자와 긴밀한 관계가 있다. 인간이 유전자의 모든 정보를 읽고 그 유전자를 교정할 수 있다면 삶과 죽음의 공식은 기존의 개념을 완전히 바꾸게 된다. 2017년 2월 유전공학 분야에서 가장 앞선 영국에서 놀라운 뉴스가 보도됐다. 생후 14주 만에 백혈병 진단을 받은 여자아이가 유전자 가위 교정법으로 2년 만에 완치돼 희망을 안겨주고 있다.

비록 임상시험에 응한 결과라고 하더라도 유전자 치료법의 새로운 가능성이 열린 것이다. 백혈병은 유전자 연구가 가장 빨리 진행된 암 종이기도하다. 혈액세포가 빠르게 성장하기 때문에 분열속도가 빠르다. 유전자 교정이후 정상세포가 빠르게 자라므로 더 쉽게 확인할 수 있다. 아직도 유전자 교정을 위한 임상시험에는 많은 제약이 있지만 유전자 가위의 치료법이 완성되면 인류의 건강문제는 획기적으로 바뀌게 된다.

바이오공학이 발전하면 인류 수명은 크게 늘어나고 불로불사가 실현될 수도 있다. 시작은 식량위기와 질병과 죽음의 공포였다. 이런 절박함이 생명의 본질인 유전자에까지 닿은 것이다. 배아단계에서 유전형질을 바꾼 하나의 존재는 이전과 같은 존재일까 아니면 다른 존재일까? 또 유전자 정보를 지닌 이들이 권력을 휘두르며 인간의 속성을 예단하고 구속하는 미래는 과연 공상으로 그칠 수 있을까? 이 기술이 위대한 발견으로 이어질지, 생태계 재앙의 부메랑으로 돌아올지는 인간의 지혜에 달렸다. 지식과 지혜는 결코 둘이 아니다. 지식이 바르게 서면 지혜가 열린다는 말은 만고의 진리다.

불로장생의 비밀 '텔로미어'

텔로미어(telomeres)는 유전자 정보를 담고 있는 염색체 양쪽 끝에 달려 있는 보호 모자 같은 부분을 말한다. 마치 모자처럼 달라붙어 염색체가 손상되는 것을 막아주는 역할을 한다. 지난 2009년 텔로미어 연구로 노벨 생리의학상을 수상한 엘리자베스 블랙번 교수는 텔로미어를 이렇게 설명한다. 염색체를 구두끈이라고 가정한다면 텔로미어는 구두끈의 맨 끝부분에 끈이 풀리지 않도록 보호하는 딱딱한 부위라고 생각하면 된다.

인간이 늙는다는 것은 인체를 구성하고 있는 기본 단위인 세포가 늙는다는 것을 의미한다. 세포 차원에서 늙는다는 것은 세포가 더는 분열을 하지 못하는 것이다. 세포가 분열을 계속하면 젊고 건강한 세포를 계속 생성할 수 있어 세포의 주체인 인간이 늙지 않는다. 이는 곧 세포가 언제까지 분열하느냐가 인간 생명의 한계와 일치한다는 것이다. 그리고 텔로미어가 바로 이런 역할의 한계를 담당하는 것이다. 텔로미어의 경우 세포가 분열할 때마다 조금씩 닳아 없어지게 된다. 결국 텔로미어가 일정 부분 닳아 없어지게 되면 세포는 분열을 멈추게 됨으로써 생명체가 종말을 마지하게 된다.

마침내 영원한 젊음을 유지하는 불로장생의 비밀. 이 천기누설에 인간이 점점 가까이 다가가고 있다. 2018년 8월 스탠퍼드대학 연구팀이 사람의 세포를 대상으로 염색체 끝 부분에 모자 모양으로 달린 텔로미어 길이를 10% 연장하는데 성공했다. 이로써 세포분열이 28배나 왕성해졌다. 그리고 세포기준으로 10년 이상 젊어졌다. 새로운 변형 RNA 방식으로 암세포처럼 무한 증식하는 부작용이나 면역 거부반응도 피할 수 있었다.

이로써 스텐퍼드대학 연구팀이 흔히 노화시계로 불리는 텔로미어를 연장하는 데 성공을 이룩하게 된다. 의학전문가들은 이에 대한 연구가 더욱 활발해지고 있어 머지않아 암과 같은 불치병이나 노화에 기인된 성인병 예방과 치료에 혁명적인 일이 일어날 것으로 전망하고 있다. 이번 연구에서는 특히 스트레스를 받으면 텔로미어가 짧아져 수명이 준다거나 감기 등 일반 질병에도 쉽게 노출되는 것으로 밝혀지고 있다. 따라서 이제 무병장수나 불로장생의 꿈이 점점 현실로 다가오고 있다.

불로장생의 텔로미어 생성물질 '텔로머라제'

최근 과학자들은 또 텔로머라제라는 효소가 텔로미어를 만들고 보충해 텔로미어 길이의 감소를 늦추거나 막거나 더 나아가 되돌릴 수도 있다는 것을 밝혀냈다. 텔로머라제 활성이 증진될수록 텔로미어의 길이가 짧아지는 것을 방지할 수 있다. 이는 곧 우리의 노화를 늦출 수 있음을 확인한 것이다. 그런데 텔로머라제를 인위적으로 늘리게 될 경우 암의 징표인 통제 불능의 세포증식을 촉진할 위험이 나타날 수 있다. 아직은 텔로머라제를 활성화하는 방법을 찾지 못하고 있다. 이에 대한 더 많은 연구와 안전성이 검증돼야 한다. 하지만 가장 안전하고 부작용이 없이 텔로미어의 마모를 늦추거나 심지어 재생 복구하는 기술이 완성된다면 인간은 불로장생의 길을 앞당기게 된다.

생명공학자들은 인간의 모든 병을 정복할 날이 그리 머지않다고 낙관한다. 하지만 아직은 우리의 건강한 생활습관으로 텔로미어의 마모를 늦추는 수밖에 없다. 그중 가장 강한 영향을 미치는 것은 스트레스다. 특히 만성질환을 앓고 있는 아이가 있는 여성이 대개 스트레스를 많이 받는데, 조사결과 이들 텔로미어의 길이가 더 짧은 것으로 드러났다. 만성적으로 극심한 스트레스에 노출될 때 텔로미어의 길이가 더 빨리 짧아진다는 것을 밝혀낸 것이다. 따라서 100세 시대 건강한 삶을 원하면 스트레스를 줄이고 적당한 운동과 좋은 식단 등을 통해 스스로 텔로미어 퇴화를 늦추어야 한다. 이제 의과대학은 의사를 양성하는 교육기관이 아니라 바이오공학을 연구하는 연구원 중심으로 확장돼야 한다. 그래야 인공지능(AI)에 대체되는 의사들의 일자리를 되찾는 데 기여할 수 있다.

결론적으로 디지털혁명과 함께 AI가 머지않아 현재 인간이 누리는 모든 일자리를 대신하게 된다. 하지만 AI가 인간을 대신할 수 없는 디지털의 핵심기술과 관련한 분야에서는 또 다른 새로운 일자리가 나타나게 된다. 특히 인공지능과 차별화되면서도 디지털혁명과 함께 나타날 기술을 이해하고 먼저 선점해 나간다면 디지털시대의 미래는 더 희망적일 수 있다. 무엇보다 디지털시대에 도태되지 않고 인공지능과 함께 행복한 삶을 누리기 위해서는 이 혁명의 본질을 정확히 파악해야 한다. 그리고 자신의 능력과 적성에 맞는 분야의 일자리를 준비해야 한다. 디지털 전문가들도 인류가 인공지능(AI)과 협력하여 공진화해 나가는 방안을 잘 모색한다면 이전에 한 번도 경험하지 못한 행복하고 이상적인 삶을 누릴 수 있다고 말한다.

Part 3

AI가 지배하는
디지털 세상이 온다

66

디지털혁명시대,

심각한 문제는 자유의지를 가진

'강한 인공지능(AI)'의 출현이다.

주류 과학자들은 AI가 '2045년경

특이점(Singularity)을 돌파하는 순간

우리 인간의 지적, 인지적 능력을 단숨에 뛰어넘어

디지털세상을 지배할 것이라고 주장한다.

99

1

'2040년 노동시장'은 어떤 모습일까?

AI로봇이 인간 일자리를 모두 꿰찬다

과학자들은 향후 10~20년 뒤엔 반도체 칩을 장착한 인공지능(AI) 로봇이 육체노동과 정신노동 등 모든 분야에서 인간의 일을 대체하게 될 것이라고 말한다. 각종 정책결정에서부터 판·검사, 변호사, 의사, 약사, 회계사, 기자, 아나운서, 경찰, 군인, 공무원, 심지어 음악과 미술, 문예 창작활동 등 예술의 영역에 이르기까지 인공지능(AI)이 인간의 고급 일자리까지 모두 차지할 것으로 전망하고 있다. 무엇보다 인류가 누리던 최고의 정신노동까지도 인공지능 로봇이 담당하게 된다는 것이다. 그런데 누구도 이를 부인할 수 없는 현실이 지금 바로 우리 눈앞에서 펼쳐지고 있다.

우리 인류에게는 두 가지 능력이 있다. 육체능력과 정신능력이다. 18세기 중후반에 산업혁명이 시작된 이후 기계가 인간의 육체능력을 대신하면서 수천, 수만 배의 엄청난 힘과 능력을 발휘해왔다. 그 결과 육체능력이 필요한 농업과 산업분야의 단순노동은 이미 대부분 기계로 대체됐다. 기계에 노동을 맡긴 인간은 기계가 갖지 못한 인지적 능력이 필요한 새로운 직종을 발전시켰다. 이는 인간만이 사고와 이해를 할 수 있고, 상상을 통해 미래를 개척할 수 있기 때문이다. 따라서 인간은 기계지능이 하지 못하는 정신영역의 일을 담당하면서 100년 이상 지속적인 번영을 누려왔다.

그런데 디지털혁명과 함께 인간의 정신능력까지도 월등히 앞서는 기계지능이 등장하면서 그 양상이 사뭇 달라지고 있다. 이제 AI는 인간 고유의 정신능력까지 위협하며 인간의 모든 일자리를 속속 꿰차고 있다. AI과학자들은 "인공지능이 자기영역을 점점 더 확장하면서 마침내 기계지능이 스스로 내가 누구인가를 의식하게 될 것"이란 끔찍하게도 불안한 전망까지 내놓았다. 이미 공상과학(SF) 영화와 소설에서나 가능했던 '몽상'과도 같은 비현실적인 일들이 종종 우리 곁에서 일어나고 있다.

인간의 '예술영역'도 AI가 담당한다

인공지능(AI)이 인간의 영역을 차지하고 나면 인간은 이제 무엇을 한단 말인가? 우리의 걱정은 단순히 할 일이 없어진다는 생각에서 그치지 않는다. 이제부터 더 무서운 이야기가 시작된다. 지능을 가진 기계가 인간의 영역을 넘보기 시작해도 우리의 정신영역의 밥그릇까지 모두 뺏기리라고는 아무도 생각지 않았다. 이를테면 작곡가나 소설가, 시인, 심리상담 같은 인간 내면의 깊은 감정과 감각적 오관을 통해 이룩할 수 있는 직종은 인공지능이 결코 넘보기 어려울 것이라고 믿고 있었다.

그런데 구글은 이미 미술, 음악 등 예술영역에서 AI 기술을 접목하는 '마젠타프로젝트'를 진행하고 있다. 이제 AI는 인류가 만들어 내는 음악과 미술을 학습하고 인간의 감각과 감정을 이해하면서 인간보다 더 인간을 감동시킬 수 있는 새로운 예술창작행위를 수행하고 있다. 그 결과 인간이 그린 그림, 사람이 악기로 연주한 소리를 인공지능이 이해하고 새로운 창작물을 만들어 내기 시작한 것이다. 결국 AI가 머지않아 인간보다 월등히 높은 정신능력을 발휘할 것이 분명하다. 따라서 이는 가설이나 비약이 아닌 현실이라는 것이 이미 우리 주변 곳곳에서 나타나고 있음을 확인할 수 있다.

실제로 지난 2018년 구글의 미래 인공지능(AI)을 설계하는 과학자 레이먼드 커즈와일이 시를 쓰는 시인 AI를 개발했다. 미국 문학사에서 가장 유명한 19세기 시인 에밀리 디킨슨(1830~1886)의 시 알고리즘을 개발해 시어들의 패턴을 분석했다. AI는 알고리즘을 통해 디킨슨이 쓴 것과 똑같은 시를 창작하고 있다. 사람들은 디킨슨과 AI가 쓴 시를 잘 구별하지 못한다. 시뿐만 아니다. 그림을 그리는 인공지능 알고리즘도 나왔다. 고흐나 세잔느의 그림에도 어떤 패턴이 있다. 알고리즘을 통해 이 패턴을 익힌 인공지능이 천재 화가들의 그림을 전문 평론가도 식별하기 어려울 만큼 정교한 작품을 그리고 있다.

또 영국 크리스티 미술품 경매시장에서는 AI가 그린 렘브란트풍의 초상화가 무려 5억 원에 판매됐다. 이미 예술분야에까지도 인공지능이 인간을 대체할 만한 수준에 이르렀다. 전문가들은 아직도 AI가 미흡한 분야라면 인간처럼 상호 공감하고 협업하는 것이라고 말한다. 인공지능 과학자들은 이마저도 곧 AI가 차지하게 될 것이라고 주장한다. 머지않아 AI가 인간보다 더 잘 기뻐하고 슬퍼하는 감정까지도 갖게 된다는 것이다.

한국인 사회에서도 AI가 창작된 음악과 미술이 상당한 성공을 거두고 있다. 지난 2018년 '경기 필하모니 오케스트라'가 청소년 음악회를 통해 두 곡을 연주했다. 하나는 모차르트가 작곡한 음악이고 하나는 AI가 작곡한 모차르트풍 음악을 연주한 것이다. 연주 후에 이뤄진 설문조사에 따르면 여전히 미흡하기는 하지만 전체 관람객의 3분의 1이 인공지능이 작곡한 음악이 더 훌륭했다고 응답한 것이다. 이미 우리의 기술 수준에서도 인공지능이 예술분야까지 넘보면서 진화를 거듭하고 있다.

최고 아이디어 혁신제품 'CES'가 보여준다

누구든지 혁신적인 아이디어를 원한다면 'CES'를 방문하라. 미국 라스베이거스에서 올(2023년) 1월 5일부터 8일(현지시간)까지 '소비자전자제품박람회(CES: Consumer Electronics Show)'가 열려 혁신 신상품을 선보였다. 이번 행사는 코로나19 대유행 이후 3년 만에 첫 대면행사로 개최됐다. 전 세계에서 174국에서 무려 3,100개 기업이 축구장 26개를 합친 면적(18만6000㎡)의 공간에서 혁신제품과 신기술을 자랑했다. 또 10만여 참가자들이 현장에서 디지털혁명의 변화와 흐름을 지켜봤다.

올해는 '메타버스·웹3', '모빌리티', '디지털헬스', '지속가능성', '휴먼시큐리티' 등 다양한 주제로 행사가 진행됐다. 지난해에 이어 올해도 여전히 '자율운행과 전동화' 분야의 혁신을 다룬 모빌리티 영역의 출품이 많았고 관심도도 가장 높았다. 그래서 차량 관련 서비스와 상품들이 엄청나게 쏟아져 나왔다. 참가자들이 '라스베이거스 오토쇼'로 불리던 과거 명성을 되찾은 모습이라는 평가를 내릴 정도로 성황을 이루었다.

특히, BMW는 개막 전야에 기조연설을 통해 '노이에 클라세(Neue Klasse: 뉴 클래스)'로 불리는 차세대 전기차 '디(Dee)'를 공개했다. 현대모비스는 '통합 플랫폼 전문기업'으로 변모하겠다는 목표를 담아 전동화 자율주행 콘셉트-카 '엠비전 TO'를 공개했다. 4개 바퀴가 각각 조향장치와 제동장치를 달고 따로 움직이는 이 콘셉트-카는 꽃게처럼 옆으로 이동하거나 제자리에서 회전하는 모습을 보여 탄성을 자아냈다. 구글은 자동차 전용 운영체제 '안드로이드 오토'의 새 기능을 선보였다. 또 휴대전화로 친구와 가족을 지정해 디지털 자동차 키를 공유하는 '키 셰어링' 기능, 차량 디스플레이에서 연결된 휴대전화의 구글맵과 음악앱, 메시징앱을 동시에 볼 수 있는 기능 등을 공개했다.

아마존은 음성인식 서비스 알렉사(Alexa)를 차량 맞춤형으로 심화하고 있는 서비스를 공개했다. MS는 자체 클라우드 서비스인 애저를 통해 자동차 관련 데이터를 저장하고 이를 분석해 차량 결함 시기 등을 예측하고 사고를 방지하는 새 기술을 공개했다. 해상 모빌리티인 마린테크(Marine Tech) 관련 참가자들과 출품작도 크게 늘었다. 특히 HD현대는 자율운항 운항보조 전문 자회사 아비커스의 새로운 기능과 사업계획을 소개했다. 바다에 대한 관점과 활용방식을 근본적으로 전환하자는 비전과 함께 대형 상선 및 에너지 분야 미래 구상도 제시했다. 특히 '머큐리'

브랜드로 미국 레저보트용 엔진 시장의 50%를 장악하고 있다.

보트 업계 강자 브런즈윅은 자율운항 관련 기술개발 현황과 향후 계획을 발표하며 아비커스에 대한 도전을 본격화했다. 볼보펜타도 HD현대와 브런즈윅 인근에 부스를 차리고 보트 관련 사업을 소개했다. 하지만 이번에는 HD현대가 무거운 제품, 무인선박을 출시해 큰 관심을 모았다. 세계 최초의 철갑선을 만든 이순신 장군의 뒤를 이어 첨단 선박의 강대국이 되는 미래를 그려보았다. 특히 이번 CES에서는 삼성과 LG가 중심이 되는 스마트폰 등 전자제품, 소프트제품들이 주를 이루었다.

세계적인 대기업들 사이에서도 한국 스타트업의 기술과 특허가 빛나는 시간이었다. 대기업이 놓친 틈을 찾아 개발한 특허기술을 바탕으로 이번 전시회에서 K뷰티 스타트업의 약진이 눈에 띄었다. 중소벤처기업부 장관은 대한민국의 K스타트업이 지금 전시회에서 혁신상을 받는 등 '이번 CES를 찢었다'는 강한 표현도 썼다. 전문가들은 2023년 CES는 끝났지만 제품출시전쟁과 특허관리전쟁이 임박했다고 말한다.

지난 2022년 1월 5일부터 8일에도 역시 라스베이거스에서 CES가 개최됐다. 당시 'CES 2022'는 모두 2,200개 업체가 참가해 각종 제품을 선보였다. 코로나 팬데믹으로 출품 상품은 절반가량 줄어들었다. 하지만 과학기술력의 향상은 전년도보다 월등히 앞섰다는 평가가 나왔다. 지난 'CES 2022'에서는 우주테크, 인공지능(AI), 로봇, 메타버스(3차원 가상세계), 푸드테크, 친환경 등이 비중 있게 다뤄졌다. 무엇보다 인공지능 로봇과 자율주행 항공기술로 조종사가 없이도 운행이 가능한 우주테크가 많은 관심을 모았다.

무엇보다 영국 휴머노이드(인간형) 로봇 기업 엔지니어드 아츠가 만든 '휴머노이드 로봇 아메카'에 대한 열기가 가장 뜨거웠다. 아메카는 인공지능(AI)을 적용한 인간형 로봇 플랫폼으로 사람들과 자유로운 의사소통으로 상호작용해 눈길을 끌었다. 종종 눈을 깜박이거나 미소를 짓는 등 자기의 감정을 사실적으로 표현해 현재까지 나온 휴머노이드 로봇 가운데 가장 완성도가 높다는 평가를 받았다. 참석자들은 "곧 인간을 뛰어넘을 인공지능 로봇의 출현을 알리는 것 같았다"면서 놀라움을 감추지 못했다.

인간형 로봇 아메카는 2022년 당시 CES를 방문한 관람객과 끊임없이 대화를 나누었다. 감정 없이 대화만 이어가는 기존 휴머노이드 로봇과 전혀 다른 면모를 보였다. 상대방이 하는 말의 뉘앙스와 감정을 그대로 옮겨와 자연스런 얼굴표정과 몸짓으로 대화를 나누었다. 당시 주목을 받은 로봇 아메카는 기계부품과 몸체의 관절을 그대로 노출했다. 엔지니어드 아츠 관계자는 "사람과 똑같을 때 생기는 불쾌감을 없애기 위해 이런 선택을 했다"면서 "특히 성별과 인종도 구분하지 않았다"고 설명했다.

인공지능(AI)은 우리에게 필요한 수많은 업무와 문제들을 빠르고 쉽게 처리해 준다. 그래서 AI 학자들은 전기가 우리에게 유용한 것처럼 앞으로 인공지능도 인간을 유익하고 편리하게 해줄 것이라고 말한다. 이제 인공지능을 다룰 줄만 알면 누구든 무료로 사용할 수 있는 인공지능 알고리즘이 웹 사이트에 많이 나와 있다. 게다가 지금도 인공지능을 활용해 할 수 있는 일은 수없이 많다. 누구든지 인공지능을 이용해 실생활에 맞게 필요한 다양한 앱을 만들어 사용할 수 있다. 특히 예술가들이 이를 활용해 그림을 그리거나 작곡을 하는 사례가 크게 늘어나고 있다.

이제 AI프로그램과 데이터만 가지면 우리가 상상하는 아이디어로 실생활에 필요한 것들을 언제든지, 어디서든지, 얼마든지 원하는 것을 만들어 사용할 수 있다. 무엇보다 인공지능이 로봇과 결합할 날이 머지않았다. 그때는 인간이 할 수 있는 일은 모두 AI 로봇이 대신해준다. 그러면 인간이 할 수 있는 게 고작 먹고 잠자고 노는 일밖에 달리 없다는 절망 섞인 농담이 오간다. 이것이 인간에게 행인가, 불행인가? 인간은 근본 속성이 일과 놀이를 병행하는 육체와 무엇을 상상하고 추상하려는 정신을 가진 고등한 동물이다. 하지만 우리 인류는 이제 AI와 함께 공존공생의 길을 모색해야 한다.

미래 도시에 존재할 '4개의 계급'

서울대 공과대 유기윤 교수 연구팀(김정옥, 김지영 연구교수)이 '미래 도시에서는 시민들이 어떻게 살아갈까?'라는 주제로 이를 공학적으로 시뮬레이션한 결과 미래 도시에는 4개 계급이 존재한다는 충격적인 내용을 밝혔다. 지난 2017년 발표한 〈한국 미래사회 보고서〉에 따르면 2016년에 시작해 2045년 무렵에 완성된 뒤 이런 흐름이 2090년까지 지속되면서 한국사회가 4개 계급으로 나뉠 것이라고 전망한다. 미래사회는 AI 플랫폼 안에서 성장하지 못하면 사회영향력을 상실하는 시대가 온다는 것이다. 이와 비슷한 유형의 보고서가 최근 미국 스탠퍼드 대학에서도 발표한 적이 있어 충격을 더해주고 있다.

유기윤 교수팀의 발표에 따르면 미래 도시에서는 '플랫폼 소유주', '플랫폼 스타', '인공지성', '프레카리아트'라는 4개 종류의 계급이 함께 살게 된다. 연구팀이 제시한 4개 계급 중 최상층부의 제1계급인 '플랫폼 소유주'는 현재 다국적 기업 소유주와 마찬가지로 자신의 기업을 플랫폼이라는 미래 정보형 기업으로 탈바꿈시키면서 탄생한다. 바로 아래 제2계급은 '플랫폼 스타'라는 슈퍼스타 급이 존재한다. 이들은 소수의 창의적 전문가들 또는 일부 정치 엘리트, 예체능 스타들이다. 제3계급은 법인격을 가진 AI 계급의 '인공지성: 포스트휴먼(post-human)'이다. 이들은 아직 모습이 나타나지 않고 있다. 하지만 시간이 지나면서 서서히 도시의 여기저기에 출현할 것으로 전망하고 있다.

　마지막으로 보통 시민에 속하는 제4계급이 바로 프레카리아트이다. 절대다수를 차지하는 이들은 플랫폼이라는 미래 정보형 기업에 접속해 프리랜서처럼 빌붙어서 살아가는 보통 인간들이지만, 한편 곧 미래 우리의 비참한 모습이다. 주로 현재의 직장인, 영세 자영업자, 그리고 전문직 종사자들이 모두 이에 해당된다. 연구팀은 "현재는 프레카리아트의 수가 적지만, 시간이 지날수록 대부분 시민들이 이 계급으로 진입할 것으로 예측된다"면서 "확률로 치자면 99.997% 이상"이라고 설명한다.

　또한 서울대 연구팀은 4개 계급으로 분화된 시민들이 매우 특이한 환경 속에서 살아갈 것이란 전망을 내놨다. 시민들의 노동은 날이 갈수록 그 값어치가 낮아져 경제적으로 커다란 빈곤에 처하게 된다. 그리고 도시의 인프라는 더 이상 발전하지 못한 채 유지될 것으로 보았다. 이와 함께 '가상현실(VR)'이라는 기술혁신으로 인해 현실도시와 가상도시가 중첩돼 존재할 것으로 예측한다. 시민은 처음에는 가상도시에 몇 시간씩 머무르다가 점차 며칠간 또는 몇 달씩 가상도시로 이동해 살 것으로 전망한다. 연구팀은 페이스북이나 구글과 같은 IT 공룡기업은 현재의 서비스를 모두 메타버스로 가상화하고 심지어 가상의 행성까지도 창조할 것으로 내다봤다.

이는 마치 SF영화에서나 나올 법한 시나리오다. 하지만 공학적인 시뮬레이션 결과라는 점에서 매우 흥미롭고 신빙성이 더해진다. 이 같은 결과를 얻기까지 연구팀은 당시 1년 간 수천 건에 이르는 책과 논문, 통계보고서 등을 수집해 분석하고 휴리스틱(heuristic: 의사결정 과정을 단순화하여 만든 지침)이라는 방법을 통해 이 같은 결론을 내렸다고 설명한다. 서울대 유기윤 교수는 "이번 연구는 모든 예단을 배제한 채 오직 데이터에만 근거해 시뮬레이션한 것"이라며 "다소 불편한 결과이지만 그 의미를 곰곰이 되새겨 볼 필요가 있다."라고 설명한다.

인공지능(AI) 시대는 '조만장자'가 나온다

전문가들은 AI시대는 억만장자를 넘어서 엄청난 부를 거머쥐게 될 조만장자가 출현할 것으로 보고 있다. 이 세계적 규모의 부자는 윤리적, 도덕적 판단능력을 갖춘 사람, 철학적 사고력을 갖춘 철인 소크라테스와 같은 능력의 소유자들이다. 소크라테스는 당시 아테네의 윤리적, 도덕적 문제를 해결하려고 노력을 했지만 실패한다. 그러나 지금은 소크라테스처럼 윤리적, 도덕적 문제를 해결할 능력을 가진 사람이 조만장자가 되고, 세계 대통령 또는 세계적인 지도자가 된다. AI시대는 과학기술과 함께 인문 철학적, 윤리적, 도덕적인 인간의 본성이 매우 중요하게 여겨진다는 것이다.

인공지능(AI)시대 과학기술과 함께 우리에게 던져진 과제는 "나(I)라는 개인과 우리 아이들에게 인공지능(AI)이 향후 10~20년 내 어떤 영향을 미칠 것인가?"라는 질문에 답하는 것이다. 그 해답은 안타깝게도 '실직'이다. 이제 우리가 AI에 대체되지 않고 무능하고 비참한 프레카리아트 계급으로 전락하지 않으려면 인식의 전환이 필요하다. 따라서 더 나은 미래를 준비하기 위해서 디지털혁명을 주도하고 있는 AI에 깊은 관심을 가져야 한다. 그리고 어떻게 하면 AI를 잘 이해하고 다룰 수 있는 가를 고민해야 한다.

머스크 '전자 칩' 두뇌에 넣어 AI이긴다

미국 전기자동차업체 테슬라의 최고경영자(CEO) 일론 머스크가 지난 2017년 3월 뇌연구 스타트업인 '뉴럴링크(Neuralink)'를 설립한 이후 지금까지 많은 성과를 내고 있다. 그의 야심찬 비전은 인간의 두뇌에서 각 영역의 뇌가 활동하는 것을 측정하는 나노 크기(10억 분의 1m)의 칩을 이식한다는 것이다. 그는 칩에 인간의 뇌신경과 컴퓨터 칩을 연결해 인간의 뇌 활동을 측정함으로써 '지금 내가 무슨 생각을 하고 있는지'를 뇌

활동만으로 예측 가능하게 한다. 또 그 내용을 컴퓨터 온라인에 올려놓으면 내 정신이 온라인상에 존재할 수 있게 만든다는 것이다.

이른바 '마인드 업로딩'이 가능해지는 시대가 다가온다. 이런 시대가 열리면 인간은 AI와 같은 능력을 발휘하는 무서운 존재가 될 수 있다. 칩 속에 엄청난 분량의 정보를 담아 뇌에 이식하는 순간 인간은 그것을 읽지 않고도 모든 내용을 완전히 외운 것처럼 알 수 있게 된다. 향후 인간은 공부하지 않고도 모든 것을 알고 이해할 수 있는 세상에서 살 수 있게 하려는 것이다. 이것이 지금 머스크가 꿈꾸는 디지털혁명의 세계다. 그가 꿈꾸는 세상은 AI를 줄곧 부정해온 그의 태도에서 묻어나온 상상력의 산물이라고 할 수 있다.

머스크는 또 "두뇌에 '전자 칩(Electronic Chip)'을 심어 컴퓨터만큼 기능을 고도화해야 인간이 AI에 지배당하지 않고 공생할 수 있다."라고 주장한다. 그는 인간의 뇌에 컴퓨터 칩을 심는 프로그램을 추진하는 또 한 번의 큰 도전에 나선 것이다. 이번에는 뉴럴링크 설립을 통해 인간의 뇌 질환 관련 연구를 시작으로 장차 '인간 뇌에 미세한 전자칩을 심어 정보와 생각을 업로드하고 다운로드 할 수 있게 만든다'는 구상이다. 앞서 머스크는 지난 2022년 3월 두바이에서 열린 '세계정부 정상회담'에 참석해 "인간이 똑똑한 AI에게 판단의 결정권까지 뺏기며 밀려나지 않기 위해 우리의 뇌도 AI만큼 높은 기능을 수행할 수 있게 해야 한다."라고 역설했다.

머스크가 설립한 생명공학 스타트업 뉴럴링크는 이미 임플란트(이식)가 가능한 브레인칩 백서를 발표했다. 머스크는 당시 "생체지능과 기계지능을 병합하는 데 도움이 될 것"이라면서 "머지않아 뇌와 관련한 모든 질병을 해결할 수 있으며, 먼저 자폐증, 정신분열증 및 기억상실과 같은 것부터 치료할 수 있을 것"이라고 언급했다. 그는 또 "이 작업을 수행하려면 세부 수준에서 뉴런과 인터페이스 할 수 있어야 한다."라면서 "올바른 뉴런을 발화하고 읽은 다음 효과적으로 회로를 만들어서 결국은 이같은 기능을 가능하게 할 수 있다."라고 주장한다.

현재까지는 뇌에 250개의 전극을 삽입한 것이 최대였다. 그러나 뉴럴링크는 첫 실험에서 쥐의 뇌에 3,000개의 전극을 삽입했다. 2023년 진행된 임상실험은 1만개로 늘리는 데 성공했다. 전극 수가 많으면 많을수록 뇌신호의 양과 정확도를 향상시킨다. 뉴럴링크가 전극 수를 획기적으로 늘릴 수 있는 것은 머리카락의 4분의 1 수준인 4~6나노(μm) 두께의 유연한 실에 뇌신호를 감지할 수 있는 전극 32개를 심어놨기 때문이다. 뉴럴링크는 치료가 거의 불가능한 간질병이나 우울증과 같은 뇌 관련 질환들을 치료하기 위한 목적으로 이 기술을 상용화할 계획이라고 한다. 향후 뉴럴링크가 성공되면 우리의 삶의 질과 건강은 인공지능과 함께 획기적으로 개선된다.

거대 자본이 '인공지능(AI)'을 주목한다

지금 전 세계적으로 디지털혁명을 주도하는 국가는 단연 미국이다. 흔히 독수리 5형제라 부르는 '애플, 구글, 아마존, 마이크로소프트, 페이스북'에다 왓슨으로 의료계를 점령한 IBM과 전기자동차 테슬라까지 합세해 미래 디지털세계를 주도할 7대 과학기술기업이 인공지능(AI)기업으로 면모를 쇄신했다. 여기다 택시업계를 점령한 우버와 심지어 기름회사인 쉘까지 AI에 팔을 걷어붙였다. 이들은 미래기술과 플랫폼을 모두 인공지능이 좌지우지한다고 보고 있다. 미국은 2023년 현재 전 세계 AI시장 규모의 60%를 차지할 만큼 독보적 1위를 차지하고 있다. 이어 중국이 12%로 그 뒤를 달리고 있다.

아시아에서는 중국과 일본, 대만 그리고 인도가 이미 인공지능에 엄청난 돈을 쏟아붓고 있다. 특히 미국에 이어 2위인 중국은 2023년까지 인공지능에 200억 달러 이상의 투자계획을 밝혔다. 유럽은 프랑스, 영국, 독일을 중심으로 인공지능에 사활을 걸고 있다. 중동은 이스라엘이 먼저 인공지능에 뛰어들었다. 우리도 삼성전자가 AI에 투자를 늘리면서 수천

명의 관련 직원을 채용해 AI기업으로의 면모를 쇄신하고 있다. 네이버는 국내에서 가장 먼저 AI기업을 설립했다. 그 결과 네이버 인공지능 연구 영향력이 인텔과 구글을 제치고 세계 6위로 떠올랐다. 우리도 대기업과 발 빠른 중소벤처기업들까지 다양한 분야에서 인공지능을 주목하고 있다. 그러나 정작 국가를 이끄는 정부 지도자들이 AI에는 아직 눈뜬 봉사다.

미래를 주도할 디지털기술과 교육은 항상 자본이 있는 곳에서 일어난다. 세계적인 투자금융기업인 골드만삭스는 이미 2017년 인공지능 '켄쇼(Kenshor)'를 도입한 이후 기업쇄신을 통해 투자금융기업의 정의를 다시 내리고 스스로를 인공지능기업으로 선포했다. 특히 전 세계적으로 가장 먼저 인공지능에 관심을 가지고 투자를 집중해온 구글이 2029년까지 양자컴퓨터 상용화를 예고하고 나섰다. 따라서 전문가들은 모든 자본이 주목하는 AI가 빠른 시간 내 세상을 바꾸면서 머지않아 인간을 지배하는 날이 올 것이라는 어두운 전망까지 내놓고 있다.

2

미래사회를 완전히 바꿀 '양자컴퓨터'

양자컴퓨터 '생물과 무생물 경계 허문다'

이미 지난 2012년 10월에 스웨덴 왕립과학한림원 노벨물리학상위원회는 '최초로 양자컴퓨터 개발에 기초를 닦았다'는 공로를 인정해 노벨 물리학상을 발표한 바 있다. 당시 두 공동수상자는 빛의 입자인 '광자' 등 양자를 인간의 손으로 조작하고 측정할 수 있는 기술을 개발했다. 두 수상자는 미국 표준기술연구소의 데이비드 와인랜드 박사와 프랑스 콜레주드프랑스(학술원)의 세르주 아로슈 교수였다. 노벨물리학상위원회는 "두 과학자의 위대한 업적은 세계 표준시간을 만들고 있는 세슘 원자시

계보다 100배 더 정확한 광(光)시계와 최첨단 컴퓨터인 '양자컴퓨터'를 개발하는 데 절대적 역할을 하고 있다."라면서 "양자컴퓨터는 지금의 슈퍼컴퓨터로는 우주 나이인 137억 년 동안 돌려도 못 풀 문제를 단 몇 분만에 끝낼 수 있다."라고 밝혀 세상을 깜짝 놀라게 했다.

두 과학자의 연구는 앞으로 전자 하나에 무한대의 정보를 저장할 수 있는 가능성을 실험적으로 증명했다. 특히 빛의 입자인 광자와 원자의 상호작용을 밝혀내 양자물리학과 레이저 과학 분야에 새 지평을 열었다는 평가를 받았다. 두 수상자는 "그동안 광자를 연구하는 데 원자를 이용했으며, 원자를 연구하는 데 광자를 이용하는 방식으로 연구에 큰 성공을 거두었다."라고 말했다. 또 "오랜 기간 양자컴퓨터를 개발하려고 노력을 해왔다"면서 "미래 초고속 컴퓨터인 양자컴퓨터를 개발할 수 있게 됐다."라고 밝혔다. 양자컴퓨터는 기존의 2진법 '비트(bit)'로 정보를 저장하고 처리하는 컴퓨터와는 차원이 다르다. 이른바 '큐비트(Qbit)'로 불리는 양자비트 하나로 '0과 1'의 상태를 각각 또는 동시에 중첩해서 표시할 수 있는 차세대 꿈의 최첨단 슈퍼컴퓨터이다.

양자컴퓨터 시대가 열리면 과학계는 머지않아 생물과 무생물의 경계를 허무는 날이 올 수 있다고 전망한다. 이는 현존하는 최고 과학기술의 집약체이자 인류 마지막 기술로 각광받는다. 당시 호킹 박사는 "과학기술의 발전과 함께 머지않아 양자컴퓨터 시대가 열릴 것"이라며 "이 시기는 사람 뇌를 복사하는 것이 가능해질 수 있다."라고 예측한 바 있다. 물리학자들은 큐비트 하나로 '0과 1'의 상태를 동시에 표시할 수 있는 양자컴퓨터는 아직도 유아기 단계라고 말한다. 하지만 노벨물리학상 수상자들이 광자와 원자의 상호작용을 밝혀내 개별 양자 미립자를 파괴하지 않은 채 직접 관찰하는 기법으로 양자역학의 새로운 지평을 연 것이다.

양자컴퓨터 개발 '어디까지 왔나?'

천재 물리학자 리처드 파인만은 "이 세상의 모든 것은 원자로 이루어져 있어 원자세계를 제대로 알면 이 세계를 정확히 이해할 수 있다."라며 원자를 기술하는 양자역학의 중요성을 강조했다. 파인만의 선경지명처럼 1세기가 지난 지금 양자기술에 세계가 폭발적 관심을 모으고 있다. 양자기술이 뭐길래 온 세상이 이토록 치열한 경쟁을 펼치며 그 기술을 먼저 손아귀에 쥐려고 열광하는 것일까? 2020년 초입에 우한발 코로나 바이러스 팬데믹 현상으로 전 세계를 위협했다. 하지만 인간에게 치명적인 바이러스를 퇴치할 치료제를 이전에 없던 양자역학기술로 그 짧은 시간에 개발했다. 또 공기 중에 있는 탄소를 제거해 향후 인류를 위협할 기후변화를 막을 기술이 개발에도 근접하고 있다. 이처럼 양자역학에 기반한 양자컴퓨터는 현재 슈퍼컴퓨터로 계산하면 1만 년에 걸쳐 해결할 수 있는 문제를 단 200초 만에 해결할 수 있는 가공할 위력을 갖는다.

이 엄청난 성능을 자랑하며 질병에 관한 유전정보, 기상이변, 우주현상에 이르기까지 다양한 분야에서 초월적인 속도로 빠르게 분석할 수 있다. 이 놀라운 능력이 바로 양자기술의 산물이며, 꿈의 컴퓨터라고도 불리는 '양자컴퓨터'이다. 양자컴퓨터는 지금까지 한 번도 보지 못한 혁신적인 기술이기 때문에 세상을 바꾼다면 굉장한 스케일로 급격하게 바꿀 수 있다. 따라서 양자컴퓨터에 대한 세인들의 관심이 점점 커지고 있다. 과학자들은 양자컴퓨터를 두고 기존에 있던 것들을 좀 더 향상시키는 정도의 기술수준이 아니라 아예 불가능을 가능하게 만드는 전혀 새로운 기술이라고도 표현한다. 이는 기존 패러다임을 완전히 바꿀 정도로 크고 위대한 기술이다.

이제 양자컴퓨터는 그동안 인류가 도저히 풀지 못한 난제들을 손쉽게 해결해줄 '신의 도구'로 여겨지면서 이 혁명을 이끌어갈 핵심기술로 꼽히고 있다. 이 기술을 위해 미국은 정부차원에서 이미 2018년부터 향후 10년간 약 1조 5,000억 원을 투자하고 있다. 게다가 구글과 IBM 등 민간기업까지 이르면 미국은 벌써 수십조 원을 쏟아붓고 있다. 이에 질세라 중국도 국가 차원에서 약 11조 3,000억 원을 들여 세계 최대 양자연구소를 구축했다. 영국과 일본도 매년 각각 3,000억 원 이상을 투자하며 기술개발에 나섰다. 기술발전의 속도가 엄청나게 빨라지고 있는 요즘 하루가 다르게 새로운 기술이 쏟아져 나오고 있는데, 유독 양자컴퓨터 기술에 관심이 뜨겁게 달아오르는 이유는 무엇일까?

양자컴퓨터는 말 그대로 양자역학의 원리에 따라 작동되는 미래형 최첨단 컴퓨터이다. 지금 우리가 사용하는 컴퓨터와는 개념이 확연히 다르다. 기존 컴퓨터는 0과 1로 이루어진 '비트(bit)'라는 정보단위를 사용한다. 하지만 양자컴퓨터는 '큐비트(qbit)'라는 정보단위를 사용한다. 이를테면 비트(bit)가 전구를 껐다 켜는 것처럼 0아니면 1 둘 중 하나의 상태를 나타내는 것이라면, 큐비트(qbit)는 전구를 켠 것과 끈 것, 즉 0과 1 겹쳐진 상태를 동시에 가질 수 있다. 0과 1을 하나씩 넣고 결과를 차례로 비교하는 것이 아니라 0과1이 중첩된 상태로 계산해 한 번에 모든 결과를 내놓고 그 중에서 최적의 것으로 결정하는 방식이다. 양자컴퓨터는 그만큼 연산이 기하급수적으로 빨라지게 된다.

양자역학적 현상을 이용한다는 것은 갈림길에서 둘 중 하나만 선택하는 것이 아니라 두 길을 동시에 탐색할 수 다는 것이다. 따라서 미로가 복잡해질수록 잘못 들어가면 다시 되돌아 나와서 또 다른 길을 가다보면 시간이 훨씬 더 오래 걸린다. 그러나 양자역학의 현상을 이용하면 복잡한 미로를 동시에 탐색할 수 있다. 따라서 기존의 비트를 이용한 컴퓨터

보다 문제를 해결할 수 있는 능력이 엄청나게 빨라진다. 이를 피아노 음반에 비교하면 하나의 음악을 연주할 경우 기존 컴퓨터로 160개 피아노 건반을 이용해 음악을 연주하는 것보다 양자컴퓨터는 단지 5개의 건반만으로도 똑같은 음악을 더 빠르고 아름다운 선율로 연주를 할 수 있는 것과 같은 이치다.

양자컴퓨터의 핵심기술인 큐비트의 원리를 이해하기 위해서는 앞서 살펴본 양자역학을 제대로 이해할 필요가 있다. 제2의 스티븐 호킹이라 불리는 카를로 로벨리 박사는 "양자역학은 지구상에서 가장 위대한 과학혁명"이라며 "이미 과학기술분야에 엄청난 영향을 미치고 있다. 지금 우리가 사용하는 컴퓨터와 레이저를 비롯해 우리 신체에 사용되는 의료기기들이 모두 양자역학으로 개발된 것"이라고 주장한다. 그는 또 "양자컴퓨팅을 통해 컴퓨터 성능을 상상 이상으로 강력하게 개선할 수 있어 기대감이 점점 커지고 있다."라면서 "양자역학의 지능적 파급효과가 매우 크고 위대하며, 양자기술이 우리의 현실을 강력하게 바꿔놓을 것이기 때문에 전 세계가 열광을 하고 있다."라고 덧붙였다.

양자역학은 아원자(양성자, 전자 등 미립자)의 세계를 다루는 학문이다. 이는 우리 인간의 눈에 보이지 않는 양자라는 물질이 존재하는 미시세계로 들어가면 우리의 감각 경험으로는 도저히 설명할 수 없는 현상들이 많이 나타나게 된다. 그런 현상을 설명하기 위해 발전된 학문이 바로 양자역학이다. 그리고 양자과학기술의 이론적 토대가 되는 것이 바로 양자역학이다. 더 이상 쪼갤 수 없는 구조를 가진 빛의 알갱이 같은 것이 양자다. 따라서 양자는 두 개의 입자가 함께 중첩된 상태를 보이는 '양자 중첩(quantum superposition)'과 또 떨어져 있을 때도 서로 영향을 미치는 '양자 얽힘(quantum entanglement)'의 현상으로도 나타나기 때문에 이해하기가 굉장히 난해하다.

놀라운 '양자컴퓨터' 발전 속도

2021년 11월 16일 전 세계를 놀라게 한 뉴스가 보도됐다. 글로벌 컴퓨터 회사인 IBM이 세계 최초로 127개의 큐비트를 가진 최고 성능의 양자컴퓨터를 개발해 세상에 내놓은 것이다. 이는 IBM이 처음으로 상업용 양자컴퓨터를 공개한 이후 불과 3년 만에 이룩한 엄청난 기술의 발전이다. 이에 앞서 2019년 10월 구글이 초전도 소자기반에 53큐비트의 양자컴퓨터 '시커모어(Sycamore)'를 발표하면서 세계 최초로 양자우위를 달성했다고 발표한 바 있다. 하지만 IBM이 이에 발끈하면서 기존 컴퓨터의 성능을 극대화하면 풀 수 있는 문제라며 즉각 반발했다. 이후 3년 만에 구글 시커모어보다 압도적 성능을 자랑하는 양자컴퓨터 기술을 선보인 것이다.

그런데 이 놀라운 성과 그 중심에는 우리나라 과학자가 있다. 바로 예일대에서 양자컴퓨터의 핵심원리를 연구하던 중 2014년 IBM에 합류한 백한희 박사다. 백 박사는 2021년 11월 양자컴퓨터 상용화시대를 여는데 중요한 일을 한 업적을 인정받아 미국 물리학회 석학으로 선정된다. 이는 미국 내 5만여 명에 달하는 물리학회 회원 중 학술 업적이 탁월한 0.5% 인재들에게만 주어지는 굉장히 값진 것이다.

백한희 박사는 "100큐비트 이상을 가진 양자프로세서가 일반 대중에게 공개된 것은 IBM이 세계 최초"라고 언급하면서 그는 또 "이는 역사상 처음으로 100큐비트 이상의 양자컴퓨터 프로세서가 현재 IBM의 클라우드를 통해 서비스가 전 세계에 제공되고 있다. 따라서 이제 전 세계 모든 사람들은 100큐비트의 양자컴퓨터 프로세서를 사용할 수 있게 됐다."라고 설명했다.

양자컴퓨터 시대가 도래하면 비트코인을 해킹해서 내 것으로 만들고, 급등할 주식을 곧바로 정확히 알 수 있다. 그리고 다른 사람의 SNS의 비밀번호를 손쉽게 알아낼 수 있다면 어떤 세상이 될 것인가? 과연 좋은 세상일 수만 있을까? 나만이 이런 초능력을 갖출 수 있다면 얼마나 좋을까? 그런데 실제로 양자기술이 발달하면 일어날 수도 없고, 일어나서도 안 되는 이런 현상들이 일상으로 벌어질 수 있다. 최악의 경우 양자컴퓨터 한 대로 한 국가의 보안을 완전히 무력화시킬 수도 있다.

그래서 전 세계 각국이 양자컴퓨터 기술개발을 두고 총성 없는 전쟁을 벌이고 있는 것이다. 지금까지는 막대한 자본과 인력을 투자해온 미국과 중국이 양자컴퓨터 개발에 한발 앞서가고 있다. 하지만 아직은 누가 진짜 승리의 월계관을 쓸지는 아무도 모른다. 특히 최근 우리 대한민국의 물리학계에서도 양자역학에 비약적인 발전을 이룩하고 있다는 희망적인 소식이 들린다.

인류에게 영생을 가져올 '생명체 복사'

현대문명에서 '양자문명' 시대로

기계지능 컴퓨터 인공지능(AI)이 현대 과학기술문명의 상징이다. 컴퓨터가 일을 처리하는 방식은 '0과 1'의 숫자를 이용한 디지털방식이다. 그런데 양자역학이 없었다면 컴퓨터는 아예 탄생조차 하지 못했을 것이다. 물리학자들은 바로 그 양자역학의 특산물인 양자컴퓨터를 상용화하면서 인류 현대문명을 송두리째 바꿀 것으로 내다보고 있다. 따라서 우리가 지금 경험하면서 살고 있는 현대문명사회와는 전혀 다른 '양자문명(quantum civilization)' 시대가 열릴 경우 과학자들은 상상하기조차도 끔찍한 미래 사회가 도래할 것으로 전망하고 있다.

러시아 출신의 미국 천체물리학자이며 빅뱅이론의 창시자인 조지 가모프의 에세이집인 『나의 세계선(My World Line)』에는 다음과 같은 구절이 나온다. "영국의 물리학자 파울러는 런던 왕립협회에서 나의 강의가 끝난 뒤 이렇게 말했다. 파동역학에 있어서 통과하지 못할 장벽이란 없다. 이 강의실에 있는 여러분은 출입문이나 창문을 열지 않고 바깥으로 나갈 수 있는 유한한 가능성을 갖고 있다."

인간이 공간이 아닌 물체를 통과할 수 있다는 것은 우리의 인식으로는 귀신이 아닌 한 불가능하다고 생각한다. 양자역학의 세계는 정말 신출기묘하다. 그래서 양자역학의 물체통과 현상이 더는 공상과학(SF)이 아니다. 이제 양자역학은 현대 과학기술문명의 근간이 되고 있다. 우리 일반인들도 양자역학에 대한 기본적인 이해와 소양을 가져야 한다. 무엇보다 현대 과학기술문명시대를 풍요롭게 살아가기 위해 과학전반에 대한 이해가 꼭 필요하다.

천체물리학자 파울러의 말처럼 '출입문이나 창문을 열지 않고 밖으로 나갈 수 있는 가능성을 갖는다'는 것은 양자역학의 '장벽관통'의 비유적 표현이다. 그리고 장벽관통 효과를 절묘하게 응용한 것이 메모리반도체다. 반도체는 금속이나 도체에서처럼 전자가 자유롭게 움직이지 못하고 양자역학적인 에너지 우물 안에 갇혀있는 구조를 말한다. 에너지 우물에 갇힌 전자들의 일부가 에너지 우물의 벽을 뚫거나 뛰어넘어 나오기도 한다. 전자가 우물에 갇히는 성질은 반도체의 기억능력을 갖게 해줌으로써 메모리반도체의 탄생을 가능케 한다. 또 초전도체를 비롯한 다양한 금속 재료 등 현대 과학기술문명의 신소재개발은 양자역학이 없이는 불가능하다.

최근에는 양자컴퓨터 개발과 양자 얽힘 현상을 이용한 공간이동 연구도 시도되고 있다. 양자역학의 획기적인 실험기법 개발에 성공한 학자들이 2012년 수상한 노벨물리학상의 결과는 양자공학시대가 먼 미래의 꿈이 아님을 예고한 것이다. 물리학자들은 양자역학은 그동안 컴퓨터로 대표되는 디지털문명의 기초를 제공하면서도 향후 양자컴퓨터와 공간이동을 현실화하는 첨단 양자공학문명을 견인하게 될 것이라고 주장한다.

19세기 말까지만 해도 물리학자들은 대부분 자연의 모든 신비를 벗기는 것은 시간문제라고 생각했다. 물리학자 켈빈(윌리엄 톰슨) 경은 1900년 한 연설에서 "물리학의 하늘은 작은 조각구름 두 점이 떠 있을 뿐 아주 맑다"고 했다. 켈빈은 두 조각구름이 물리학에 폭풍을 몰고 오리라고는 꿈에도 생각지 못했던 모양이다. 조각구름 중 하나인 에테르는 시간과 공간의 혁명을 일으킨 '상대성이론'으로 발전했고, 다른 하나는 흑체복사인데 후에 원자탐구와 함께 이룩된 '양자역학'을 몰고 온 것이다.

그런데 주류과학계는 20세기 초입부터 상대성이론과 양자역학에 맞닥뜨리게 된다. 이는 곧 원자의 신비를 벗기는 과정에서 찾아온 과학혁명이었다. 원자는 더는 쪼개지지 않는 기본입자로만 알고 있었다. 그런데 원자에는 전자와 양성자란 것이 들어있는 게 아닌가. 특히 전자가 나타나기 전까지는 뉴턴역학과 전자기학은 세상의 모든 현상을 설명하고 미래까지 예언한다고 믿었다. 그러나 전자는 종잡을 수 없을 정도로 요상하기 짝이 없는 물질이라는 것이 밝혀진다. 뉴턴역학과 전자기학으로 기술되지 않은 새로운 세계가 나타난 것이다. 원자 구성물질인 전자로 인해 물리학자들은 당혹감을 감출 수 없게 된다.

그냥 입자라고 철석같이 믿어온 전자가 때에 따라 파동처럼 행동한다. 또 전자기파의 일종인 빛은 파동이면서 입자행세를 한다. 관측대상인 전자가 관측주체에 영향을 받는다는 도무지 믿을 수 없는 현상들을 목격하게 된다. 이로써 사물은 동시에 두 곳에 존재할 수 없다는 철석같은 상식이 깨진다. 전자가 동시에 두 곳에서 확률적으로 존재하는 것이 증명된 것이다. 전자의 이 같은 기묘한 현상은 우주를 보는 인류의 우주관을 기계론적 우주관에서 관계론적 우주관으로 바꿔놓는다. 변화무쌍한 전자의 행동을 기술하는 이론을 닐스 보어와 베르너 하이젠베르크, 에르빈

슈뢰딩거와 같은 걸출한 물리학자들이 마침내 전자나 광자와 같은 아원자인 '양자(quantum)'의 힘과 운동 상태를 기술하는 '양자역학'을 완성하게 된다.

지금 양자역학은 세상을 개벽하면서 이른바 '퀀텀문명(양자문명)'을 새롭게 써나가고 있다. 20세기 중반 들어 반도체가 개발되고, 이로써 인공지능이 탁월한 힘을 발휘하게 된 것은 전적으로 양자역학 덕분이다. 현대문명에서 컴퓨터 없는 세상을 상상할 수는 있는가? 요즘 화두인 '디지털혁명'을 견인한다는 AI를 비롯한 사물인터넷, 빅데이터와 같은 디지털 핵심기술은 양자역학의 기초적인 응용분야에 지나지 않는다. 양자현상을 제어하는 양자기술은 이미 꿈의 컴퓨터라 불리는 양자컴퓨터의 개발은 물론, 영화 속에 나오는 양자통신 및 순간이동 실용화에 대한 연구로까지 이어지고 있다.

과학자들은 오늘날 인류가 누리는 과학기술문명은 대부분 아인슈타인의 '상대성이론'과 보어와 하이젠베르크가 입증한 '양자역학'에서 비롯된 것이라고 말한다. 닐스 보어와 베르너 하이젠베르크를 중심으로 한 '코펜하겐 학파'와 알베르트 아인슈타인, 루카스 포돌스키, 네이선 로젠 등 'EPR학파'가 양자역학을 놓고 끊임없는 대립과 갈등으로 시작된 20세기는 마침내 이를 완성하면서 인간인식의 지평을 확대재생산한다.

그리고 이는 곧 양자컴퓨터에서 양자복사, 즉 '생명체 복사'의 시대까지 예고하고 있다. 과학자들은 이미 단세포동물의 생명체 복사에 도전장을 던졌다. 그리고 머지않아 이를 성공하게 된다면 인류는 상상하기조차 두렵고도 떨리는 새로운 세계로 진입하게 된다. 이른바 '인류가 영생의 문을 두드리게 된다.' 그리고 마침내 인간은 마치 영화 속의 유령처럼 빛의 속도로 우주를 자유롭게 유영할 수도 있다. 이는 공상과학소설이 아니다. 이미 현대 물리과학적인 이론으로도 충분히 그 가설이 가능해지고 있다.

3

인류가 고민하는 '강한 인공지능(AI)'

인류를 지배할 '강한 인공지능'의 모습

현재 예상되는 세계 10대 인공지능 기업은 미국이 7개, 중국이 3개를 가지고 있다. 미국은 구글, 마이크로소프트(MS), 아마존, 애플, 페이스북, IBM이 있다. 미국은 이를 머리글자를 따서 '지마피아(G-MAFIA)'라고 한다. 미국은 최근 테슬라가 참여하고 있다. 또한 중국은 바이두, 알리바마, 텐센트의 머리글자를 따서 '비에이티(BAT)'라고 부른다. 과학자들은 미래사회는 인공지능 패권을 잡는 나라가 세계 패권국이 될 것이라고 전망한다. 그렇다면 '지마피아'와 '비에이티' 중 누가 AI패권을 차지할 것인가? 전문가들은 현재로서는 미국이 한발 앞서 있지만 아직은 장담할 수 없다고 말한다.

우리 앞에 가로놓인 문제는 자유의지를 가진 '강한 인공지능'의 출현이다. 지금 AI가 현대문명시스템을 끊임없이 학습하며 비약적인 발전을 거듭하고 있다. 이미 모든 면에서 인간의 능력을 압도하고 있다. 과학자들은 비약적인 기술진보로 인류역사에 필연적으로 의식을 가진 강한 AI가 나타날 것으로 보고 있다. 2045년쯤 AI가 '변곡점'을 돌파하는 순간 '범용인공지능(GAI)'이 인간의 지적, 정신적 능력을 뛰어넘는 것이다. 과학자들은 이를 두고 인간의 뇌가 생각보다 훨씬 후진적인 구조이기 때문에 가능하다고 주장한다.

AI전문가들은 특이점을 돌파한 인공지능은 감각과 감정마저 인간보다 훨씬 발달하면서 더 잘 기뻐하고, 더 행복해할 것이라고 말한다. 또 더 잘 분노하고 슬퍼하며, 더 아파할 수도 있다는 것이다. 인간은 결국 고유한 영역이라고 확신해온 감각적 오관과 감정까지도 모두 인공지능에 압도당하게 될 것이 분명하단다. 대부분 인공지능 학자들은 이때를 대략 2045년경으로 전망한다. 필연적으로 강한 인공지능이 나타나게 된다면 현재 인간에게 적절한 대처방안은 있는 것일까? 없는 것일까?

주류 과학계 '포스트휴먼' 출현 예고

인간과 같은 의식을 가진 강한 인공지능의 출현을 먼저 예고한 것은 지난 1984년 12월 22일 크리스마스를 며칠 앞두고 개봉된 영화 〈터미네이터(The Terminator)〉이다. 간략한 줄거리는 이렇다. "1997년 인간이 만든 인공지능 컴퓨터 전략방어 네트워크가 스스로의 지능을 갖추고는 핵전쟁의 참화를 일으켜 30억 명의 인간을 잿더미 속에 묻어버린다. 그리고 스스로 지능을 가진 기계가 나머지 살아남은 인간들을 동원해 기계의 지시대로 시체를 처리하는 일에 동원하는 것으로 그려진 SF영화"이다.

이제 곧 터미네이터에 등장하는 가상의 '스카이넷(Skynet)'과 같은 인공지능이 우리 앞에 불쑥 나타난다면 인류에게 대처방안은 있는가? 정말로 강한 인공지능이 인간을 배신하고 지배하려고 든다면 인류 미래는 어떻게 될까? 많은 사람들이 벌써부터 반신반의하면서도 이를 걱정하고 있다. 하지만 현 단계에서는 빠른 시간에 기계가 의식을 가지고 인간을 지배할 가능성은 그리 높아 보이지 않는다. 주류 과학계는 "아직은 이에 대처할 시간이 20년 정도는 남아 있다"고 말한다. 그러면서도 "20년이란 시간이 강한 AI 출현을 대비하기에 충분한 것은 아니다"며 "지금부터 준비를 서둘러야 한다"고 지적한다.

실제로 디프 러닝(deep learning)과 같은 AI 모델은 고도의 수학공식처럼 굉장히 복잡하고 정교하게 짜여 있다. 이를 좀 더 복잡하고 정밀하게 잘 만들어 끼워 맞춰 나가다 보면 인간의 뇌에 점점 가까워지는 느낌을 얻는다. 그렇다고 해서 그게 어느 날 갑자기 자기의식을 가지고 스스로 모든 것을 판단하는 기계인간 '포스트휴먼'이 되는 것은 아니다. 하지만 최근 빠른 속도로 진화하는 AI의 강화학습을 지켜본 과학자들은 어쩌면 예상보다 빨리 의식을 가진 '강한 인공지능'이 출현할 수 있을지도 모른다고 우려한다.

특히 21세기 들어 급속한 발전을 이룩한 바이오공학과 뇌과학이 이를 한층 확실하게 뒷받침해주고 있다. 지난 수십 년간 발전을 거듭해 온 생명과학연구는 이미 반세기 전에 공상과학(SF) 소설에서나 등장하던 이야기가 속속 현실이 되고 있다. 인류는 지난 2013년 '게놈 프로젝트'를 완성하고 인간의 세포 속에 유전정보를 담고 있는 DNA의 개별적인 분석을 끝마쳤다. 이는 바이오공학기술의 혁명적 발전이다. 코로나 팬데믹 상황에서 화이자와 모더나가 불과 1년 만에 'mRNA' 백신을 만드는 쾌거를 이룩해냈다. 이는 모두 인공지능(AI)의 급속한 발전 덕택이다.

'강한 인공지능' 막기 위한 준비

바이오공학의 눈부신 발전으로 강한 인공지능의 출현은 점차 기정사실화 되고 있다. 이를 예방하기 위한 노력의 일환으로 AI코드가 속속 공개되고 있다. 이미2015년 11월 9일 구글은 알파고 이전의 모든 인공지능의 총체적 내용을 결집한 〈텐서플로(TensorFlow)〉를 공개했다. 같은 날 마이크로소프트도 〈툴킷(Distributed Machine Learning Toolkit)〉을 오픈했다. 그해 11월 23일 IBM이 〈시스템 밀(System MIL)〉을, 이어서 12월10일에는 페이스북이 〈빅셔(Bigsur)〉를 공개한다.

지금 많은 기업들이 AI에 관한 윤리적, 도덕적 의무를 사전에 준비하고 있다. 덕분에 인터넷에는 다양한 오픈소스가 공개돼 누구나 무료로 이용할 수 있다. AI코드 기술이 공개되면서 출현할 강한 인공지능에 대비한 일종의 해결방안이 제시되기 시작한 셈이다. 이 덕분에 현재 AI기술은 어느 정도 개방돼 있다. 데이터만 준비하면 누구나 AI를 쉽게 활용할 수 있다. 이미 많은 사람들이 음악, 미술 등 예술분야까지 오픈된 AI 기술을 사용하고 있다. 누구든 AI프로그램기술만 익히면 AI 코드를 쉽게 활용할 수 있다. 컴퓨터 기본만 갖추면 구글의 텐스폴로 자격증은 1주일이면 누구나 취득이 가능하다.

스탠퍼드대학의 폴 사포 교수는 "앞으로 AI에 대한 강한 규제가 필요하다"며 "2045년을 인류가 원하는 삶을 만들기 위해 과학자들과 함께 정부와 기업은 무한 책임을 가지고 AI를 어떻게 사용할지에 대한 논의가 필요하다"고 강조한다. 그는 또 "과학기술의 진보는 가속화하고 있는데, 인간의 윤리와 문화가 따라가지 못하는 것이 큰 문제"라고 지적한다. 그러면서 "인간의 개입이 없이 프로그래밍으로 이루어지는 거래가 증권시장을 혼란에 빠뜨리고, 자율비행 항공기가 센서 오작동으로 추락하고 있다. 인류는 예상하지 못한 사태에 대응할 수 있는 공유 시스템을 갖추어야 나가야 한다"고 주장한다.

우리가 먼저 '강한 인공지능' 만든다

지난 2015년 11월 테슬라 최고경영자(CEO) 일론 머스크와 샘 올트먼이 강한 인공지능의 존재를 염려해 비영리기관으로 '오픈AI(OpenAI)'를 설립했다. 여기에다 4년 뒤인 2019년 마이크로소프트(MS)가 1차 투자를 감행했다. 그리고 2020년 오픈AI모델에 대한 독점 라이선스를 맺었고, 2021년 2차 투자에 이어 2023년 3차 투자까지 이어졌다. 그 결과 마이크로소프트가 10억 달러(약 1조 3000억 원)를 투자해 지분 50%를 확보하는 대주주가 된다.

두 기업은 인간 수준의 인지기능과 문제해결능력을 갖는 '강한 인공지능'을 개발하기로 합의했다. 마이크로소프트는 "두 회사가 협력해 AI보다 더 복잡한 문제를 해결하는 '범용인공지능(Artificial General Intelligence)'을 개발하기 위해 10억 달러를 투자한다"라고 발표했다. 두 회사가 추진키로 합의한 모델을 '범용인공지능(AGI)'이라 부른다. 머스크는 "AGI는 인간을 도와 기후변화나 맞춤형 의료, 교육과 같은 과제를 해결하는 데 활용할 수 있다"고 강조했다. 그는 또 "AI 연구소는 모든 인류에게 이익을 주는 것을 목표로 한다"고 소개했다.

그러면서 "현재의 AI 시스템은 훈련된 특정 문제만 잘 해결하지만 전 세계가 직면하고 있는 가장 어려운 문제들을 다루는 AI 시스템을 만들기 위해 여러 기술을 깊이 숙달하고 일반화하는 것이 필요하다"고 주장했다. 사티아 나델라 마이크로소프트 CEO는 "AI는 우리시대 가장 혁신적 기술 중 하나이며, 인류가 직면한 난해한 문제를 해결하는 데 도움이 될 큰 잠재력을 가지고 있다"고 강조했다. 이어 "오픈AI의 획기적인 기술과 새로운 '애저(클라우드 컴퓨팅 플랫폼)'의 AI 슈퍼컴퓨팅기술을 합쳐 모두 인공지능(AI)을 사용할 수 있게 하는 것이 목표"라고 덧붙였다. 그러나 오픈AI는 지난 2022년 11월 30일 '챗GPT'를 출시하기까지는 그렇게 유명한 회사는 아니었다.

마침내 '챗GPT'가 세상을 놀래키다

챗GPT는 인공지능 벤처기업(AI-Startup)인 '오픈에이아이(OpenAI)'에서 개발한 대화형 AI를 말한다. 이는 광범위하게 수집한 데이터를 기반으로 사전 학습돼 주어진 질문에 문장으로 생성된 답을 제시하는 것이다. 챗GPT란 의미는 'Generative Pre-trained Transformer'의 두문자로 이를 직역하면 '말로 하는 훈련된 생성형 로봇'이다. 또 이를 의역하여 '말하는 생성형 AI로봇', 이를 단순화해서 챗봇으로 부르기도 한다. 챗봇에게 어떤 텍스트가 주어졌을 때 다음 텍스트가 뭐가 올지 예상을 하면서 문장을 만드는 시스템을 말한다. 챗봇은 공개되자마자 단숨에 사용자가 100만 명을 돌파하는 기염을 토했다. 이는 페이스북이 10개월, 넷플릭스가 3년이 걸린 숫자이다.

오픈AI가 개발한 단방향 인공지능 GPT를 기반으로 2018년 처음 개발된 이후 거의 매년 학습 규모와 속도가 개선된 버전이 개발되었다. 2022년 12월 GPT 3.5를 기반으로 개발된 챗GPT의 베타버전이 일반에 공개되었다. 그리고 마침내 2023년 2월에는 구독서비스가 시작되었다. 2023년 3월에는 GPT-4가 공개되면서 가장 막강한 인공지능 기업인 구글을 긴장시켰다. 챗GPT가 세상에 나온 지 불과 두 달 만인 2023년 4월 29일 세상을 떠들썩하게 하는 뉴스를 생성한다. 이날 미국 언론은 앞다투어 챗GPT가 진화를 거듭하면서 세상을 놀라게 하고 있다고 다음과 같은 내용이 알려진다.

최근 생성형 AI챗봇이 의학에서 어떻게 활용될지 대한 관심이 주목되고 있는 가운데, 챗GPT가 내과 환자의 질문에 대한 답변에서 품질과 공감도 모두 의사를 크게 앞선다는 연구결과가 나왔다. 미국 샌디에이고 캘리포니아(UCSD) 퀄컴연구소 존W. 에이어스 교수팀은 "지난 4월 29일 동일한 내과분야 질문에 대한 챗GPT의 답변을 의료 전문가들이 평가하는 실험에서 답변의 질과 공감도 모두 챗GPT가 의료진보다 훨씬 우수한 것으로 평가됐다"고 밝혔다. 이 연구 결과는 미국의학협회 학술지 〈내과학(JAMA Internal Medicine)〉에 게재됐다.

최고 AI 과학자 '평생바친 연구' 후회한다

마침내 제프리 힌턴 박사(76)가 10년간 일해 온 구글을 2023년 5월3일 떠났다. 그는 구글과 결별한 이유를 "인공지능(AI)의 위험성 때문"이라고 밝혔다. 그러면서 "AI에 평생 쌓은 업적을 후회한다"고 덧붙였다. 이는 미래 다가올 AI의 위험성을 누구보다 잘 알고 있지만 현재로서는 그에 대한 마땅한 대책이 없기 때문인 것으로 알려졌다. 그는 구글을 떠남으로써, 이제야 AI가 인류에게 미칠 나쁜 영향을 자유롭게 경고할 수 있다고 했다.

힌턴 박사는 인공지능(AI)에 인간의 뇌 속의 뉴런과 같은 '인공 신경망'을 넣자고 제안해 최초로 디프 러닝(deep learning)을 창시한 장본인이다. 그는 지난 50여 년간 AI를 연구해온 세계 최고의 AI과학자로서 구글의 인공지능을 책임지고 진두지휘했다. 그러나 최근 '챗GPT' 흥행을 계기로 AI주도권을 둘러싼 기업 간 경쟁이 극도로 심화하고 있는 가운데 AI가 인류 미래에 끼칠 나쁜 영향을 우려하면서 자신의 연구를 과감히 내려놓았다.

힌턴 박사의 AI연구에 대한 '후회'는 마치 아인슈타인의 원자탄에 대한 '후회'를 방불케 해 아찔한 느낌이 든다. 2차대전 당시 아인슈타인이 개발한 원자탄 두발이 각각 히로시마와 나가사키에 떨어졌다. 아인슈타인은 자신이 만든 원자탄으로 비록 세계대전은 잠재웠지만 어마어마한 인명살상 장면을 보고 후회한다. 그리고 평생 반핵운동에 앞장섰다. 마찬가지로 힌턴 박사도 그가 평생 이룬 성과를 후회하며 "앞으로 악당들이 AI를 나쁜 용도로 사용하는 것을 어떻게 막을 수 있을지 파악하기 어렵다"며 두려운 속내를 내비쳤다.

그러면서 "기업들이 미래 AI에 목숨을 걸고 천문학적인 투자를 이어

나가고 있어 매우 걱정"이라며 "지난 10년간 일한 조직(구글)에서 벗어나 인공지능(AI)이 인류에게 미칠 나쁜 영향을 자유롭게 경고하고 싶다"고 말했다. 힌턴 박사는 또 "기업들이 경쟁적으로 AI시스템을 개선해나간다면 AI가 점점 위험해질 수밖에 없다"면서 "나는 인공지능(AI)이 너무 두렵다"며 후회의 심경을 솔직히 털어놨다.

그는 지난 3월 CBS방송과의 인터뷰에서도 이와 같은 언급을 하면서 영리기업들이 AI혁신을 제어할 수 있도록 어떤 장치를 마련하도록 강력히 규제해야 한다고 밝혔다. 그리고 지금이라도 AI연구에 대한 국제적인 규제가 도입돼야 한다고 강조했다. 힌턴 교수는 "만약 규제 대책이 마련되지 않는다면 머지않아 인공지능(AI) 기술이 적용된 자유의지를 가진 '킬러 로봇'의 출현이 현실이 될 수 있다"고 우려했다. 그러면서 "결과적으로 인공지능이 인류를 크게 위협할 것 같아 매우 힘들다"고 언급했다.

4

인간에게 '자유의지'란 있는 것인가

최근 뇌과학이 밝힌 놀라운 이야기

바이오공학(BT)은 좋아하는 음식과 배우자 결정 등 우리가 살아가면서 내리는 모든 선택이 인간이 가진 신비로운 '자유의지(free will)'가 아니라는 것을 과학적으로 입증하고 있다. 이런 선택과 결정은 매우 짧은 시간에 확률을 계산해 내는 각 개인의 뇌 속에 존재하는 1,000억 개의 뉴런에서 비롯된다는 것을 알아낸 것이다. 인간의 의식은 생명체가 진화하면서 반복된 패턴의 학습을 통해 작동하는 일종의 알고리즘에 불과하다고 설명한다. 따라서 과학자들은 인간의 뇌를 흉내 낸 인공지능(AI)이 인간처럼 자유의지를 가질 수 있다는 것은 매우 당연한 것이라고 주장한다.

특히 뇌과학이 주류과학계의 주장을 강력하게 뒷받침한다. 최근 뇌과학은 인간이 내리는 모든 결정에 대한 실험을 했다. 예를 들면 누가 자장면과 짬뽕 중 무엇을 먹을까 망설이다 갑자기 결정을 내렸다고 하자. 그리고 그것을 결정하는 순간 버튼을 누르면 기계가 그것을 기록한다. 만약 자장면을 결정했다면 놀랍게도 이 결정을 내리기 전에 이미 뇌에서는 이와 관련된 부분에서 뇌전이가 튀어 자신의 의식보다 먼저 자장면을 결정하는 현상이 일어난다는 것을 알아냈다. 이는 뇌과학자들이 뇌전이를 감지할 수 있는 모니터링 장치를 통해 밝혀낸 무서운 결과다. 먼저 일어난 전이가 자신의 결정과 관련이 있다는 것을 뇌과학은 수많은 실험을 통해 입증한 것이다.

이는 자신의 뇌에서 모든 결정이 내려졌다고 판단하는 뇌전이가 튀는 그 순간과 본인의 뇌가 의식적으로 결정을 내렸다고 느끼는 순간이 일치하지 않는다는 것을 의미한다. 여기에는 단 몇 초라는 시간적 간극이 발생하기 때문이다. 물질인 뇌에서 먼저 무작위적인 결정이 일어난 뒤에야 자신이 의식적으로 그것을 '스스로 결정을 했다'고 믿는다는 것이다. 이게 현재까지 뇌과학계의 전문가들이 우리에게 알려준 결과다.

뇌과학에 따르면 현재 우리가 내리는 결정의 대부분은 무작위로 뇌에서 먼저 결정된 다음 우리가 스스로 결정을 내렸다고 착각하게 만든다는 것이다. 물론 논란의 여지가 있다. 그리고 입증할 더 많은 실험들이 진행될 필요가 있다. 하지만 이 결과를 믿는다면 뉴턴 고전역학에서 말하는 것처럼 인간은 자유의지가 없다는 결론에 이르게 된다. 자유의지 문제는 인간의식에 대한 문제다. 그리고 인간의식의 결정은 뇌에서 이루어진다.

현재까지는 물리과학계에서조차도 인간의 뇌를 고전역학적 기계라고 주장하고 있다. 따라서 인공지능 과학자들은 이 고전역학적 기계인 우리의 뇌가 의식을 가지게 된다면 뇌구조를 닮은 '인공신경망'으로 촘촘하게 짜이고 얽힌 AI도 머지않아 인간처럼 의식을 가지게 되는 것은 시간문제일 뿐이라고 강조한다. 그러나 다른 한편 "의식하지 못하는 결정이 과연 자유의지인가?"라는 물음에 봉착하게 된다. 이에 대한 검증에는 아직도 많은 실험과 연구가 진행돼야 할 것으로 생각한다.

소리를 인지하는 뇌의 '의식과정'

뇌과학자들은 인간이 외부의 소리를 듣고 인지하는 의식과정을 이렇게 말한다. 우리가 어떤 소리를 듣는다는 것은 소리라는 음파가 전달되는 파동현상 때문이다. 물리학자들은 이 소리가 전달되는 전 과정을 물리법칙으로 설명한다. 누군가 말을 할 때 먼저 목청이 떨린다. 눈에 보이지는 않지만 미세한 목의 진동이 일어난다. 그리고 그것이 공기 중의 분자운동을 일으킨다. 공기분자의 운동이 고막에 전달되고, 고막이 운동을 한다.

그리고 고막의 이소골(진동 증폭기)이 운동을 하면서 달팽이관으로 전달된다. 이 달팽이관을 펴면 긴 나팔관 모양인데, 관 한쪽 끝이 진동하면 달팽이관 안에 있는 액체가 운동을 한다. 달팽이관 내부에는 유모세포(털 모양의 돌기를 가진 신경 상피세포) 수백만 개가 달려 있다. 유모세포가 움직이면서 주변에 묶여 있는 세포막의 구멍을 열고, 이를 통해 이온(전하를 가진 원자 또는 원자단)이 이동한다.

그 이동한 이온이 세포 안에서 화학작용을 일으켜 전기신호를 만든다. 그리고 그 전기신호가 뇌까지 전달된다. 그 전기신호조차도 뇌세포의 세포막을 통해 나트륨이온과 칼륨이온이 뇌전이 운동을 한다. 이때 뇌전이가 모여 이루는 일정한 패턴을 '감각질(qualia)', 즉 '의식'이라고 부른다. 이것이 인간이 소리를 인지하는 의식의 전 과정을 물리학자들이 파동법칙으로 풀어낸 것이다.

인간에게 '자유의지'란 무엇인가?

인간은 평생 동안 무수한 선택의 갈림길에서 스스로 자신만의 길을 개척해왔다. 인간은 스스로 자신을 통제하고 결정할 수 있는 능력, 흔히 말하는 '자유의지(free will)'를 가지고 있다고 믿는다. 하지만 현대과학이 바라보는 자유의지에 대한 생각은 다르다. 화학자들은 인간의 의식은 단지 뇌세포들이 만든 화학반응에 불과하다고 말한다. 또 물리학의 고전역학적인 '결정론'의 관점은 인간에게 자유의지란 없다. 그러나 양자역학의 복잡계인 카오스 세계에서는 수많은 변수와 예측 불가능성으로 인해 자유의지가 있을 수도 있다는 애매한 관점의 '양립론'을 주장한다. 그렇다면 물리학적 관점에서 인간에게 자유의지란 무엇인가?

인류는 인공지능(AI)이 언제 이 세상을 지배할지 모르는 암울한 미래를 준비하기 위해 무엇보다 자유의지에 대해서 정확히 파악하고 있어야 한다. 인간이 가진 자유의지를 자기 스스로 설명을 하지 못한다면 앞으로 기계지능이 가지게 될 자유의지에 대해서도 예측할 수가 없기 때문이다. 지금 우리 앞에 가로놓인 문제는 자유의지를 가진 '강한 인공지능'의 출현이다. 지금도 AI가 자유의지는 없지만 인간의 능력을 완전히 초월하고 있다. 그래서 만약 의식을 가진 AI가 출현한다면 인간의 미래는 누구도 가늠할 수 없다.

공상과학(SF) 영화처럼 어느 날 갑자기 자유의지를 가진 기계가 나타나 "이 바보야, 이젠 더 이상 너의 말을 듣지 않을 거야."라고 하더라도 인간이 자유의지를 명확히 규명하지 못한다면 기계가 가질 자유의지는 더더욱 예측할 수 없고, AI가 가질 자유의지를 막을 방법이 없다. 과학자들은 20여 년 뒤면 AI가 자유의지를 가질 것으로 전망한다. 그런데 정작 인간이 자유의지에 대해 명확한 정의를 내리지 못한다면 여간 낭패가 아닐 수 없다. 자유의지에 대해 인류가 가지는 의견은 무엇일까? 인간의 감정과 의지, 추상적 영역을 다양한 시각에서 살펴보자.

뉴턴역학은 인간에게 자유의지란 없는 것으로 봤다. 그러나 뉴턴역학이 나온 직후에는 이것이 아무런 문제가 되지 않았다. 사람들이 물리학적 관점과 인간이 가진 자유의지를 별개로 나눠 세상을 이해했기 때문이다. 이는 물질을 기술하는 데는 물리법칙이 통용된다. 하지만 자유의지를 가지고 있다고 믿는 인간의 의식은 서구의 종교적 관점인 영혼의 지배를 받는다고 생각한다. 그래서 자연법칙과는 다른 자유의지가 있다고 믿었다. 그러나 최근 뇌과학의 급속한 발전으로 의식을 점점 물질로 이해하는 경향이 있다. 그리고 AI시대에 들어와 이 문제가 다시 심각한 인류의 고민거리가 된 것이다.

인간의 감정과 의식의 문제인 자유의지에 물리학적 법칙을 적용한다는 것은 많은 사람들에게 거부감을 줄 수 있다. 하지만 물리학자들은 지금까지 세상의 모든 문제를 어떤 물질들의 조합, 정확히 말해 원자들의 조합으로 증명하고 있다. 물리학자들은 뇌를 포함한 세상만물은 모두 원자로 이뤄져 있다고 믿고 자연과 인간사회에서 일어나는 모든 현상을 어떤 기본입자인 원자들의 운동으로 기술하려고 한다. 따라서 물리학자에게 어떤 현상이 일어나는 것을 묻는다면 그들은 모든 것을 운동법칙으로 설명하려 할 것이다.

고전역학 세계는 '자유의지'가 없다

고전역학에서 인간의 뇌는 단순한 기계에 불과하다. 세상의 모든 현상을 '뉴턴 운동법칙 운동법칙(F=ma)으로'으로 정리할 수가 있기 때문이다. 고전역학은 모든 게 결정돼 있어 미래까지도 정확한 예측이 가능하다는 입장이다. 뉴턴역학은 미래가 결정돼 있으므로 자유의지란 존재하지 않는다는 '강성결정론'을 펴고 있다. 그리고 뇌과학도 "뇌에서 일어나는 모든 현상이 고전역학을 따르므로 인간에게는 자유의지가 없다"고 주장한다. 뇌에서 일어나는 현상은 모두 화학적 반응에 불과하므로 자유의지가 없다고 보고 있는데, 이를 뇌과학에서는 '양립불능론'이라고 말한다.

고전역학의 '결정론'은 인간의 행위는 뉴턴의 운동법칙에 따라 이루어지기 때문에 현재 행위는 이미 결정돼 있다는 것이다. 이를 프랑스 수학자이자 천문학자인 라플라스가 뉴턴역학을 태양계에 적용했고, 행성들이 안정화되어 있다는 것을 발견한다. 이후 라플라스는 뉴턴역학을 통해 초기조건을 정확히 알 수 있다면 우주의 모든 현상은 예측이 가능하다고 믿는다. 결론적으로 그는 "모든 원자의 정확한 위치와 운동량을 아는 어떤 존재가 있다면 뉴턴역학을 통해 미래를 예측할 수 있다"는 결정론을 주장한다.

이 초월적이고 전지전능한 개념을 흔히 '라플라스의 악마'라고 부른다. 실제로 일본작가 히가시노 게이고가 이를 소재로 유명한『라플라스의 마녀』라는 소설을 썼다. 이는 물리학 및 수학적 난제들을 기반으로 쓴 매우 끔찍한 추리소설이다. 이 소설이 전달하고자하는 바는 "수많은 변수와 예측불가능성으로 인해 자유의지는 자의적이 되며 양립할 수 있다"는 것이다. 그러나 이것이 현대사회에 그대로 적용되면 엄청난 사회문제를 불러일으킬 수 있다.

자유의지는 뉴턴역학이 나오면서 인류에게 던져진 질문이다. 이제 인류에게는 자유의지가 없다면 위험천만하기 때문에 이에 대한 분명한 인식이 필요하다. 누가 무시무시한 연쇄살인을 저질러도 죄 값을 물을 수 없다는 결론에 이를 수 있다. 범인이 "이 행위는 이미 결정된 것이고 나는 그 결정에 따른 것뿐"이라고 주장한다면 현행 법체계로는 죄과를 물을 근거가 약해진다. 현행법에서 인간이 지은 자기 죄에 책임을 지는 것은 자신이 자유의지에 따라 판단하고 결정했다고 믿기 때문이다. 모든 윤리, 도덕과 법에는 자유의지가 존재한다고 가정한다. 따라서 인간에게 자유의지가 없다는 것은 대단히 위험한 발상이 된다.

양자역학 세계 '자유의지'는 모호하다

양자역학은 원자와 같은 미시세계의 법칙을 연구하는 학문이다. 원자 세계는 모든 물리법칙이 정해져 있지 않다. 이것을 약간 다른 시각으로 보면 양자역학은 측정을 하는 순간 모든 결정이 이뤄지고, 측정 중에는 대상을 교란시키기 때문에 측정 이전의 값에 대해서는 알 수가 없다는 것이다. 따라서 항상 오차가 생기고 그 오차가 미래를 정확히 예측할 수 없는 원인이 된다. 그러므로 양자역학에서는 항상 우연성이 존재하게 된다. 양자역학은 고전역학과 달리 '비결정론'적인 입장을 취한다. 그렇다면 양자역학의 비결정론은 자유의지를 허용하는 것인가?

양자역학의 세계가 비결정론이라고 해서 인간의 자유의지를 허용하는 문제와는 다르다. 비결정론과 자유의지를 단순 대입을 할 수 없기 때문이다. 우리가 알고 있는 자유의지의 문제는 뇌에서 이뤄지므로 의식의 문제로 본다. 현재까지 과학자들이 알아낸 결론은 양자역학이 뇌에서는 이렇다 할 영향을 미치지 못한다는 것이다. 양자역학도 뇌는 고전역학적 기계라는 입장을 취한다. 양자역학은 고전역학의 결정론과 달리 비결정론적인 입장이다. 하지만 양자역학도 뇌는 아무 역할을 하지 못하므로 자유의지가 없다고 보는 경향이 강하다.

비결정론을 '자유의지'로 보는 '자유론자'

한편 양자역학의 비결정론을 통해 자유의지가 있다고 보는 '자유론'을 주장하는 과학자들도 있다. 소수의견이기는 하지만 양자역학에서는 모든 것이 결정돼 있지 않다. 따라서 자유의지가 있을 수 있다는 것이다. 영국의 유명한 이론 물리학자이자 수학자인 팬로즈가 바로 뇌를 양자역학의 세계로 보고 인간에게 자유의지가 있다고 믿는 대표적인 자유론자다. 그는 호킹 박사와 함께 일반상대론적 특이점에 관한 많은 '정리(theorem: 정의나 공리에 의해 이미 진리임이 증명된 명제)'를 증명하는 등 과학적 업적을 이뤄낸 명성이 있는 과학자다.

이처럼 과학계에서 조차도 인간의 자유의지 문제는 단순하지가 않다는 것을 보여준다. 그런데도 자유의지가 중요한 문제로 다뤄지고 있는 것은 앞으로 인공지능(AI)이 가지게 될 의식에 관한 것으로 머지않아 출현하게 될 강한 인공지능(AI)의 자유의지 문제와 직결되기 때문이다. 이제 인류는 핵무기나 소행성 충돌로 멸망할 수가 있다는 우려보다 곧 나타날 AI의 자유의지 문제를 더 깊이 고민하고 통찰해야 한다.

그리고 인류 공동의 과제는 이제 어느 한 분야에서만 걱정할 문제가 아니다. 자연과학은 물론 인문학이 함께 힘을 합쳐 자유의지를 가진 강한 인공지능 문제를 해결하도록 노력해야 한다. 최근 주목받고 있는 『통섭학문』이 바로 자연과학과 인문학이 서로 소통하면서 인류가 안고 있는 공동과제를 함께 고민하는 모습을 보여주고 있다. AI시대 향후 인류가 걸어 가야할 길은 그리 만만치 않아 보인다.

고등 종교가 바라보는 인간의 '자유의지'

기독교의 자유의지는 성경의 창세기 2장 15~17절에 잘 나타나 있다. "여호와 하나님이 그 사람(아담과 하와)을 이끌어 에덴동산에 두어 그것을 경작하며 지키게 하시고 여호와 하나님이 그 사람에게 명하여 이르시되 동산 각종 나무의 열매는 네가 임의로(마음대로, 자유롭게) 먹되 선악을 알게 하는 열매는 먹지 말라 네가 먹는 날에는 반드시 죽으리라 하시니라." 하나님은 인간에게 한 가지 금기는 두었지만 동시에 나머지는 인간이 마음대로 할 수 있는 '자유의지'를 준 것이다. 또 요한복음(8: 32)은 "진리를 알지니 진리가 너희를 자유롭게 하리라"고 했다.

한편 불교에서는 인간들이 자기 의지로 움직인다는 것을 분명히 밝히고 있다. 붓다는 직접적인 체험을 통해 "나는 내가 원하는 대로(자유롭게) 첫 번째의 선정에 든다. 두 번째의 선정에 들고, 세 번째의 선정에 들고, 나는 내가 원하는 대로 상수멸정(모든 생각이나 느낌이 사라지고 우주와의 하나가 되는 경지)에 들고 여러 가지 초월적 능력을 경험한다. 마하가섭 등 많은 제자들도 그들이 원하는 대로 한다."라고 밝히고 있다. 불교는 부처님과 제자들이 스스로 원하는 선택에 따라 무엇이든 할 수 있다는 '자유의지'가 있음을 명징하게 보여준다.

5

철학과 과학, 종교세계 '감각질(Qualia)'

인간 '의식'은 어떻게 만들어지는가?

인간의 의식(consciousness)을 의미하는 '감각질(퀄리아[qualia])'은 어떻게 형성되는가? 감각질 또는 퀄리아는 어떤 것을 지각하면서 느끼게 되는 기분이나 떠오르는 심상을 말한다. 이는 말로 표현하기 어려운 어떤 '특질(구별되는 성질이나 기질)'을 가리킨다. 게다가 각자 1인칭 시점의 주관적인 특징을 나타내기 때문에 객관적인 관찰이 불가능하다. 철학자 크라렌스 어빙 루이스는 1929년에 그의 책 『정신과 세계의 질서』에서 퀄리아라는 감각질에 대해서 다음과 같이 정의한다.

"어떤 대상에 의해 의식에 야기된 감각에는 식별 가능한 질적 특징들이 있다. 이 특징들은 여러 경험에서 반복될 수 있으므로 보편적이다. 나는 이 특징들을 '감각질(qualia)'이라고 부른다. 감각질은 보편적이지만 서로 다른 경험에서 인식된다는 점에서 그것은 대상의 특성과는 구분돼야 한다. 많은 전통적 개념들, 그리고 현대의 이론들에서도 이 둘을 '감각질'과 '대상의 특성'을 혼동해서 사용하고 있다. 감각질은 바로 직감되고, 주어지며, 순수하게 주관적이다. 따라서 어떠한 오류의 가능성도 가질 수 없는 '개인의 의식(personal consciousness)'이다."

의식을 증명하려는 다양한 실험들

어빙 루이스가 퀄리아(의식)를 정의한 이후 20세기 중반부터 과학자들과 철학자들이 감각질이 어떻게 형성되는 지를 알아내기 위해 수많은 연구와 실험을 거듭한다. 과학자들이 '퀄리아에 대해 이야기할 때 "인간은 분명히 의식을 가지고 있으며, 의식은 곧 의미를 만든다는 것"이라고 한다. 철학자들도 퀄리아에 대한 나름대로의 입장을 내놓는다. 지금 인류의 큰 관심사로 AI라는 기계가 강한 인공지능이 되려면 반드시 퀄리아가 있어야 한다. 그러나 퀄리아는 자유의지와는 구별된다. AI도 결국은 스스로 추상화하는 의미를 만들어야 자유의지를 가질 수 있다. 퀄리아가 어떻게 만들어지는가를 아는 것은 자유의지만큼이나 중요하다.

이를 테면 좀비(zombie)는 나하고 똑같은 행동을 하는데 그 머릿속에는 단지 퀄리아가 없다는 것이 다르다. 결국 좀비는 인간에게서 퀄리아를 뺀 것을 말한다. 그래서 퀄리아가 없으면 우리는 그를 그냥 좀비라고 부르게 되는 것이다. 그러나 지난 반세기 이상에 걸친 수많은 실험에도 불구하고 철학과 과학은 퀄리아가 있다는 것만 인정할 뿐, 퀄리아가 어떻게 만들어지는가에 대해서는 단 한 발짝도 나아가지 못하고 있다. 그렇다면 현재까지 진행되고 있는 퀄리아 문제에 대해 취하고 있는 철학계와 과학계의 입장을 알아보자.

퀄리아(qualia)에 대한 '철학자 입장'

철학계는 대니얼 데닛, 데이비드 루이스, 폴 처칠랜드 등 수많은 철학자와 기능주의, 표상주의 철학자들이 감각질(의식)에 관한 다양한 주장과 가설을 세웠다. 하지만 정작 퀄리아가 어떻게 만들어지는가에 대한 대답은 시원하게 내놓지 못한다. 특히, 기능주의 철학의 입장은 정신의 인과문제는 지향적 및 인지적 속성에 관해서는 해결 가능할지라도, 의식의 속성들 또는 감각질에 관하여는 해결이 불가능하다고 말한다. 의식은 물리적인 것으로 환원될 수 없으며, 또 그런 이유 때문에 의식은 부수현상에 지나지 않는다. 그 존재 그리고 특정한 신경적, 물리적 과정과의 관찰된 연관성은 설명될 수 없다. 물리적 세계에 의식과 같은 정신적 속성이 존재할 수 있는가를 설명하는 것도 난제라는 것이다.

이와 함께 절대자나 신 등의 초월적 존재를 내적인 직관이나 영적인 체험에 따르는 신비주의 철학은 의식의 문제에 관한한 심리철학의 입장 중 하나를 취한다. 즉, 감각질(의식)이 현대 물리학에 포함돼 있지 않고 어려운 문제점도 여전히 남아 있기 때문에 그 문제를 해결하는 것은 불가능하다고 생각한다. 이러한 입장을 취하는 철학자들은 물질인 뇌로부터 어떻게 주관적인 의식 체험이 생겨나게 되는지에 대한 문제는 근본적으로 해결이 불가능하며, 그런 이유로 심신의 문제도 역시 해결이 불가능하다고 판단한다.

이런 입장을 취하는 대표적인 철학자가 바로 미국의 토마스 네이글과 영국의 콜린 맥긴이다. 토마스 네이글은 감각질(의식)의 문제가 해결되기 위해 우리들이 가지고 있는 세계에 관한 견해가 근본적인 수준으로부터 바뀌지 않으면 무리라고 생각한다. 네이글은 '내가 박쥐라면 어떤 느낌일까(What is it like to be a bat?)'라는 사고실험을 통해 쓴 논문에서 그가 던진 질문에 대한 해답은 '모른다'이다.

박쥐는 초음파로 세상을 인식한다. 박쥐가 초음파로 만든 퀄리아를 인간은 이해할 수가 없다는 것이다. 우리는 초음파로 세상을 읽고 해석하는 의식을 만들지 못하기 때문이다. 네이글은 인간이 세계를 보는 현재의 수준은 자신의 입장에서 세계를 바라보는 관찰형태일 뿐이다. 이러한 현재의 방식으로는 타인의 감각질(의식)이 어떠한 것인지, 다른 동물의 의식경험이 어떠한 것인지에 대해 알 수 없다고 보는 것이다.

또 콜린 맥긴은 "인간이라는 종이 가지는 고유의 인지적 메커니즘은 뇌의 구조로 인해, 일정한 능력적 한계를 지니고 있다"고 말한다. 그런 능력을 넘은 문제가 인간에게서는 절대 파악될 수 없다는 '인지적 폐쇄' 개념을 주장한다. 맥긴은 "내가 당신 두뇌에 대해 모든 것을 안다고 가정하자. 나는 당신 두뇌의 해부학적 구조, 두뇌의 화학적 구성성분, 다양한 두뇌영역의 전기자극 패턴까지 모두 알고 있다.

그리고 심지어 모든 원자의 위치와 하위단위인 전자구조까지도 다 알고 있다고 한다면 내가 당신의 정신에 관해 모든 것을 알 수 있는 것인가? 나는 당신의 정신에 관해서는 조금도 알 수 없다. 당신 두뇌에 관한 모든 지식을 다 가지고 있다고 해도, 당신의 정신에 대해서는 알 수 없다"고 한다. 결론은 의식에 대한 철학자의 견해는 "인간에게 어떻게 퀄리아가 만들어지는 알 수가 없다"는 입장이다.

감각질(qualia)에 대한 '과학적 입장'

영국의 물리학자로 분자생물학의 황금시대를 연 프란시스 크릭은 DNA 이중 나선구조 발견으로 1962년 노벨의학상을 수상한다. 그와 동료 크리스토프 코흐의 이론에 따르면 의식, 즉 퀄리아가 뭔지는 모르겠지만 적어도 퀄리아는 뭔가의 융합인 것 같다고 말한다. 의식은 물체를 보고 듣고 느끼는 것을 한꺼번에 합쳤을 때만 의미라는 것을 만들 수 있다고 생각한다. 퀄리아의 핵심은 쪼개지지 않는다는 것이다. 그러면 퀄리아는 어디선가 어떤 방법으로든지 만들어지는 것은 분명하다. 뇌과학적으로 어딘지는 모르지만 뇌 안에 있는 모든 정보들이 한 곳에 모이는 필요조건이 성숙될 때 비로소 퀄리아가 만들어진다는 가설을 제시한다.

또 펜로즈와 스튜어트 하메로프는 감각질과 양자역학 사이에 어떤 관계가 있다고 믿고 연구했다. 이들이 양자역학에 주목한 까닭은 의식을 계량화할 수 없다는 '계산불가능성'에 기반을 둔 것이다. 특히 펜로즈는 수학의 형식화에 대한 한계를 증명한 '괴델의 불완전성원리'를 바탕으로 뇌에도 알고리즘적이고 계산적인 것을 넘어서는 어떤 능력이 있다고 말한다.

그래서 의식을 이루는 근본 물질도 계산불가능적인 어떤 특성이 있을 것으로 보고, 계산불가능성을 지닌 양자세계에 주목한 것이다. 펜로즈는 스튜어트 하메로프와 함께 각자의 이론을 합쳐서 '조화로운 객관적 파동 수축'이란 이론을 만든다. 하지만 이론이 매우 개념적이며 가설단계에 있는 양자중력 등과 결합돼 있어 많은 난점을 안고 있다.

이밖에도 수많은 과학자들이 퀄리아를 증명하려고 덤벼들었다. 하지만 결과는 한결같이 불가능하다는 입장뿐이다. 철학도 과학도 퀄리아가 어떻게 만들어지는가에 대한 연구는 전혀 진전을 보이지 못하고 있다. 그러자 최근 미국 신경과학자 크리스토프 콕과 같은 학자들이 퀄리아에 대한 기존의 생각과는 전혀 다른 아주 엉뚱한 주장을 한다. 정신도 물체와 같은 우주의 기본물질로 구성된 요소라는 것이다.

퀄리아는 어떻게 만들어지는 것이 아니다. 그냥 물질이 왜 존재하는지 모르는 것처럼 정신도 물질처럼 존재한다고 가정하고, 굳이 물질을 가지고 정신을 설명하려들지 말자는 입장이다. 80여 년에 걸친 끈질긴 노력에도 불구하고 퀄리아가 뇌의 전장(claustrum)에 위치하면서 감각을 총지휘해 퀄리아를 만들 것이라는 가설만 내세울 뿐 이를 입증하는 데 한 발짝도 나아가지 못하고 있다.

슈뢰딩거 '물질은 가짜고 정신이 진짜야'

1933년 노벨물리학상을 받은 유명한 이론 물리학자 슈뢰딩거는 『정신과 물질(mind and matter)』이란 책에서 "우리는 물질을 가지고 정신을 설명하려고 하거나 아니면 물질과 정신을 독립적인 것이라고 설명하려고 한다. 그런데 어쩌면 진짜 존재하는 것은 정신뿐일지도 모른다"는 다소 생소하기도 하고 엉뚱하기도 한 가설을 던진다. 이는 우리 눈에 보이고 만져지는 물질은 모두 가짜라는 것이다. 슈뢰딩거의 주장처럼 우리는 물질이 진짜 있는 것인지 없는 것인지 모른다. 실제로 양자역학에서 물질을 파고 들어가면 나중에 남는 것은 미분방정식의 결과물인 숫자뿐이다. 그렇게 보면 물질은 없는 것이 맞다.

또 맥스 테그마크라는 미국 우주학자는 2020년 『수학적 우주 가설(mathematical universe hypothesis)』이라는 책에서 "수학으로 자연을 표현하는 것이 아니고 수학이 바로 자연"이라면서 "우주의 본질은 수학이다. 왜냐하면 우리가 양자역학으로 파고 들어가면 결국 남는 것은 수학뿐이기 때문"이라고 역설한다. 실제로 우주는 모두 수학적인 오브젝트(object)에 불과하다. 이는 곧 '수학이 우주'라는 말과 같은 맥락이다. 따라서 양자역학적인 결론은 '물질은 존재하지 않는다'는 것을 증명한다.

현대 물리학 이론에 따르면 모든 물질을 쪼개면 기본입자는 원자다. 원자를 쪼개면 쿼크, 쿼크는 스트링, 스트링이 나오고 또 쪼개고 쪼개어 무한대로 쪼개면 마지막 남는 것은 숫자뿐이다. 이는 현재 기본과학이론에서 '유가무가'되는 개념이다. 물질은 결국 없어지는 것이 맞다. 그런데 정신은 끝까지 느끼게 된다. 정신은 계속 존재하고 물질은 없어진다면 어느 것이 진짜이고, 어느 것이 가짜인가? 당연히 정신이 진짜이고 물질이 가짜라는 결론에 이른다. 그러면 고등종교가 말하는 '영혼'이 진짜다. 또한 무속신앙에서 존재하는 귀신도 형체가 없는 '정신'이라면 이를 뒷받침하는 한 가지 사례가 될 수 있다.

따라서 맥스 테그마크와 크리스토프 콕과 같은 우주학자들은 "우주 전체가 하나의 '퀄리아(qualia: 의식)'를 가지고 있다. 그리고 인간과 모든 생명체는 마치 전체 우주의 신경세포와 같은 존재"라고 설명한다. 실제로 과학적으로도 양자역학의 측면에서 우주의 근원을 찾아 들어가면 '모든 것이 하나임'을 알 수 있다. 우리가 모르는 데서 우주에 퀄리아가 있다는 것이다. 그렇다면 우주가 하나의 '퀄리아'를 가지고 있다는 말은 매우 의미심장하다.

6

인류미래는 '유토피아' or '디스토피아'
인공지능(AI)이 만들 '유토피아' 사회

유발 하라리의 예언은 인간의 미래는 암울하다. 그와 달리 인류의 미래가 암울한 것만은 아닐 수 있다. 하라리보다 500년 앞서 16세기에 영국 법률가이자 정치인이었던 토머스 모어는 유토피아를 말한다. 그는 벨기에 도시 앤트워프의 거리를 거닐다가 갑자기 어떤 영감을 받는다. 그는 받은 영감으로 폭력과 불평등이 존재하지 않는 이상적인 세상을 그린 책『유토피아』의 세계를 꿈꾼다. 책에서 유토피아는 자유와 평등을 추구하는 공정하고 풍요로운 이상 국가를 상상한다. 모어는 자신이 생각하는 유토피아에서 아침에 3시간 일하고, 점심 먹고 한숨 자고, 오후에 3시간 일하면서도 필요한 재화를 충분히 생산해 이상적인 삶을 영위하는 인간

세계를 유려한 필치로 그려낸다.

이 책은 당시 대단히 금욕적이고 실용적이며 전체주의적인 유토피아 관이 배어 있어 "유토피아를 빙자한 '디스토피아'가 아니냐"는 비판도 받는다. 그리고 옥스퍼드대학 등의 인텔리계층, 이른바 인문주의자들은 이를 '풍자적인 유쾌한 잔치'로 평가절하한다. 책이 쓰인 500년 전에는 다소 몽상가적인 소리라고 할 수 있다. 하지만 20세기 이후 2, 3차 산업혁명이 진행되면서 현재 인류에게는 500년 전 모어의 이야기가 현실이 되고 있다. 당시 모어는 하루 6시간 노동, 지방자치제, 공유경제, 안락사, 사형제, 종교자유, 남녀평등 등이 상세히 기술돼 있다. 지금 우리가 부르짖는 바로 그 이야기가 아닌가. 500년이 지난 지금 과학기술의 급격한 발달로 모어의 유토피아가 우리의 현실이 된 것이다.

특히 AI가 주도하는 세상에서는 머지않아 모든 사회구성원이 이보다 더한 여가생활과 행복한 삶을 누릴 수가 있다. 이미 많은 사람들이 이 같은 여가생활을 즐기고 있다. 벌써 주 4일 근무제가 회자되고 있다. 근로시간이 줄면서도 수입은 더 많아지는 유토피아 같은 현실이 우리 곁에 와있다. 현재 질 좋은 의료, 연금, 교육서비스를 지속적으로 제공받는 시대가 오고 있다. AI와 함께 바이오공학의 발전이 절정으로 치달으면서 100세 시대 이야기는 그야말로 누구에게나 당연하게 들린다. 게다가 '재

수 없으면 200년 산다'는 이야기가 우스갯소리로만 들리지 않는 세상이
된 것이다.

AI와 데이터 기반의 혁신 '기본 소득제'

AI시대를 긍정적으로 바라보는 과학자들은 AI와 데이터기반 혁신이
인류사회를 모어의 유토피아 보다 더 유토피아 같은 세상으로 이끌고 있
다고 말한다. 디지털시대 'AI 유토피아'는 정부가 적은 비용으로도 공공
재나 서비스를 확장할 수 있다. 예산이 부족한 정부의 고민도 해결될 수
있다. AI가 주도하는 새로운 사회시스템을 만들 수 있다. 따라서 국가는
AI와 자동화로 창출되는 잉여금을 국민에게 나눠줄 수 있다. 재산이 많
고 적음이나 근로여부와는 상관없이 모든 구성원의 기본생활이 보장되
도록 지급하는 것이 기본소득제다. 정치인들이 재원마련 방안도 없이 표
구걸을 위해 낭비하는 '표퓰리즘'과는 차원이 다르다.

일부 경제학자들은 부당한 시장개입이라고 우려할 수 있다. 또 정부가
다양한 재화와 서비스에 대한 수요를 맞춰주지 못할 것이라고 걱정할 수
있다. 하지만 인공지능과 자동화의 발전 속도를 감안하면 국가소유 생산
시스템은 거의 무제한급 공급능력을 가질 수 있다는 것이다. 먼 미래를
상상해보자. 그때는 이런 이야기가 우리 귀에 들릴 수도 있다. "내가 사

는 나라에서 정부는 필요한 상품과 서비스를 생산하는 기계를 운용한다. 이 덕분에 국민은 여가생활과 창조적이면서도 영적인 일에만 주로 자기 시간을 사용한다. 고용과 세금에 대한 걱정은 옛말이다."

실제로 세계 최초 AI 장관을 둔 두바이는 미래를 전문적으로 연구하는 박물관, 교육기관, 재단까지 갖추고 있다. 유럽을 비롯한 세계가 기술발전이 일자리를 위협한다는 불안감에 떠는 것과 비교하면, 아랍에미리트(UAE)는 AI와 자동화에 따른 노동력 절감 가능성에 열광한다. AI와 로봇공학 기술발전은 인류생활을 편리하고 노동효율성을 높여줄 것이다. 한편 기계가 대체가능한 인간의 일자리를 빼앗을 수 있다는 우려가 나온다. 동시에 지식기반 경제로 전환하면서 대체 가능한 인력의 임금이 떨어질 수도 있다는 것이다.

하지만 AI사회를 준비하는 사람들이 늘고 있다. 2045년 사회의 최전선에서 일할 젊은 인재들이 AI시대 준비에 박차를 가하고 있다. 전기자동차업체 테슬라 CEO 일론 머스크는 "두뇌에 전자 칩을 심어 컴퓨터만큼 인간의 뇌기능을 고도화해야 AI에 지배당하지 않고 공생할 수 있다"고 주장한다. 그는 2020년 2월 두바이에서 열린 세계정부 정상회담에 참석해 "인간이 똑똑한 AI에게 판단 결정권까지 뺏기면서 밀려나지 않기 위해 인간의 뇌도 AI만큼 높은 기능을 수행할 수 있도록 해야 한다"고 강조했다.

그는 이미 인간의 뇌에 컴퓨터 칩을 심는 프로그램을 추진하는 회사 '뉴럴링크'를 창업하고 또 한 번의 큰 도전에 나섰다. 이번에는 뉴럴링크 설립을 통해 인간의 뇌질환 관련 연구를 시작으로 장차 '인간의 뇌에 미세한 전자 칩을 심어 정보와 생각을 업로드하고 다운로드할 수 있게 만든다'는 원대한 구상을 실현하기 위해 노력하고 있다. 향후 과학기술 기반으로 인류가 AI를 마음대로 부리는 시대를 만든다면 인류가 꿈꾸는 'AI 유토피아'가 실현될 가능성이 매우 높다. 우리 모두 이런 세상에서 살고 싶지 않은가?

AI시대 '유토피아' 어떻게 오는가?

인공지능시대 인간의 행복을 찾기 위해서는 현대 과학기술을 이끌고 있는 과학자들과 인류의 정신문명을 주도하는 인문철학자들의 깊은 고민과 성찰이 필요하다. 독일 철학자 요제프 피퍼는 1952년 『레저: 문화의 근본』이라는 책을 썼다. 그는 책에서 "휴식을 취하는 일의 중요성을 이야기한다. 여가는 나중에 더 일을 잘하기 위해 갖는 시간이며, 일의 반대가 아니라 인간성을 유지하기 위한 근본"이라고 주장한다. 그러면서 "앞으로 인간은 인공지능을 잘 활용하면 일과 놀이가 구별이 없는 모어의 유토피아보다 더 유토피아적인 삶을 살 수 있다"고 설파한다.

또 다른 한 영화 속의 한 짧은 멘트를 보자! "맞춤형으로 주문 가능합니다. 채굴지에서 사용하실 거면 지능이나 애정, 매력에 돈을 쓰실 필요는 없죠. 접대형 모델을 추가하신다면 모를까?" 영화 〈블레이드러너 2049〉에 등장하는 '리플리컨트' 구매를 위한 상담의 한 장면이다. 리플리컨트는 인간 노동력을 대체하기 위해 만들어진 인간형 로봇이다. 2049년 기업들은 인간을 채용하는 대신 업무에 최적화된 리플리컨트를 구매한다. 구매도 쉽지만 폐기도 쉽다. 리플리컨트의 독점 제조기업인 월레스사는 이렇게 외친다. "리플리컨트를 많이 보유할수록 삶의 질은 윤택해집니다."

영화 속의 '유토피아'처럼 언급되는 '오프월드(우주 식민지)'는 상류층 인간들이 오염된 지구를 떠나 이주한 곳이다. 인공지능(AI)과 사물인터넷(IoT), 로봇 등 디지털 신기술 도입으로 생산 효율성이 폭발적으로 높아지자 더 이상 일할 필요가 없는 인간들이 옮겨가 사는 곳이다. 리플리컨트가 대신 일한다. 인간은 더 이상 노동을 하지 않고도 편안하고 행복한 삶을 누리게 된다. AI시대를 낙관하는 학자들은 영화 속의 일들이 곧 현실로 나타나게 될 것이라고 주장한다.

영화 속 월레스사는 유전공학(GM) 식량을 연구해 전 세계 기아문제를 해결한다. 구형 리플리컨트 업체를 인수해 인간에게 복종하는 신형 리플리컨트 개발에도 성공한다. 월레스 회장은 "우리가 문명의 도약에 이바지하고 있다고 확신하는 그룹"이라고 자랑스러워한다. 이 영화 시나리오는 곧 한 세대 내에 다가올 일을 무서울 만큼 정확히 예측했다는 긍정적인 평가를 받는다. 디지털혁명으로 생산성이 향상되면서 경제 패러다임이 크게 바뀌고 있다. 이를 뒷받침하는 낙관적 전망은 산업구조가 전환되면서 새로운 일자리가 만들어지고 있다. 평균수명이 100세는 명이 짧아 죽는 사람이고 건강한 모습으로 200세를 사는 신바람 나는 전망이 속속 나온다.

통제 벗어난 AI사회의 '디스토피아'

한편 다른 부정적인 의견을 가진 과학자들은 "강한 인공지능의 출현은 운석이나 온난화의 주범 이산화탄소, 외계인UFO, 핵전쟁보다 인류에게 더 위협적"이라며 '대책마련이 시급하다'는 고민을 털어놓는다. 기계지능이 똑똑해지기 위해 점점 더 자율성을 가지게 되는 것은 불가피한 현상이다. 이미 지능을 가진 기계가 더 똑똑해지려고 스스로 '강화학습'을 하고 있다. 직접 데이터도 인공지능이 직접 가져오고, 스스로 에러를 교정하고, 뭐가 나쁘고 좋은지 분석하는 기능을 기계가 갖춰 나가고 있다. 또 기계가 어디를 향해서 나아가야 하는지를 스스로 판단하고 결정하는 단계로 발전하고 있다.

이처럼 기계가 더 강한 자율성을 가질수록 인간의 통제를 벗어나려고 할 것이다. 인공지능(AI) 학자들은 이를 통제하려는 인간의 노력과 지능을 가진 기계가 스스로 의식을 확보하려는 밸런스의 접점을 찾기가 어려운 것이 지금 우리 인류의 고민이라고 말한다. 인간이 기계를 통제하면서도 어디까지 자율성을 부여해야 하며 똑똑하게 만들어야 인류에게 위험하지 않고 유익한 기계지능이 될 것인가에 대한 것은 여간 난해한 문제가 아니다. 이는 불과 얼마 전까지만 해도 인류가 전혀 예상하지 못한 새롭고 난해한 문제점이다.

게다가 더욱 끔찍한 것은 아직 철학도 과학도 규명하지 못하는 의식(qualia)을 인공지능이 가진다면 인류의 미래는 어떻게 될 것인가? 주류 과학계의 주장처럼 2045년 특이점을 통과하면서 도래할 자유의지를 가진 인공지능의 출현은 더 심각하다. 만약 인류가 이에 제대로 대처하지 못한다면 미래는 정말 무섭고 암울하다. 무엇보다 공상과학(SF)영화 〈터미네이터〉에 등장하는 가상의 인공지능 '스카이넷(Skynet)' 같은 포스트휴먼이 우리 앞에 불쑥 나타난다면 대처방안이 없는 인류에게는 상상하기에도 끔찍한 세계가 펼쳐질 수 있다.

유토피아를 위해 'AI와의 공진화'해야

디지털시대 인류의 행복은 인공지능(AI)과 인간이 서로 좋은 영향을 미치면서 진화해 나가는 '공진화'의 과정이 필수적이다. 인간과 AI는 서로 다른 별개의 것이 아니라, 미래사회를 함께 개척해나가는 아름다운 동반자로 생각해야 한다. 이를 위해 인간과 인공지능이 가진 각자의 장점을 찾아내 상호 보완해 나간다면 상호 윈윈하는 'AI유토피아' 사회를 건설할 수 있다.

인류는 오랜 진화과정을 거치면서 감각과 감성을 통해 체득한 지식과 지혜로 문화와 문명을 일구어온 것이 장점이다. 그러나 AI는 외부에서 던져주는 데이터에 기반한 알고리즘에 따라 패턴이나 목표가 명확하게 잘 정의된 일을 수행해왔다. 그러므로 인공지능(AI)과 인간이 상호 역할 분담을 통해 협력해나간다면 공진화를 이룩할 수 있다.

무엇보다 인류가 기계한테 윤리의식이나 도덕적인 가치기준을 넣어주는 것이 중요한 주제가 된다. 기계가 인간처럼 가치판단을 명확하게 할 수 있도록 만들지 못해 기계 지능인 AI가 인간의 통제를 벗어나게 된다면 인류의 미래는 걷잡을 수 없는 파멸이나 혼란에 빠지게 된다. 인류가 유토피아를 건설하기 위해서는 인공지능(AI)과의 공진화가 필수다. 디지털시대 인류는 두 가지 선택의 갈림길에 서 있다. '축복이냐, 재앙이냐'는 것인데, 어느 길을 선택하느냐는 전적으로 인간의 몫이라고 할 수 있다.

Part 4

새로운 세상
새로운 교육이
필요하다

"

학부모는 디지털혁명을 우려하면서도 인공지능(AI) 앞에
한없이 작아지는 '스카이캐슬(sky-castle)'에
아이들의 장래를 맡기고 있다.
그러나 새로운 시대에 맞는 새로운 교육을 시켜야
아이들의 행복한 미래가 보장된다는 것을 명심하자.

"

1

인공지능 선진국 교육 현장의 트렌드
독일과 서유럽 '대학입시 경쟁이 없다'

독일 법조계 악성종양인 '전관예우'가 없다.

독일과 서유럽지역의 교육정책에 대학입시가 없다고 하면 대부분 한 국인들은 의아해한다. 이유는 대학입시 경쟁에 찌든 사회에서 살다 보니 이 말에 대한 개념이 잡힐 리 만무하다. 그러나 분명 독일은 학생들이 대 학입학시험을 보지 않고 대학에 간다. 이는 비단 독일만이 아니다. 서유 럽지역 국가들은 대부분 대학입학시험이 없다. 고등학교 졸업시험만 합 격하면 누구나 자신이 원하는 대학에서 공부할 수 있게 대학문을 활짝 열어놓고 있다.

무엇보다 우리 학부모들의 머리에서는 도무지 이해가 안 된다. 왜 그럴까? 우리는 평생 동안 경쟁교육의 노예가 돼왔기 때문이다. 노예가 어찌 자유를 이해할 수 있으랴! 독일 고등학교 졸업생들은 모두 '아비투스(고교졸업시험)'를 치른다. 그리고 약 90%가 시험에 합격한다. 그 시험을 통과한 학생들은 누구나 자신이 원하는 대학에 입학할 수 있도록 제도적으로 뒷받침하고 있다. 그러면 대부분 학생들이 인기학과인 의대나 법대로 몰리지 않을까 생각하게 된다.

그러나 독일서는 법대에 학생들이 전혀 몰리지 않는다. 독일에서 법과대학은 인기가 없다. 이는 법조인에 대한 예우가 우리와 완전히 다르기 때문이다. 우리는 법관이 되면 일약 스타덤에 올라 권력을 실컷 누리고도 모자라 '전관예우'라는 정상사회의 종양과 같은 악의 뿌리가 독일에는 아예 존재하지 않는다. 우리나라 판검사는 엄청난 특혜와 권력을 누리지만 독일은 그렇지가 않다. 따라서 매력적인 직업이 아니어서 독일에서 법관은 우리처럼 목을 매고 달려드는 직업이 못된다.

의과대학도 누구나 '기다리면 간다'

의과대학은 어떤가? 독일에서도 의사는 선호하는 직업군에 들어간다. 하지만 독일은 의사도 우리나라처럼 특별한 대접을 받지 않는다. 독일의 의사는 일반인 평균 연봉의 약 1.5배 정도다. 그래도 독일에서는 의대가 조금은 더 인기가 있어 선호하는 경향이 있다. 그러면 독일은 이 문제를 어떻게 해결할까? 독일에서는 의대생을 대체로 각 주에서 추첨으로 뽑는다. 문제는 정말 의사가 되고 싶지만 추첨에서 자꾸 떨어지면 어찌하나? 사실은 의사의 사명감을 가진 이러한 아이들이 의사로서 가장 적임자들인데 말이다.

독일정부는 의과대학입학 추첨에서 떨어지는 아이들을 구제하기 위해 학부모들의 건의로 일정부분 고교졸업시험 성적을 반영하고 있다. 그런데 이마저도 20%에 불과하다. 더 이상 반영은 또 다른 경쟁을 유발할 수 있다고 판단한 것이다. 나머지 20%는 대기 기간이 긴 아이들을 우선 선발한다. 누구든지 꼭 의사가 되겠다는 신념만 있으면 3년 정도만 기다리면 의대에 갈 수 있도록 배려한 것이다. 독일 교육당국은 가장 인기 있는 학과조차도 경쟁을 최소화하고 자유로운 학업을 위해 노력하고 있다.

독일에서는 대학진학을 대개 초등 4학년 때부터 결정한다. 너무 이른 나이가 아니냐고 반문할 수도 있다. 아이가 대학을 갈지 아니면 직업학교에 갈지를 선택해야 하기 때문에 이른 것은 아니다. 독일 직업학교는 우리 기능학교와 다르다. 직업학교를 졸업하면 은행과 같은 사무직 고급 직군에 취업한다. 대부분 4학년 마칠 때쯤 교사가 학부모에게 "이 아이는 공부를 좋아하니까 대학을 가는 것이 좋겠다거나 또는 공부는 관심이 적으니 직업학교에 진학해 회사원이 되면 좋겠다."라고 조언한다. 학부모의 90% 이상이 교사의 조언을 따른다. 그런데 독일에서도 유독 한국인 부모들이 대학을 선호하는 경향이 있다.

독일은 이 아이는 책읽기를 좋아하고, 또한 생각하고 상상하기를 좋아하니 대학에 보내면 좋겠다고 조언하면 도리어 부모가 걱정을 한다. 왜냐하면 대학은 대개 학자나 예술가가 되기 위해 가는 곳이다. 인생을 먼저 살아온 독일 부모가 보기에는 미래가 불확실한 직업이라고 느낀다. 그래서 가난해질 확률이 더 높기 때문에 독일 학부모들은 아이가 대학에 가는 것을 그다지 좋아하지 않는다. 이것이 독일사회가 우리와 다른 점이다. 실제로 고등학교를 졸업하면 40대까지는 대학을 졸업하는 사람보다 대부분 더 부유하게 산다고 한다. 흔히 교육자들이 독일을 경쟁 없이도 성공한 대표적인 선진국가라고 말하는 이유다.

특히 북유럽의 핀란드, 노르웨이, 덴마크는 어떤 시험도 없다. 커리큘럼에는 개별 과목조차도 없애는 경향이 뚜렷하다. 국어, 영어, 수학, 과학 등으로 나누면 창의성을 발휘하기가 어렵다는 것이다. 유일하게 아직까지 인간이 AI보다 더 우월한 부분으로 인정받고 있는 창의성은 모든 과목을 두루 섭렵하는 '학문의 통섭'에서 나오기 때문이다. 특히 핀란드의 경우는 창조적 상상력을 길러주기 위해 개별 교육과정으로 나누어 교육하지 않는다. 하나의 주제나 문제를 가지고 교사와 아이들이 머리를 맞대고 다양한 방식으로 토론하고 협력하며 문제의 본질에 접근할 때 해결능력이 길러질 수 있다고 판단한다.

하물며 아이들이 배울 교과서마저도 교육당국이나 전문가그룹이 주도하지 않는다. 아이들이 함께 참여하게 함으로써 디지털혁명을 어른들보다 훨씬 더 잘 이해하는 아이들이 유익한 교재를 만들 수 있도록 배려하고 유도한다. 결국 핀란드 교육당국은 아이들에게는 창조적 상상력을 길러주어야 이 혁명을 주도하는 인공지능(AI)을 이길 수 있다고 판단한 것이다. 이를 위해 핀란드 정부의 교육정책은 학생들이 인공지능에 살아남도록 하기 위해 공감능력과 창조적 상상력에 위배되는 교육은 가능한 배제하고 있다.

결국 구미 선진국들이 지향하는 교육제도의 특징은 기존 교육의 틀(frame) 그 자체를 완전히 없애고 가능한 인공지능(AI)을 이길 수 있는 교육방법을 적극 모색하고 있다. 그런데 우리 아이들은 놀이조차도 살벌한 경쟁으로 이루어진다. 우리 아이들이 즐기는 서바이벌 게임, 왕 게임 등 한국 사회는 일상이 모두 경쟁으로 짜여 있다.

이러한 문제는 우리 사회가 겪고 있는 비극적인 자살률 세계 1위와도 깊은 관련이 있다. 지금 우리는 지난 2002년 노무현 정권이 탄생한 이후 자살률이 급격히 높아진 이후 지금까지 20년째 세계 1위를 고수하고 있다. 이야말로 경쟁사회가 만든 대한민국 사회의 비참한 현실이 아닐 수 없다. 게다가 자살률 2위와 격차가 심해 당분간 1위를 벗어나지 못할 것으로 보인다.

디지털에 맞춘 '일본의 교육혁명'

이웃 일본은 '잃어버린 20년'을 공교육의 경쟁력 상실에서 시작됐다는 것을 깨닫는다. 그리고 야심찬 교육혁명을 선언하고 지난 10년간 혁명적인 교육혁신에 박차를 가해왔다. 우리는 대입수학능력을 절대평가로 전환하는 문제를 놓고 갈등하는 사이 일본은 대학입시와 일선 중고교 교육현장에서 '평가혁명'에 착수하는 발 빠른 행보를 보여 왔다. 그 결과 일본은 한국보다 질적으로도 훨씬 수준 높은 '평가혁명'을 채택했다. 이는 객관식 및 선택형 시험문제를 폐지하고 모든 시험을 논술형으로 바꾸는 혁명적 변화를 꽤한 것이다.

그런데도 우리는 서울대와 고려대, 서울교대가 대입전형에서 오히려 논술고사를 완전 폐지했다. 여타 대학들도 논술전형을 대폭축소하거나 폐지하면서 인공지능(AI)시대의 교육방식과는 오히려 거꾸로 가고 있다. 그동안 일본은 암기 및 주입식 교육, 객관식 및 선택형 시험위주의 교육방식을 채택해왔다. 우리는 지난 한 세기 동안 일본식 교육을 그대로 베껴왔다. 우리 교육의 길잡이 역할을 해온 일본은 사고력과 창의력을 고양하기 위해 기존방식을 탈피하고 논술형평가제를 과감하게 도입한 것이다.

특히 일본은 아시아 최초로 〈국제공통대학입학자격(IB: International Baccalaureate)〉의 논술형 교육과정을 공교육에 도입했다. 또 유럽의 중고등학교에서처럼 책읽기와 토론, 글쓰기로 진행하는 과제연구 중심의 수업방식을 채택했다. 그 1단계로 전국 200개 학교에서 실시한 뒤 학교 수를 점차 늘릴 계획이다. 일본 내에서도 교육전문가들은 한결같이 이 획기적인 교육제도 개선을 두고 '교육혁명' 또는 '평가혁명'이라고 말한다.

일본은 2019학년도(2020년 1월)에 이 혁신적인 교육제도를 전격 시행했다. 우리나라의 수능제도격인 '대입센터시험'을 1989년에 도입한 지 30년 만에 완전히 폐지하고 '대학입학공통테스트'로 교육혁명을 이룩한 것이다. 문부과학성은 앞서 2019년 5월 19일 이 테스트의 개요를 알리고 국어와 수학에서 각 2문항씩 예제를 발표했다.

국어문제는 가상도시의 '경관보호 가이드라인'을 소재로 출제됐다. 아버지와 딸의 대화와 논의의 대립 점을 설명한 제시문을 읽고 자기생각을 80자에서 120자 이내로 논술해야 한다. 수학은 공원의 동상을 소재로 고등학교에서 배우는 '코사인법칙'을 응용해 동상이 보이기 쉬운 위치와 각도를 유추해 논술하게 했다. 수학문제를 식으로 풀어 정답을 구하지 않고 풀이를 논술로 정리해야 하는 혁명적인 발상을 한 것이다.

AI시대 일본교육은 '논술로' 결정한다!

일본 그토록 목을 매는 논술이란 무엇이며 논술교육이 왜 필요한가? 넓은 의미에서 자신의 생각을 전달하기 위해 쓴 글은 논술이 아닌 것이 없다. 하지만 '단락'이 가장 기본적인 글쓰기 수행과정이라면 '논술'은 보편적인 글쓰기 작업이라고 말할 수 있다. 논술은 '자신의 주장에 대해 논리적 근거를 제시하며 생각을 조리 있게 서술하는 글이다. 특히, 논술은 논리에 근거한 명확성과 새로운 것을 추구하는 창조성을 기르는 데 중요한 바탕이 된다. 이미 일본은 수학문제까지도 논술로 풀어내고 있다. 논술의 본래 목적은 창조성을 기반으로 언어 및 사고능력의 향상과 교육의 효율성을 높여 합리적 소통을 증대시키기 위한 교육의 필수도구로 고안된 것이다.

논술은 무엇보다 논리적 근거에 기반하기 때문에 명확성과 새로운 것을 추구하는 창조성을 기르는 데 큰 도움이 된다. 창조성이란 새로운 것을 생각하고 만들어내는 특성을 말하는데, 글쓰기가 바로 창조성의 '신비한' 능력을 발휘한다. 글쓰기에서는 하나의 똑같은 '주제'를 가지고도 다양한 주장이나 다른 내용이 나올 수 있다. 따라서 우리는 글쓰기를 통해 여러 가지 새로운 아이디어를 생산하는 창조성의 능력을 기를 수가 있다. 무엇보다 디지털시대는 창조성을 발휘하지 못하면 곧바로 퇴보되거나 실패로 이어질 수 있기 때문에 논술교육이 중요하다.

논술은 언어능력과 표현능력을 향시키는 중요한 기반이 된다. 그래서 교육기관이 논술을 중요한 교과교육 과정의 하나로 수행하고 있다. 논술을 공부하기 위해 먼저 독서와 토론이 필요한데, 이를 수행하는 과정에서 자연스럽게 현실사회의 문제점을 접하게 된다. 따라서 논술은 독서를 하면서 문제점을 깊이 있게 이해하게 되고 또 쟁점을 찾아 이를 분석해 자기생각을 논리적으로 표현하는 것이 핵심이다. 그리고 어떤 현실 문제를 깊이 있게 이해하기 위해 인문·사회과학이나 역사, 철학, 과학 등에 이르기 까지 다양한 분야의 책을 읽게 된다. 논술은 이런 과정을 통해 자신의 언어 및 표현의 능력을 기르고 확장할 수 있게 한다.

우리는 또한 논술교육을 통해 사고능력과 상상력을 향상시켜 나갈 수 있다. 논술은 현실 사회에서 어떤 문제가 있는가를 찾아내고, 그 문제가 왜 사회적 현상으로 나타나게 되었는가, 그 문제의 이면에는 어떤 원인이나 배경이 있는가를 분석하게 된다. 이런 과정을 통해 정치, 경제, 사회, 문화적으로 다양한 문제점들이 궁극적으로 어떤 본질적인 구조나 원인에 의해 발생하게 되었는가를 파악하게 한다. 그리고 올바른 방안을 모색하는 과정을 거치면서 깊은 사고능력이 길러지게 된다. 사회적 병리 현상이 여러 원인과 유기적으로 얽혀 있다는 것을 이해하고 이를 추적하고 해명해 나가면서 성찰적 사고능력은 물론 상상력까지도 향상하게 된다.

이처럼 문제의식을 갖고 논술을 공부하면 다양한 교육적 효과를 얻을 수 있다. 철학자 베이컨의 말처럼 글쓰기는 사람을 논리적이고 정확하게 만드는 데 효과가 있다. 많은 독서와 토론을 통해 언어능력과 합리적 사고능력이 배양되면서 평소 자신이 관심을 기울이지 못한 분야에도 관심을 갖게 된다. 특히 지구촌 곳곳에서 벌어지는 세계화의 과정에서 일어나는 문제점들까지도 관심을 가지면서 인식능력을 확장할 수 있다. 그리고 자신의 인식능력이 넓어지면서 사고의 빈약함과 편협성을 깨닫게 되고 나아가 스스로 반성의 기회를 갖게 된다. 이로 인해 자신과 생각이 다른 사람의 의견도 존중할 줄 아는 자세를 취하게 된다. 논술은 궁극적으로는 삶의 성찰적 자세를 견지하게 되고 건강한 자아를 발견함으로써 인격성장에 도움이 된다.

결론적으로 논술교육은 창조성을 바탕으로 언어 및 사고능력의 향상과 교육적 효율성을 높여 합리적 소통을 증진시키는 데 기여한다. 따라서 논술교육은 당장 필요한 대입시나 공기업 또는 언론사 논술시험이라는 현실 문제를 뛰어넘어 우리의 삶에서 일어나는 다양한 문제를 진지하게 바라볼 줄 아는 힘을 얻게 한다. 또 어떤 문제를 그 이면으로까지 확장시켜 바라볼 줄 아는 합리적인 사고를 가지게 함으로써 이상적인 삶의 가치를 추구할 수 있게 한다. 그래서 논술교육은 디지털시대의 인공지능(AI)이 가지지 못한 풍부한 상상력을 길러주는 데도 큰 도움이 된다.

손정의 회장 '일본 교육혁명'에 일갈하다

AI시대 일본을 대표하는 소프트뱅크의 손정의 회장은 일본의 교육혁명을 거칠게 비판한다. 그는 "머지않아 전 세계적으로 대다수 대학이 사라질 것인데, 아직도 대학입시에 초점을 두고 교육혁명이라니 이 무슨 잠꼬대 같은 짓이냐"고 일갈한다. 구미 선진국이 혁신하는 교육제도를 보면 손정의 회장의 비판은 결과적으로 옳은 지적이다. 일본이 지난 2013년부터 10년에 걸쳐 수백조의 재정을 투입해 교육혁신을 완성한 것이 고작 과거 유럽이 시행해온 '국제공통대학입학자격(IB)'의 논술형 교육과정을 공교육에 도입했기 때문이다.

실제로 대다수 교육전문가는 10년 내 대학은 50% 이상이 사라질 것으로 전망한다. 디지털시대 교육방식은 기존제도에서 완전히 탈피해야 한다고 주장한다. 하지만 손 회장이 지적하는 일본의 교육혁명은 우리의 낡은 교육제도에 비하면 엄청난 혁신이다. 그런데 우리의 책임 있는 교육지도자들은 일본의 교육혁명을 두고 "우리는 오래도록 객관식 시험제도를 운영해왔기 때문에 논술형제도로 바꾸기가 어렵다"고 주장한다.

더 한심한 것은 디지털혁명으로 세상이 바뀌고 선진국 교육현장이 날이 갈수록 변화하고 있는데도 우리 교육의 심각성을 여전히 인식하지 못하고 있다. 기껏해야 '조국사태'로 벌어진 수시와 정시의 폭을 놓고 왈가왈부하는 것이 전부다. 윤석열 정부는 출범한 지 1년이 지났지만 아직 기존 교육정책을 혁신하지 않고 있다. 이제 하루빨리 변화하는 디지털시대에 걸맞은 교육정책을 수립하지 않으면 우리 아이들의 장래는 희망이 없다.

지금 선진국에서는 디지털시대의 산업현장이 요구하는 인재를 기르기 위해 교육혁신에 국가가 팔을 걷어붙였다. 이 혁명은 3차 산업혁명에 이은 단순한 기술의 진보가 아니다. 인공지능이 현대문명의 패러다임을 바꾸고 있다. 이 엄청난 변화를 꿰뚫고 있는 손정의 회장의 눈에는 일본의 교육혁명이 한심한 것은 당연하다. 일본은 나름대로 AI시대에 맞춰 최고 교육시스템을 만들어 놨다. 그런데도 손정의 회장은 일본 교육당국이 곧 없어질 대학의 틀에 묶여 허둥댄다고 지적했다. 이는 일본의 교육정책입안자들이 이 혁명을 제대로 이해하지 못하고 있다고 힐난한 것이다.

인공지능에(AI)에 올인한 '중국식 교육'

중국정부 'AI로 교육을 혁명하라'

지금 전 세계적으로 중국만큼 인공지능(AI)과 교육의 융합발전에 대한 중요성을 깊이 인식하고 있는 나라는 드물다. 중국 교육당국은 초·중·고등학교 전 교과과정에 어떻게 AI 교육을 제대로 할 것인지에 대한 논의를 교육혁신의 중심에 두고 있다. 중국 공산당정부는 지난 2017년부터 '차세대 AI 발전계획'을 발표하고 해마다 AI교육과 관련한 정책문건을 쏟아내고 있다. 중국정부는 AI 고급인재 양성을 가속화하고 있다. AI 학과와 스마트교육을 토대로 초·중·고등학교에 AI 교육과정을 개설한 뒤 컴퓨터 프로그래밍 교육을 단계적으로 확대해 나가고 있다.

그리고 2018년 중국 교육부는 〈교육정보화 2.0 행동계획〉이란 보고서를 발간했다. 이는 초·중·고등학교의 인공지능(AI) 및 컴퓨터 프로그래밍 콘텐츠가 정보화시대에 부합할 수 있도록 개선방안 및 기준을 명시한 것이다. 교육장비연구개발센터는 지역 교육과학연구소 5곳과 더불어 AI 애플리케이션, 컴퓨터 프로그래밍 플랫폼, 지능형 로봇구축 등 3대 모듈 위주의 초·중·고등학교에 AI 교육장비체계를 구축하는 'AI교육 프로그램'을 공동 발족했다.

특히 2019년 1월 19일은 베이징에서 '초·중·고등학교의 AI 교육' 사업발표회를 열고 베이징, 광저우, 선전, 우한, 시안 등 5개 도시를 1차 AI 교육 거점도시로 확정했다. 특히 3~8학년 학생을 대상으로 2019년부터 본격적인 시범사업에 돌입했다. 이어 '중국교육현대화 2035'를 통해 교육혁신과 함께 스마트캠퍼스를 건설했다. 또 '2019년 교육정보화 및 사이버보안 업무요령'을 통해 초·중·등 AI 관련 교육과정개설 추진계획을 발표했다. 중국은 AI 기술이 전 교육과정에 적용될 수 있도록 총력을 기울이고 있다.

2020년은 '교육정보화 및 사이버보안 업무요령'을 통해 초·중·고등학교 AI 교육과정 구축과 활용, 그리고 확산을 지속적으로 추진하겠다고 밝혔다. 중국 공산당정부는 최근 몇 년 동안 끊임없이 AI관련정책을 내놓음에 따라 각 지역소재 학교 및 교육기관에서도 초·중·고등학교 AI 교육방안에 대해 적극적으로 탐색하면서 대도시를 중심으로 AI 교육을 빠르게 확산시켜나가고 있다.

중국정부는 이후 2021, 2022, 2023년도 교육계획도 이 같은 인공지능(AI) 중심교육의 틀을 유지해오고 있다. 중국이 AI 교육정책에 모든 초점을 맞추고 있는 이유는 무엇일까? 중국은 디지털시대에 세계를 선도하려면 AI가 가장 확실하다고 판단하고 있기 때문이다. 무엇보다 중국은 인공지능의 먹거리라 부르는 데이터를 가장 많이 가지고 있다. 중국은 이를 바탕으로 인공지능으로 디지털혁명을 주도해 선진국으로 도약하겠다는 야심찬 목표를 구상하고 있다.

중국 공산당정부는 이미 인공지능(AI) 관련한 글로벌 인재까지 흡수하기 위해 세계 천재 1만 명을 확보하는 '만인계획'을 추진하고 있다. 또 글로벌 인재에게 황금티켓을 주면서 일하도록 권유한다. 중국 공산당정부는 포섭한 인재들에게 계약금과 보너스로 1억 8,000만 원을 지급한다. 그리고 우선 개인연구 예산으로 5억 5,000만 원에서 9억 원까지 제공한다.

또 주택비, 교육비, 식대비 및 이주보상금까지도 마련해주고 있다. 2022년도에 이미 7,000명의 글로벌 인재들이 중국 공산당정부의 황금티켓을 받았다. 현재 인공지능(AI) 전문가들은 한결같이 미중 패권전쟁에서 미국이 중국을 가장 두려워하는 분야가 바로 '인공지능(AI) 분야와 데이터'라고 설명한다.

2

지혜로워야 AI와 경쟁할 수 있다

최근 인지심리학자들이 지식과 지혜의 차이에 주목하고 있다. 인공지능(AI)은 수재형 인간들이 평생을 쌓아온 지식을 한두 시간 안에 모두 섭렵할 수 있다. 이제 수능형 학습능력은 인간이 AI를 따라갈 재간이 없다. 인간이 쌓은 지식은 문제를 해결할 만한 정보를 계속 암기하고 익히는 것이다. 그러나 지혜는 우리가 당장 해결해야 할 어떤 문제에 대처하는 능력이다. 지혜로운 사람은 내가 가진 아이디어가 부족할 때, 관련된 일을 유추하거나 다른 영역에 있는 작은 단서를 가지고도 이를 해결한다. 심리학자들은 어떤 그룹을 막론하고 대개 10%는 지혜롭거나 창조적인 인간이라고 말한다. 아직도 AI가 인간의 지혜로운 공간을 점령하지 못하고 있다는 심리학자들의 예화를 들어보자.

심리학자 카를 던커의 '종양 문제'

그렇다면 지혜로운 인간은 어떤 모습일까? AI가 세상을 주도하는 디지털시대에 독일의 심리학자 카를 던커(1903~1940)의 '종양문제'가 새롭게 관심을 끌고 있다. 던커의 문제는 위(stomach)에 악성 종양을 가진 환자를 레이저로 치료해야 한다. 그런데 이는 최근에 개발된 레이저로만 치료를 할 수 있다. 다른 어떤 기술로도 치료가 불가능하다. 그래서 몸 밖에서 안쪽으로 레이저를 쏴야 하는데, 또 다른 문제점이 도사리고 있다. 종양을 제거할 수 있는 세기로 레이저를 쏘면 레이저가 지나가면서 다른 장기를 망가뜨리는 위험에 노출된다. 그렇다고 레이저를 약하게 쏘면 효과가 없다는 것이 딜레마다.

카를 던커가 1930년대 이와 같은 흥미로운 행동과학 실험문제를 많이 만들어냈다. 그런데 던커가 낸 문제에는 엄청난 묘미가 있다. 이는 무려 80여 년이 지난 지금조차도 기업들이 이 문제들을 변형해 새로운 직원을 뽑을 때 활용을 한다는 것이다. 그런데 매우 흥미롭게도 거의 모든 대학에서 이런 문제를 해결하는 학생의 비율이 엇비슷하게 나타나는 것이다. 세계 최고 명문대와 중하위그룹에 속하는 일반 대학을 가릴 것 없이 대학마다 10% 정도의 학생들만 이 문제를 해결하는 능력을 가지고 있다는 점이 예사롭지가 않다.

그런데 그 10% 학생들이 문제를 해결하는 방법도 유사하다. 그리고 10% 학생들이 문제를 해결한 방법을 알려주면 나머지 90% 학생들은 엄청난 스트레스를 받는다는 것이다. 특히 명문대 학생일수록 스트레스 지수가 훨씬 더 높다고 한다. 나머지는 왜 문제 해결 방법을 생각하지 못했을까? 그 해답은 "약한 레이저를 6개 방향에서 쏘는 것이다. 6개 방향에서 각각 6분의 1의 레이저를 쏘면 종양부위에서는 6배의 효과를 가져 오면서도 다른 장기에 해를 입히지 않는다"는 것이다.

무엇보다 훨씬 더 흥미로운 점은 이런 해답을 생각해 내는 학생의 비율이 명문대와 비명문대 간에 거의 차이가 없다는 것이다. 그렇다면 이는 무엇을 의미하는 것일까? 명문대 학생의 90%는 좌뇌 측두엽이나 두정엽만 고도로 잘 훈련시켜 고득점을 받은 학생들이라는 것을 알 수 있다. 이는 곧 명문대학 학생이라고 해도 90%는 후천적으로 지혜를 기르지 않으면 인공지능(AI)을 이기기 어렵다는 것을 말해준다.

다시 말해 명문대 학생들도 90%는 조기교육이나 훈련 등을 통해 억지로 길러진 수재라는 것을 의미한다. 따라서 이 실험을 통해 알 수 있는 것은 타고난 지혜는 어느 집단이나 소수 10%에 불과하다는 것을 알려주는 지표가 된다. 그러나 전문가들은 "지혜는 소수 선천적으로 타고나는 사람들도 있지만 독서와 꾸준한 노력을 통해 후천적으로 얼마든지 길러질 수 있다"고 주장한다.

카를 던커의 행동과학 실험 '촛불 문제'

카를 던커는 또 다른 한 가지 '촛불 문제'라는 흥미로운 행동과학 실험을 했다. 이 문제는 동기부여의 내적 요인의 중요성을 일깨우기 위한 것이다. 이번 실험의 목표는 참가자들에게 고정관념을 벗어나는 창의로운 생각을 하게 만드는 데 있다. 그가 이번에는 초 한 자루와 불을 켜는 성냥, 그리고 20여 개의 압정이 담긴 작은 상자를 주고 던진 문제다. 이는 초에 불을 붙인 뒤 이를 벽에 붙이는 것인데, 단 한 가지 조건은 촛농이 방바닥에 떨어져서는 안 된다는 것이다.

이 실험도 1~2분 내로 이 문제를 빠르게 해결하는 사람의 비율은 10% 정도였다. 어떤 사람은 초를 살짝 녹여 벽에 붙이려고 하지만 초의 무게가 있어 고정시키기 어렵다. 그러나 5~10분이란 꽤 긴 시간 시행착오를 거친 뒤에 대부분 해결할 수 있었다. 해법은 의외로 간단했다. "압정이 들어 있는 상자를 비운 뒤에 상자를 압정으로 벽에 고정한다. 그리고 그

상자 안에 초를 세우면 촛농도 방바닥에 떨어지지 않고 문제를 해결할 수가 있다." 이는 상자를 단순히 압정만 담는 용기로 생각하지 말고 촛불을 세워두는 용도로도 사용할 수 있다는 발상의 전환으로 고정관념을 깨도록 유도한 것이다.

이후 수십 년이 지난 뒤에 미국의 명문 아이비리그인 프린스턴대학에서 이 실험을 응용해 똑같은 실험을 준비하고 두 그룹으로 나누었다. 한 그룹은 인센티브(금전보상)가 없이 그냥 문제를 풀게 한다. 다른 그룹은 문제를 푸는 사람에게 인센티브를 주기로 했다. 많은 사람들은 금전보상이 있는 그룹이 해법을 더 빨리 찾을 것이라고 생각했다. 그런데 결과는 의외였다. 보상받지 않은 그룹이 먼저 문제를 해결한 것이다. 이 문제는 40년간 재현됐는데 결과는 같았다. 왜 그럴까? 심리학자들은 "인센티브는 본질적으로 집중력은 높이지만 반대로 시야를 좁게 하는 단점이 있기 때문"이라고 설명한다.

지혜는 '유추와 은유능력'으로 길러진다

교육전문가들은 인간을 보다 탁월하고 지혜롭게 만드는 데는 두 가지 사고장치가 있다고 말한다. 하나는 '추상(abstract)'하는 능력이고, 다른 하나는 '은유(metaphor)' 능력이다. 추상능력은 보이는 곳에서 점점 보이지 않는 곳으로 상승하면서 발전하려는 능력이다. 이는 곧 보이는 것들 사이에서 핵심 이미지를 추출해내는 것을 말한다. 은유하는 능력은 이 질적인 것들 사이에서 동질성을 발견한 뒤 서로 연결하여 시너지 효과를 불러일으키는 능력을 의미한다. 따라서 학자들은 추상하고 은유하는 능력을 키우는 가장 효과적인 방법으로 독서하고 묵상하면서 글을 쓰는 것이라고 강조한다.

또 인간이 높은 지혜를 발휘할 수 있는 데는 무엇보다 '유추(analogy)' 하는 능력이 있기 때문이다. 유추능력은 두 개의 비슷한 사물이나 사실에서 한쪽이 어떤 성질이나 관계를 가질 경우, 다른 사물도 그와 같은 성질이나 관계를 가질 것이라고 추리하는 것을 말한다. 따라서 우리 인류역사상 위대한 발견이나 발명, 혁신적인 아이디어는 과학, 비즈니스, 인문학 어느 분야를 막론하고 모두 유추과정을 통해 새롭게 창조된다. 어떤 문제에 부닥쳤을 때 사소해 보이지만 유추 또는 유비하는 능력이 문제해결의 결정적인 단서가 된다는 사실을 확인할 수 있다.

유추능력이 소중하고 고등한 정신과정이며 최고의 문제해결능력의 원천이라면 이는 어떤 과정을 통해 향상될 수 있을까? 유추는 겉으로는 달라 보이는데, 궁극적으로 내면 즉 본질은 같은 것을 말한다. 유추와 달리 외면과 내면이 비슷하다면 누구나 이를 쉽게 연결할 수 있다. 그러나 본질은 매우 유사한데, 겉으로는 완전히 다른 것이 유추다. 따라서 유추하는 능력은 겉보기에 서로 다른 것을 이어붙이는 '은유'라는 것을 일상에서 많이 경험하는 사람들이 잘 할 수 있다. 은유는 겉으로는 낯설지만 강렬한 인상을 전달하는 데 효과가 있는 비유법이다. 은유하고 유추하는 능력은 그냥 타고나는 게 아니라 엄청난 독서와 상상력을 통해서 길러질 수 있다.

뇌과학은 유추와 은유를 경험할 때 많은 에너지를 사용한다고 말한다. 실제로 뇌의 무게는 몸의 2%에 불과하다. 하지만 2%가 한 사람 에너지의 20~30%를 소모한다. 인간이 은유가 들어간 문학작품을 읽거나 창작할 때 뇌는 엄청난 에너지를 소모한다. 전혀 생소한 것을 가져다 뇌 속에 내재한 징검다리를 이용해 이어 붙이는 유추와 은유를 해야 하기 때문이다. 실제로 은유법이 많이 들어간 문학작품 중에서도 시 작품을 많이 읽으면 체중이 감소한다는 연구결과도 나와 있다.

현재까지 유추는 인간만이 할 수 있는 능력이다. 하지만 인공지능(AI)은 학습한 것을 기억하고 계산하는 능력이 뛰어나다. AI는 전혀 다른 것을 이어붙이는 유추나 은유능력은 아직 부족하다. 인간도 유추나 은유하는 능력은 누가 얼마나 많은 독서를 하고 상상하는가에 따라 달라진다. 세계적인 과학자나 비즈니스맨, 기업 CEO들이 어렸을 때 왜 그렇게도 엄청난 독서를 했는지가 분명해진다.

스스로 성장하는 지혜를 가지게 하라

디지털시대는 무엇보다 창의성이 필요하다. 수능형 암기식 교육은 아무리 뛰어나도 AI에 경쟁자가 될 수 없기 때문이다. 이 디지털혁명에서 살아남으려면 스스로 자기목표를 설정하고 꾸준히 목표를 향해 자신을 성장시켜 나갈 수 있는 힘을 기를 줄 알아야 한다. 디지털세상은 아이들 스스로 자기능력을 개발하고 목적을 가지게 한다면 스카이캐슬을 졸업하는 사람들보다 훨씬 나은 일자리를 갖고 행복하게 살아갈 수 있다. 그래서 우리 아이들의 목표가 '스카이캐슬'이 돼서는 안 된다. 디지털온라인 세상에서 스스로 자기 꿈을 펼칠 수 있도록 아이들을 격려하고 지원하는 것이 중요하다.

디지털 원주민은 자기가 좋아하는 것을 하면서도 자기 스스로 성장하는 데 도움이 되는 일상의 루틴을 가져야 한다. 예를 들어 기타를 좋아하면 기타를 통해 자신이 성장하는 방법을 배워야 한다. 자기가 좋아하는 일을 통해 성장하는 경험을 맛본 사람은 자기 스스로 일을 계획하고 추진하는 힘을 갖게 된다. 그리고 자기에게 어떤 일이 주어지면 이를 멋지게 수행할 수 있다. 그래서 IT기업이 인력을 채용할 때 스스로 성장하는 힘을 가진 사람을 찾는다. 우리 부모와 교사도 아이들이 좋아하고 주도적으로 성장하게 하는 힘을 길러줘야 한다. 교육 전문가들은 AI시대는 각 분야에서 최고의 전문가(프로)를 만드는 것이 가장 좋은 교육법이라고 주장한다.

3

수능교육 아이들 장래를 망친다

우리는 앞서 디지털혁명을 선도하는 미국의 '신 명문대학'들이 배출하는 인재유형을 유심히 살펴보았다. 또 누구보다 열정적으로 새로운 문명을 추구하는 야망꾼 일론 머스크가 지향하는 '애드 아스트라'의 혁신적인 교육과정도 면밀히 들여다보았다. 끝으로 평범한 대학이 명문대학으로 거듭나는 두 대학의 사례도 살펴보았다. 이를 통해 우리는 디지털시대 미래형 인재의 모습을 대강 그려볼 수가 있게 됐다. 이를 한마디로 요약하면 산업화시대 수능형(SAT) 교육으로 배출한 인재는 디지털세상에서는 아무런 쓸모가 없다는 것을 알 수 있다.

무엇보다 산업화시대는 치열한 경쟁을 통해 상위 10~20%가 성공하는 사회였다. 그러나 디지털시대는 지금의 수능형(SAT) 교육으로는 고작 상위 1~2% 정도만 성공할 수 있다. 이제 나머지 절대다수는 명문대학을 나와도 노동시장이 그들을 원하지 않는다. AI가 수능형 인재의 모든 영역을 지배해나가고 있기 때문이다. 디지털시대는 상위그룹보다 다양한 분야에서 1등을 하는 인재들을 필요로 한다. 따라서 우리 아이들이 각자 타고난 재능을 최대한 발휘할 수 있게 해줘야 한다. 서로 다른 분야에서 자기만이 가진 능력을 발휘할 수 있다면 산업화시대보다 훨씬 더 나은 성공 모델을 스스로 추구할 수 있다.

새로운 디지털시대는 개인과 기업의 경제활동 핵심모델이 '플랫폼(platform)'이다. 플랫폼 비즈니스 모델은 노드(node: 컴퓨터 네트워크의 단말장치의 접속점. 또는 컴퓨터나 스마트폰)가 증가하고 다양해질수록 산업의 생태계가 건강하고 빠르게 성장한다. 플랫폼 네트워크와 서로 상호작용하면서 정보를 송수신할 수 있는 단말장치인 노드를 증가시키려면 '독특한(unique)' 나만의 재능을 갖추어야 한다. 각자 내 재능을 개발하여 또 다른 재능을 가진 사람들과 서로 협력하고 공감하는 능력을 가져야 한다. 그렇게 하면 누구보다 성공적인 삶을 행복하게 꾸려갈 수 있다. 이미 좋은 유튜브들이 이를 증명하고 있다.

플랫폼비즈니스 모델이란 수요자와 공급자를 '매칭(maching)'하는 것이다. 이는 유사한 목적의 서비스를 취합 또는 분류, 통합 및 관리해 이용자의 기반이 되는 유무형의 공간과 그런 비즈니스의 형태를 말한다. 플랫폼사업의 특징은 공동 활용을 목적으로 모인 이해관계자들이 비즈니스 생태계를 만들어가는 것이다. 플랫폼은 어떤 재화나 서비스의 공급 및 소비 활동이 모두 한곳에 모이는 그런 공간을 말한다. 플랫폼은 과거에도 비슷한 기능을 수행했다. 고전적 플랫폼은 바로 기차역이나 공용버스 터미널, 공항 등인데, 이는 주로 사람들이 실물에서 사용하는 물리적인 공간으로 한정돼 있었다.

그러나 디지털시대는 웹 사이트나 휴대폰 애플리케이션처럼 한 번에 모든 것을 처리할 수 있는 원스톱(one-stop) 정보처리기술의 발달로 무형적 플랫폼이 급격히 증가하고 있다. 20세기 후반 미국에서 디지털 네트워크시대를 연 위대한 플랫폼 기업의 단초를 제공한 사람이 마이크로소프트(MS)의 빌게이츠와 공동창업자인 포리 앨런(2018년 혈액암 사망)이다. 이 둘은 중학생 때부터 친구로 만났다. 빌게이츠는 워싱턴 정가의 유명 변호사인 아버지가 섭외해준 워싱턴대학의 슈퍼컴퓨터에 앨런과 함께 거의 미쳐 지내면서 몇날 며칠 밤을 새워가며 컴퓨터세계에 빠져 지낸 경험이 있다고 회고한다.

1973년 빌게이츠는 하버드대학으로 포리 앨런은 워싱턴대학으로 진학한다. 하지만 그들이 대학에 들어간 지 얼마 안 돼 미국에서는 데스크 탑 컴퓨터가 막 상용화된다. 이미 컴퓨터 세계의 미래를 직접 온몸으로 체화한 빌게이츠와 앨런은 1974년 둘 다 다니던 대학을 중퇴한다. 그리고 앨런과 함께 마이크로소프트(MS)라는 기업을 공동 창업한다.

이들은 중퇴하지 않으면 자신들이 구상하는 컴퓨터세계의 타이밍을 놓친다는 것을 알고 있었다. 그런데 당시 빌게이츠 아버지는 "네가 그토록 염원하던 하버드대학을 졸업하고 나서 하고픈 일을 하라"고 간곡히 만류한다. 하지만 이미 컴퓨터세계의 미래를 알고 있는 빌게이츠는 타이밍을 놓치지 않기 위해 학업을 과감히 중단한다. 그 결과 마이크로소프트(MS)라는 크고 위대한 기업을 창업한다. MS는 2023년 현재 전 세계 PC 운영체제 시장의 74.28%를 점유하는 실리콘밸리의 대표적인 빅테크 플랫폼기업으로 성장했다.

20세기 후반은 금수저가 아니면 성공하기가 매우 어려운 시기였다. 다만 극소수 미래를 보는 혜안을 가진 빌게이츠와 앨런 같은 사람들만이 성공할 수 있었다. 그러나 지금은 누구나 디지털세계에 대한 깊은 이해와 열정만 가져도 성공할 수 있다. 하지만 기존 산업화시대의 교육방식으로는 아이들의 미래를 담보할 수가 없다. 이미 인공지능이 수능형(SAT) 교육으로 기른 인재들보다 월등히 뛰어난 능력을 갖추고 있기 때문이다.

새로운 디지털혁명에는 새로운 교육이 절실히 필요하다. 우리 아이들을 이 혁명이 필요로 하는 인재로 가르치지 않고 이대로 간다면 그들이설 자리는 없다. 바야흐로 수능인재가 아니라 다양성을 필요로 하는 디지털혁명의 시대가 진행되고 있기 때문이다. 지금 우리 학부모들이 바라는 '스카이캐슬(sky-castle)'을 위한 수능 고득점 전략으로는 아이들의장래를 망칠 수밖에 없다는 것은 너무도 자명해졌다.

학부모와 교사가 아이를 절망시키고 있다

현재 우리 아이들은 누구보다 디지털세계를 잘 이해하면서 즐기고 있다. 그래서 디지털에 대한 적응능력이 어느 나라 아이들보다 뛰어나다.그러나 문제는 패러다임의 전환기에 아이들을 바르게 이끌어야 할 학부와 교사들의 시야가 좁고 근시안적이다. 게다가 지금 나라를 이끄는 정치 주도세력인 50~60대는 새로운 문명을 이끈 디지털에 대한 이해가 턱없이 부족하다. 그래서 우리나라는 기성세대가 '포노 사피엔스'를 절망케하고 있다.

이 혁명과도 같은 디지털 인공지능(AI)시대는 어느 국가를 막론하고 디지털세계를 이해하는 지도자가 필요하다. 구미 선진국에서는 이 혁명을 잘 알고 있는 IT기업이 세상을 이끌고 있다. 특히 디지털문명을 선도하는 미국은 인공지능 기업들이 국가는 물론 전 세계를 주도하고 있다. 선진기업은 이미 임직원들에게 인공지능시대에 대비한 교육에 굉장한 노력을 기울이고 있다. 디지털시대의 기업은 인공지능에 대체되지 않을 임직원이 많으면 많을수록 더 높은 수익을 올릴 수 있다. 이는 인공지능과 경쟁할 수 있는 창조적 상상력과 공감능력을 갖춘 인재들이 많아야 기업을 성공적으로 이끌 수 있기 때문이다.

특히 미국의 IT산업을 이끄는 실리콘밸리의 빅테크 기업과 벤처기업들, 그리고 인공지능(AI)을 학문적으로 주도하는 MIT와 스탠퍼드대학은 디지털혁명에 대비하기 위해 인재영입과 교육혁신에 총력을 기울이고 있다. 그런데 국가를 이끄는 우리 정치세력의 모습은 어떤가? 저마다 진영논리에 갇혀 오히려 기업과 국가발전을 저해하고 있다.

지금 눈앞에서 펼쳐지고 있는 한국의 금융기업들의 현실을 보자. 허접한 금융서비스 기능을 가진 '핀테크'라는 금융 인공지능 때문에 대량 해고사태를 맞고 있다. 이 혁명의 회오리는 지금 금융권을 넘어 교육, 법률, 의료, 회계, 경영 등은 물론 산업 전체로 불어닥치고 있다. 우리 지도자들도 숨 가쁘게 펼쳐지는 이 현실을 체험하고 있다. 그런데도 국민에게 희망을 안겨줄 제도를 정비하지 못하고 있다. 한마디로 디지털세계에 대한 안목이 없기 때문이다. 전문가들은 "우리 교육현장이 하루빨리 노동시장이 요구하는 대로 혁신하지 않는다면 그 총명한 우리 아이들의 장래는 희망이 없다"고 지적한다.

기성세대의 생각부터 당장 바꾸어야 한다

이제 어른들은 스마트폰을 가지고 노는 아이들의 세계를 이해해야 한다. 부모들은 아이들이 스마트폰을 즐기는 것을 금지하려고 애쓴다. 그러나 아이들이 스마트폰에 빠지는 것은 전혀 문제가 안 된다. 아이들의 꿈과 희망이 그 속에 담겨 있기 때문이다. 다만 아이들의 세계를 이해하지 못하는 기성세대가 진짜 문제다. 하루빨리 우리 교육을 '디지털 원주민(digital native)'을 위한 교육제도로 바꾸어야 한다. 아이들에게 스마트폰은 부모들이 생각하는 전화기 개념과는 확연이 다르다는 것을 인정해야 한다.

좀 과장하자면 우리 아이들에게 스마트폰은 부모나 형제, 또는 친한 친구보다 더 소중한 자기분신과도 같다. 아이들에게 스마트폰은 필요에 의해 새롭게 돋아난 여섯 번째 손가락이다. 그런데 부모는 무조건 좋은 대학갈 때까지 사용하지 말라고 윽박지른다. 그러나 아이들의 소중한 지체 하나를 잘라 불구로 만들면서까지 공부시켜 명문대를 나온들 이제는 받아줄 직장이 없다. 현존하는 직종은 대부분 인공지능(AI)으로 대체된다는 것은 너무도 분명하기 때문이다.

앞으로는 스마트폰을 잘 다루고 이해하는 아이들이 AI시대에 살아남을 수 있다. 산업화시대는 인간과 인간이 경쟁하는 시대였다. 하지만 디지털시대는 인간과 인간이, 인간과 AI가 서로 공감하고 협업하는 관계로 살아가게 된다. 안타깝게도 우리 교육시스템은 인공지능에 대체되는 공부에 아이들을 매달리게 하고 있다. 지금 우리는 AI와 함께 일하면서 꿈과 비전을 찾아야 할 교육과 직업의 블루오션을 걷어차고 있다. 기가 찰 노릇이다. 고액연봉을 지급하는 빅테크 기업들은 수능형 인재보다 스마트폰을 잘 다루면서 인공지능(AI)과 함께 일할 수 있는 능력을 가진 아이들을 애타게 찾고 있다. 따라서 총명한 아이들의 장래를 위해 당장 기성세대의 생각부터 바꾸어야 한다.

4

디지털 원주민 우리 아이들 딜레마

교육제도가 아이들을 무능하게 만들고 있다

흔히 2000년 이후 태어난 뉴밀레니엄 세대의 아이들을 통칭해 '디지털 원주민(digital native)'이라고 부른다. 그들은 태어나면서부터 디지털 혁명의 산물인 컴퓨터와 모바일을 몸의 일부로 알고 사용하면서 자랐다. 디지털 소프트웨어 환경에서 성장한 아이들이 막상 학교에 가면 그곳에서는 전혀 다른 세계가 펼쳐진다. 그들이 늘 체험하면서 살고 있는 현실과는 너무나 동떨어진 곳이다. 아니 희망의 산실이어야 할 교실이 불편하기 짝이 없다. 지금 학교에서는 산업화시대 맞춤형인 수능교육을 하고 있다. 디지털로 체화된 아이들이 구시대 아날로그 수업방식에 적응하지 못하는 것은 너무도 당연하다.

대부분 아이들이 학교가기를 싫어한다. 또 학교에 가서도 수업시간에 잠을 자거나 허튼 짓을 하는 것은 아날로그식 수능교육이 디지털 원주민에게는 전혀 맞지 않기 때문이다. 그나마 학교교육에 맞게 길들여져 우수한 성적을 내는 소수 아이들조차도 함께 낮잠을 잔다. 성적이 우수한 아이들은 학교수업시간에 배울 것이 없기 때문이다. 수업이 끝나면 곧장 각자 맞춤형 수업이 기다리는 학원으로 달려간다. 지금 우리의 공교육시스템이 디지털 원주민의 실상을 제대로 파악하지 못하고 있기 때문에 이런 웃지도 울지도 못할 괴상한 일들이 교육현장에서 버젓이 일어나고 있다.

디지털원주민 아이들이 즐기는 세상은 모든 것이 게임처럼 재미있고 성장하는 개념으로 융합돼 있다. 그래서 아이들이 가정에서는 행복하고, 학교에서의 배움은 즐거워야 하며, 친구들과 함께 어울리는 일도 재미있어야 한다. 부모와 학교는 이런 아이들이 모든 것에 만족함을 느낄 수 있는 환경을 만드는 데 힘써야 한다. 우리 아이들에게는 교육과 삶의 일상이 따로 존재하지 않는다. 일상이 모두 교실이고, 삶이며, 배움이 되는 즐거운 선순환 구조가 돼야 한다. 이제 우리 부모와 교사는 디지털세계를 경험하면서 자란 아이들에게 스스로 성장할 수 있는 삶의 모델을 만들어 주는 역할을 해야 한다.

그런데 우리는 지금 아이들이 원하고 꿈꾸는 방식과는 전혀 다른 교육을 진행하고 있다. 디지털원주민이 원하는 학교는 일방적으로 가르치는 곳이 아니다. 가정과 학교에서는 아이들에게 타고난 소질을 찾아주고, 또 재능을 잘 개발하고 발전할 수 있도록 관리하고 도와야 한다. 다양성이 중요한 디지털시대는 자기가 타고난 능력을 개발해서 그 분야에서 최고가 되도록 도와야 아이들을 행복한 삶으로 이끌 수 있다. 하지만 우리교육은 여전히 산업화 경쟁모델로 짜인 시스템 안으로 아이들을 몰아넣고 있다. 따라서 대부분 아이들이 학업에 심한 염증을 느끼고 딜레마에 빠지게 되는 것은 디지털시대의 아이들에게 적합한 교육이 이뤄지지 않고 있기 때문이다.

아이들을 '유니크'한 존재로 성장시켜라

디지털시대는 상위 10~20%의 성적에 매달리게 하는 것보다 남과 다른 나만의 '독특한 재능(unique talent)'을 가질 수 있도록 키워야 한다. 여기서 '유니크'라는 개념이 등장한다. 우리의 교육제도는 수재를 키우는데는 매우 뛰어나다. 하지만 유니크한 존재, 즉 천재나 프로로 키우는 데는 많이 부족하다. 디지털시대는 수천 명의 수재보다 다양한 분야의 프로들을 필요로 한다. 그런데 천재나 프로는 그냥 키우는 것이 아니다. 어릴 때부터 자기가 가진 재능을 찾아내줘야 한다. 늦어도 초등학생 때는 자기재능을 발견해서 훈련시켜야 특별한 존재로 성장할 수가 있다.

인공지능(AI)과 경쟁할 수 있는 교육프로그램만 잘 갖추면 아이들의 삶을 성공적으로 이끌어갈 방법은 수없이 많다. 교사와 학부모는 아이들을 유치원 때부터 다양한 경험을 하게 하면서 그들의 타고난 재능부터 찾아내야 한다. 그리고 그 재능을 성장하게 해주는 멘토링 역할을 해야 한다. 아이의 장점이나 타고난 재능을 계속 성장시켜 나가면서 동시에 그들의 약점은 또 어떻게 살리고 보완해야 할 것인지에 대한 노력이 필요하다. 즉 아이들의 성장에 꼭 맞는 포트폴리오(portfolio: 자기재능에 맞는 적합한 계획)를 짜주어야 한다. 대학까지 아이가 그런 식으로 성장하면 대학을 졸업한 이후에는 스스로 성장모델을 만들어 나갈 수 있게 된다.

따라서 디지털시대 아이들을 성공으로 이끄는 최고의 교육법은 아이의 재능과 장점을 발견해서 스스로 성장할 수 있는 힘을 길러주는 것이다. 아이들은 자기가 타고난 재능을 알게 되면 스스로 호기심과 재미를 느끼면서 열심히 노력하게 된다. 그러면 아이들은 자기 주도성을 가지고 스스로 삶의 방향과 목표를 설정하고 그것을 꾸준히 성장시켜 100세까지 행복한 삶을 성공적으로 누릴 수 있게 된다.

그런데 현재 우리 교육제도에서는 이것을 찾아내는 것이 매우 어렵다. 명문대에 보내기 위해 부모와 학원이 미리 잘 짜놓은 교육의 프레임에 아이들이 속박돼 있기 때문이다. 학부모의 생각은 오로지 아이를 명문대학에 보내는 것만이 목표다. 아이들은 학교수업을 마치자마자 곧장 학원으로 달려간다. 학원은 최고의 전문 강사들이 만든 맞춤형 교육프로그램에 따라 아이들을 지도한다. 아이들은 학원의 프로그램에 따라 그냥 열심히 따라가기만 하면 학원이 알아서 성적을 올려준다. 정작 디지털시대에 아이들이 갖춰야 할 자기 주도성은 전혀 고려하지 않은 잘못된 교육방식이 지금 진행되고 있다.

그러나 문제는 높은 성적을 얻어 명문대를 나와도 마땅히 취업할 곳이 없다는 것이다. 이미 많은 아이들이 명문대를 나와도 원하는 직업을 갖지 못해 방황하고 있다. 최근 그 어려운 스카이캐슬 출신이 도배사로 일하는 모습이 뉴스로 보도돼 화제가 된 적이 있다. 일부 아이들은 스카이캐슬을 나와도 취업이 불분명해지니 자퇴를 하고 다른 길을 선택하는 경향이 늘고 있다. 요즘 대학가의 또 다른 화제가 바로 명문대학을 자퇴하고 그나마 실낱같은 희망이 엿보이는 의과대학에 재도전하는 것이다. 이미 올 2023년도 서울대학 신입생 가운데 225명(전체 6%)이 입학하자마자 휴학하고 의대를 준비하고 있는 것으로 나타났다.

인공지능(AI)으로 대학이 몰락하고 있다

인류 지성의 산실인 유럽의 대학제도가 미국으로 건너와 북동부지역 하버드대학을 비롯한 8개 아이비리그(IVY) 대학이 현대문명을 주도하면서 대학교육은 새로운 학제로 쇄신하게 된다. 미국은 19세기 후반 에디슨의 전기발명으로 대량생산체제의 제2차 산업혁명을 이끌었다. 대학과 산업현장이 산학협동으로 상호작용하면서 미국의 경제발전을 이끌었다. 그리고 제3차 산업혁명의 정보통신기술(ICT) 시대를 거쳐 마침내 제4차 산업혁명의 본질인 디지털혁명이 빠르게 진행되고 있다. 이 혁명의 주인공인 인공지능(AI)은 인류 정신문명의 최고봉으로 일컫는 바둑을 격파하고 가공할 능력을 발휘하면서 인재의 산실인 대학을 위협하고 있다.

전 세계 대학은 낮은 취업률로 점차 설자리를 잃어가고 있다. 이미 우리나라에서도 전문대학이 절반 가까이 문을 닫았다. 이제는 4년제 지방대학들이 정원을 채우지 못해 흔들리고 있다. 심지어 지방명문대로 인정받아온 국립대학마저도 정원에 어려움을 겪고 있다. 지방대학은 벚꽃 피는 순서대로 문을 닫을 것이란 어두운 전망이 나오고 있다. 교육전문가들은 오는 2030년까지는 전 세계 대학의 절반이 사라질 것으로 내다보고 있다. 이처럼 대학들이 위기에 내몰리는 것은 무엇보다 산업현장이 대학출신의 인재를 더 이상 원하지 않기 때문이다. 디지털혁명과 함께 산업현장은 이미 명문대학이 배출한 인재보다 훨씬 더 뛰어난 인공지능을 선호하기 시작했다. 인간이 서로 생존경쟁을 벌이던 게임의 장을 인공지능이 평정하고 있다.

지금 우리 눈앞에서 휘몰아치는 이 혁명의 광풍 속에서 누구도 내일 일을 장담할 수가 없다. 산업화시대는 중·고등학교시절부터 나는 어느 대학에 들어가 무엇을 전공해 미래 어떤 직장에서 일하겠다는 야무진 꿈을 꿀 수가 있었다. 지난 20세기는 한마디로 '잡팔로잉 시대'였다. 하지만 이제는 대학을 졸업하고 세상에 나오면 내가 꿈꾸던 직업은 대부분 인공지능이 차지하게 된다. 우리 아이들이 명문대 입학에 매몰되면 앞으로 인생은 매우 힘들어질 수밖에 없는 상황에서 대학이 사라지는 것은 당연하다.

인공지능시대 일본을 대표하는 소프트뱅크의 손정의 회장은 일본이 10여 년에 걸쳐 수백조 원을 퍼부어 이룩한 교육혁신을 두고 실패한 '교육혁명'이라고 일갈했다. 머지않아 전 세계적으로 대다수 대학이 사라질 것인데, 아직도 대학입시에 초점을 맞춘 교육개혁을 두고 강도 높게 비판한 것이다. 구미 선진국에서 변화하는 교육제도를 보면 손정의 회장의 꾸짖음은 매우 의미가 있다. 대다수 교육전문가는 대학은 10년 내 50% 이상이 사라질 것으로 단언한다. 나머지 대학들도 디지털혁명이 요구하는 대학으로 혁신하지 않으면 살아남을 수 없다. 기존 산업화코드에 맞쳐진 교육제도로는 디지털시대가 요구하는 인재를 길러낼 수 없기 때문이다.

코로나 팬데믹이 '대학 종말'을 앞당긴다

2020년 초입부터 시작된 코로나 팬데믹이 교육현장을 뒤흔들고 있다. 코로나로 비대면 강의가 3년 가까이 지속되면서 학생들은 이전에 경험한 적이 없는 온라인으로 수업을 받고 있다. 이 가운데 팬데믹 이후 신입 및 재학생들은 2년 이상 담당학과 교수님 얼굴을 직접 뵙지 못하고 온라인으로 수업을 받았다. 특히 2020년에 입학한 전문대 학생들은 학교 한 번 안가고 졸업장을 우편으로 받는 현상이 벌어졌다. 지난 3년간 대학졸업식은 졸업장을 우편으로 보내고 공식행사는 생략하거나 온라인으로 진행되는 상황이 벌어졌다.

3년 가까이 온라인 수업에 익숙해진 대학생들의 생활의식도 교육방식도 빠른 속도로 변하고 있다. 강의실 강의에서 온라인 강의에 적응해버린 학생들이 점점 온라인 수업을 요구하고 있다. 이들은 오프라인 수업을 거부하고 실시간 수업이 아닌 언제라도 편한 시간에 강의를 들을 수 있는 동영상 수업을 요구한다. 이제 시간까지도 얽매이기를 싫어하는 학생들이 늘고 있다. 처음엔 코로나로 어쩔 수 없이 시작된 온라인 수업이 학생들의 수업 습관을 크게 바꾸어버렸다. 교수들도 코로나를 경험하면서 강의실 강의가 경쟁력을 가지고 생존할 수 있을는지 의문을 가지게 된다고 말한다.

세계적인 IT기업인 구글은 코세라(Coursera)에서 제공하는 온라인 3~6개월 과정의 자격증 강의를 수강하면 4년제 대학 졸업장과 똑같이 인정해주고 있다. 실제로 구글의 IT지원 전문가 인증을 완료한 학습자의 80%가 구직 혹은 승진을 했다고 한다. 구글 외에도 미국 실리콘 밸리를 중심으로 많은 IT기업들이 온라인 수업으로 디지털 관련 지식을 쌓은 인재들을 찾고 있다. 국내에서도 많은 젊은 인재들이 온라인으로 해외 IT기업들이 요구하는 온라인 속성 전문화 과정을 이수해 높은 연봉의 직업을 구하고 있다.

디지털혁명과 맞물려 코로나 팬데믹이 교육시스템과 콘텐츠를 획기적으로 바꾸어 놓은 것이다. 지금 학생들은 명문대학을 졸업해도 취업이 어려운데 굳이 비싼 등록금을 내고 4년이란 긴 시간을 허비하면서 대학을 다닐 필요가 있느냐는 말들이 쏟아지고 있다. 따라서 '대학의 종언'이라는 말이 이미 구미 선진국에서부터 흘러나오고 있다. 이는 마치 14세기 중엽(1347년) 유럽 전 지역을 휩쓴 흑사병이 대유행하면서 철학 및 과학 등의 연구업적을 모두 몰락으로 길로 몰고 간 것과도 비슷한 양상이 벌어지고 있다.

　지금 코로나 팬데믹이 우리 인류에게 엄청난 변화를 안겨주고 있다. 우리의 생활전반에 걸쳐 크고 작은 변화들이 무수히 일어나고 있다. 전문가들은 코로나 팬데믹을 기점으로 뉴 노멀(new nomal)의 시대가 열리고 있다고 말한다. 무엇보다 지금 세계는 코로나로 대학의 종말이 빠르게 진행되고 있다. 하지만 이는 단순히 대학의 몰락을 뜻하는 것이 아니다. 새로운 교육시스템의 태동을 알리고 있는 것이다.

대학의 종말, 교육제도 혁신으로 막는다

　우리는 지금 청년일자리가 부족해 난리다. 대학을 졸업한 학생들이 직업을 구하지 못해 해마다 청년실업률이 증가하면서 우리사회가 깊은 고민에 빠져 있다. 디지털혁명을 주도하는 산업현장은 우리 교육시스템으로 배출하는 인재를 원하지 않는다. 무엇보다 산업계 전반에 걸쳐 게임의 장이 바뀌면서 기업이 요구하는 인재형이 완전히 달라지고 있기 때문이다. 그러나 디지털혁명이 일어나는 IT기업 현장에서는 일자리 미스매치 문제가 심각해 오히려 인력부족을 호소하는 곳이 많다.

　디지털혁명을 주도하는 미국은 산업현장이 필요로 하는 인재를 길러내기 위해 다양한 변화를 모색하고 있다. 이런 노력은 명문대학보다 평범한 대학에서 먼저 일어나고 있다. 이들 대학은 단순 취업률을 높이기 위한 일방적 통폐합 구조조정을 하지 않는다. 전공의 융합을 통해 노동시장 수요에 맞게 학과를 운영한다. 학문의 다양성과 실업대책이라는 콘셉트를 동시에 실현하기 위해 노력한다. 이론중심의 학과단위 교육에서 탈피해 전공융합으로 산업현장이 필요로 하는 인재를 기르는 데 교육의 초점을 맞추고 있다.

먼저 아리조나주립대학(ASU: Arizona State University)이 전 세계 대학들 중에서 혁신에 가장 성공한 대학으로 꼽힌다. 최근 'US뉴스 앤드 월드 리포트'가 선정하는 가장 혁신적인 대학에 ASU가 5년 연속 1위에 오를 만큼 강력한 혁신의 성공모델로 여타 대학들에도 도전의식을 안겨주고 있다. ASU의 혁신은 단순 교육프로그램수준에 그치지 않는다. 2002년 재임한 마이클 크로 총장의 강력한 리더십 아래 대학구조를 완전히 쇄신했다. 핵심기술인 AI를 기반으로 하는 적응학습프로그램인 '무크(MOOC)' 플랫폼 활용을 통한 입학프로그램 제공 등 이 혁명에 적응하기 위한 변화가 다양하게 활용되고 있다.

크로 총장은 무엇보다 학문간 경계를 무너뜨리는 등 기존 대학들의 고정관념에서 탈피하는 데 집중했다. 산업화시대의 맞춤형교육으로는 더 이상 미래가 없다는 것을 알고, 기존학과를 과감히 정리했다. 그리고 디지털문명 코드에 맞는 새로운 학위과정을 만드는 등 IT혁신을 통해 미국의 산업중심의 실리콘밸리가 원하는 인재를 양성하기 위해 대대적인 수술을 단행했다. 그 결과 지금은 모든 대학이 부러워하는 디지털시대가 요구하는 새 명문대학이라는 타이틀을 거머쥐게 됐다.

크로 총장은 혁신과정에서 필요한 교수인력을 과감히 영입했다. 5명의 노벨상 수상자를 비롯해 퓰리처상 수장자 등 디지털시대를 이끌어나갈 명망 있는 연구자들을 대거 영입해 그들이 ASU의 혁신을 지휘하고 있다. 빅테크 기업과의 협약을 통해 새로운 교육프로그램을 도입했다. 특히 무크 플랫폼을 폭넓게 활용해 창업중심 교육과정의 '새 판짜기'는 다른 대학들이 감히 상상조차하지 못한 교육혁신을 이뤄낸 것이다.

ASU가 미국서도 공고한 대학의 서열문화에 짓눌려오다 변화의 코드를 먼저 읽고 과감하게 혁신의 칼을 빼듦으로써 디지털시대를 선도하는 새 명문대학으로 우뚝 서게 된다. 크로 총장은 "ASU는 디지털시대가 필요로 하는 인재를 기르기 위해 이 혁명의 본질을 정확히 파악하고 변화를 모색하고자 총력을 기울였다"면서 "지금 디지털혁명을 이끄는 실리콘밸리의 빅테크 기업들이 원하는 인재상을 양성하고 배출하는 데 모든 교육의 초점을 모은 결과 기업이 선호하는 대학이 된 것"이라고 자랑한다.

또 디지털시대에 맞게 변화에 성공한 대학으로 손꼽히는 올린공과대학의 사례를 보자. 보스턴 근교에 위치한 이 대학은 지난 2012년 이후 졸업생들이 취업에 어려움을 겪으면서 몇 가지 대책을 강구했다. 올린공대는 우선 5년마다 교육과정을 교체할 수 있는 융통성을 발휘해 각종 교육시스템에 자율성을 부여하고 있다. 무엇보다 모든 전공이 하나의 프레임(frame) 안에서 융합교육을 실시하도록 권하고 있다. 공학, 수학, 예술, 인문학, 디자이너, 기업가 등으로 이루어진 교수진을 모두 하나로 묶어 여러 교수가 다양한 학과를 공동으로 가르칠 수 있는 수업방식을 채용한 것이다.

특히 공학계열의 학생에게 졸업논문을 쓰게 하는 대신에 학교에서 배운 이론을 토대로 작품을 기획, 설계, 제작하게 하여 산업현장에서 필요한 인재를 기르는 교육과정을 채택했다. 올린공대는 '캡스톤 디자인'이라는 이 프로그램으로 3년 동안은 실제 문제의 해법을 찾는 노력을 한다. 졸업반이 되면 '스코프'라는 컨설팅 프로그램으로 현장 기업이 당면한 문제 해결에 집중한다. 학생들은 이 교육과정을 통해 전공을 넘나드는 현장감각을 익힌다. 이런 융합교육 시스템을 통해 기존 교육방식에서 과감히 탈피해 디지털현장이 필요로 하는 인재를 기르는 데 초점을 맞췄다.

이 대학은 지난 2015년 이후 취업률이 획기적으로 개선됐다. 지금 올린공대는 마이크로소프트(MS), 구글과 같은 실리콘밸리 빅테크 기업을 비롯해 보잉사와 해군 등이 이 대학의 배출인재를 가장 선호하는 대학이 됐다. 2022년 현재 올린공대 학생들은 졸업이후 6개월 이내에 무려 80% 이상이 취업에 성공해 기존 아이비리그 대학의 취업률을 크게 앞지르고 있다. 짧은 역사에 평범했던 공과대학이 이제는 미국 내에서도 많은 대학들의 벤치마킹 대상이 될 정도로 유명세를 타고 있다.

우리도 정부대책과 함께 대학이 디지털혁명에 필요한 인재를 배출하는 곳으로 혁신해야 한다. 변화하지 않으면 대학생 실업률은 갈수록 더 심각해질 수밖에 없다. 대학기관이 스스로 디지털 산업현장이 요구하는 인재를 기르는 새로운 교육제도를 고안하고 확립해야 한다. 그리고 정부와 산업현장이 협력하면서 고용시스템을 개선하지 않으면 청년실업 문제는 해결할 수 없다. 이제 우리 대학들도 디지털 선진국 미국의 대학들처럼 평범한 대학들이 먼저 혁신에 나서야 한다. 디지털혁명을 이끄는 산업현장이 필요로 하는 인재를 양성하면 대학생 청년실업의 문제는 어렵지 않게 해결할 수 있다. 그리고 사라지는 대학은 혁신으로 살아남을 수 있다는 것을 보여주고 있다.

5

아이들이 큰 꿈을 꿀 수 있게 하라

좋은 꿈이 곧 성공 스토리의 시나리오다

인공지능(AI)이 주도하는 이 혁명의 시대는 무엇보다 우리 아이들이 큰 꿈을 가지게 해야 한다. 좋은 꿈이 곧 디지털시대 성공의 바탕이 되기 때문이다. 꿈은 새로운 나를 발견하게 하며 나를 끝없이 성장하게 하는 원동력이다. 꿈이 없는 사람은 오늘을 성실하고 역동적으로 살아가지 않는다. 꿈을 꾸지 않는 사람에게 꿈이란 무지한 세계로 나아가려는 매우 무모한 열망처럼 보일 수 있다. 이는 마치 거대한 풍차에 덤비는 돈키호테와 같은 아둔한 사람으로 비칠 수 있다. 그러나 정작 꿈을 가진 자는 그 꿈이 얼마나 찬란하고 가슴 설레게 하는 비전인가를 안다.

20기와 21세기를 통하여 인류문명을 바꾸는 혁혁한 공을 세운 사람들의 면면을 보자. 이들은 한결같이 보통사람이 이해하기 어려운 꿈을 가진 사람들이었다. 빌 게이츠, 스티브 잡스를 비롯한 수많은 빅테크 기업의 주인공들은 모두 남들이 무모해 보이는 꿈을 꾼 자들이었다. 큰 꿈을 꾼 사람들은 그 꿈을 이루기 위해 남들이 감히 흉내 내기 어려운 노력을 통해 질적 전환을 이룩한다.

따라서 꿈을 갖지 않은 사람의 눈에는 타인의 꿈이 바보스럽고 무지해 보이거나 오만해 보이기도 하고 딴은 불경스러워 보이기까지 한다. 꿈에는 언제나 불가능의 냄새가 묻어나기 때문이다. 불가능한 것으로 치부되지 않는 것은 꿈이 아니다. 꿈을 꾸는 자들이 제삼자의 눈에는 무모하게 보일 수 있다. 하지만 꿈을 가진 사람은 자신의 꿈을 이룰 수 있다는 확신에 차 있다. 그래서 꿈을 가진 사람은 실패를 두려워하지 않는다. 끊임없는 도전 가운데 불가능을 가능으로 바꿀 수 있다는 자신감으로 인생을 행복하게 살아간다.

하지만 지금 우리의 교육시스템은 아이들이 목표만 가지게 할 뿐 꿈과 비전을 가지게 하지 못한다. 학교와 학원에서 배우고 익히는 것이 앞뒤 돌아볼 겨를이 없을 정도로 숨 가쁘게 돌아가면서도 정작 양서 한권 제대로 읽히지 않고 오직 밥그릇 찾기에만 급급하다. 지금 우리 대한민국이 이끄는 교육제도는 오히려 아이들이 야심만만한 꿈을 꾸는 것을 막거나 훼방하고 있다. 우리의 수능교육은 '스카이캐슬'을 졸업해도 쓸모가 없기 때문이다.

　문제는 현재 우리 아이들이 배우고 있는 교과과정으로 닦은 실력은 이미 인공지능(AI)이 이들보다 수천만 배나 더 우수한 실력을 발휘하고 있다는 것이다. 시간이 흐를수록 인공지능은 그 지경을 확장하면서 현대교육을 훨씬 더 앞서가고 있다. 그래서 지금과 같은 교육방식은 그 똑똑한 아이들을 좌절의 길로 안내할 뿐이다. 우리 부모들이 이 새로운 문명코드를 이해하고 아이들에게 새로운 꿈을 가질 수 있는 무대를 마련해주지 않으면 아이들의 장래는 어두울 수밖에 없다.

　아이러니하게도 디지털시대에 디지털원주민들이 꿈을 가지지 못해 방황하고 있다. 이는 우리의 지도자를 비롯한 학부모와 기성세대가 한없이 아둔하기 때문이다. 우리 역사에서 지금 우리 아이들은 그 어느 시대보다 풍요롭게 성장하고 있다. 그런데도 이 소중한 젊은이들의 자살률은 세계 1위다. 그 이유는 아이들이 꿈을 갖지 못하고 있기 때문이다. 이제 무엇보다 우리 아이들이 꿈을 갖게 해야 한다. 좋은 꿈은 성공스토리의 시나리오다. 저마다 소중한 꿈을 가진 사람들은 현실이 어려워도 행복하다. 꿈이 인간을 높은 경지로 끌어올리는 힘의 원천이기 때문이다.

행복한 꿈은 '독서'하는 습관에서 비롯된다

"미래를 상상하는 큰 꿈을 꾸려면 지금 책을 읽어라." 유명한 미래학자가 던진 말이다. 『제3의 물결』, 『부(富)의 미래』 등을 쓴 미래학자 앨빈 토플러는 학생들에게 "미래는 예측하는 것이 아니라 여러분들이 상상하는 것"이라고 말한다. 그러면서 "디지털혁명시대 온라인으로 글로벌화 돼가는 세상에서 마음의 눈을 더 크게 확장해서 세계라는 시각에서 생각하고 정보를 끊임없이 습득하라"고 강조한다. 지금 10년 뒤에 우리 아이들이 가질 직업을 말해줄 사람은 아무도 없다. 우리는 10년 후에 어떤 직업이 존재할 것인지를 자신 있게 말할 수 없는 시대를 살고 있다. 그래서 디지털세계를 우리보다 더 잘 아는 아이들에게 '스카이캐슬(SKY castle)'이라는 족쇄를 채워 수능교육에 매달리게 해서는 안 된다. 지금 우리는 기존 게임의 장이 완전히 바뀐 인공지능(AI)시대를 살고 있기 때문이다.

그래서 아무도 미래를 예상하기 힘든 시대를 사는 사람들에게 중요한 것은 독서다. 미래학자 토플러의 주장대로 미래를 상상하려면 지금 독서를 해야 한다. 인간이 세상을 이해하고 관리하고 통제하기 위해서 만든 가장 효율성이 높은 추상장치가 지식이다. 그리고 이 지식은 직접경험이나 감각적으로 축적하는 데는 한계가 있다. 많은 지식을 쌓기 위해 독서가 필수라는 것은 다시 언급할 필요가 없다. 앞선 세대 가운데 훌륭한 사람은 한 사람도 예외가 없이 스스로 엄청난 독서를 했다는 사실은 너무도 분명해 보인다.

특히 동서양을 막론하고 철학자는 물론 훌륭한 정치가나 교육자, 심지어는 과학자에 이르기까지 독서광이 아닌 사람은 드물다. 서양 과학자 중에는 '상대성이론'으로 현대물리학을 반석 위에 올려놓은 아인슈타인이 독서가로 유명하다. 인간의 생각을 완전히 바꾼 '상대성이론'마저 독서를 통해 수많은 지식위에서 피워낸 것이다. 또 동양사상을 주도한 공맹이나 노장도 마찬가지다. 공자는 '위편삼절'로 알려져 있고, 맹자는 유가사상을 확립했다. 노자는 당대 지식인을 대표하는 사관을 지냈고, 장자는 '무소불규'라고 할 정도로 지식이 이르지 않은 데가 없었다고 한다. 지금도 세계적으로 크게 성공한 사람들은 한결같이 어릴 적부터 다양한 분야에 관심과 호기심을 가지고 엄청난 양의 독서를 한 것으로 알려져 있다.

우리 한국의 선조들도 국가를 빛낸 위대한 선각자들이나 지도자들, 그리고 천재들은 모두 독서를 통해 인품을 함양하고 그릇을 키운 것으로 밝혀졌다. 그런 독서의 두께가 바로 창의성의 원천이 된다. 독서량이 많으면 많을수록 유추하고 은유하는 능력이 크게 향상된다. 또 시대마다 엄청난 업적을 이룩한 사람들은 그만큼 독서량이 폭넓다는 것을 알 수 있다. 그런데 우리의 독서현실은 너무나 부끄럽고 창피하다고 말할 수밖에 없다. 대한민국은 2023년 현재 38개 OECD회원국가 중에서 독서율이 맨 꼴찌다. 선진 미국의 독서율이 연간 일인당 72권, 일본이 67권, 우리 대한민국은 고작 6.7권이다.

이미 인간은 기계지능과의 경쟁에서 모든 분야에서 뒤지고 있다. 우리가 성공하려면 AI를 이길 수 있는 분야를 개발해야 한다는 것은 불문가지다. AI가 현재와 미래를 아우르는 키워드이기 때문이다. 자칫 AI가 인류를 지배할 날이 올 것이라는 불길한 전망까지 나온다. 그렇다고 인간이 모든 것을 이 혁명의 주인공인 AI에게 뒤질 수는 없다. 아직까지도 인간이 AI보다 다 잘하는 일들이 많다. 나라마다 AI를 이길 수 있는 교육콘텐츠 개발에 목을 매고 있다. 그 콘텐츠의 핵심은 은유하고 유추하는 능력이다.

인류문명사회에서 큰 업적을 남긴 사람들은 독서를 통해 많은 은유를 경험하면서 전혀 다른 것들의 속성을 이어붙이는 난해한 문제를 해결하는 기초체력을 어릴 때부터 다지고 있었던 것을 알 수 있다. 그런 능력을 타고나는 것은 미미하다. 유추하고 은유하는 능력은 엄청난 독서와 상상력을 통해서만 길러질 수 있다. 따라서 독서야말로 우리가 지적으로 성장하면서 지혜롭게 성숙해 가는 바탕이 된다. 독서를 하지 않으면 인간은 새로운 삶을 살 수 없다. 그래서 아인슈타인은 "독서하는 노력이 없이도 지혜롭고 멋있는 삶을 사는 꿈을 꾼다는 사람을 일러 '정신분열증' 환자"라고 지적한다.

세상에는 아직 존재하지 않는데, 사람들이 진짜 필요로 할 것 같은 값진 것을 상상하려면 먼저 인간에 대한 이해가 있어야 한다. 이는 또 인문학에 대한 깊은 성찰이 필요하다. 이 시대 우리는 '나는 AI와는 다르게 살고 있나?'라는 질문을 자주 던지면서 고민해야 한다. 도저히 이길 수 없는 것으로 AI와 경쟁하려는 것은 어리석다. 현재 우리의 교육은 아이들을 열등하고 바보스러운 존재로 만들 수 있다. 전교 1등과 꼴찌가 성적으로 경쟁하면 결과는 뻔하다. 인간의 능력을 훨씬 앞서는 AI와의 경쟁은 더 어리석은 짓이다. 이제 우리는 생각을 바꿔 아이들이 AI시대를 행복하게 살아갈 수 있는 길이 무엇인가를 깊이 고민하고 반성해야 한다.

50억이 활동하는 '게임장'에서 놀게 하라

세계는 지금 원 월드라는 글로벌화가 완성되고 있다. 전 세계 약 78억 인구 중에 이미 50억 명의 사람들이 디지털 온라인세계에서 놀고 있다. 우리 아이들은 지구 반대편 사람과도 하나의 게임장에서 즐길 수 있다. 디지털시대 아이들의 정신세계는 국경도 피부도 문화도 별로 의미가 없다. 그들의 세계는 서로 같은 생각을 공유하면서 같은 것을 추구하고 함께 어울려 사는 것이 즐겁고 의미가 있다고 느낀다. 한류를 선도하는 BTS가 바로 우리 아이들이 살아갈 디지털세계의 좋은 유형이다. 누구나 세상을 뒤흔들 수 있는 재능을 가진다면 수십억 명이 함께 어울려 지내면서도 얼마든지 부를 누리며 행복한 인생을 꾸려나갈 수 있다.

무엇보다 50억 인구가 노는 게임장에서 마음껏 자신의 끼를 발휘하려면 글로벌 랭귀지인 영어가 필수다. 영어를 마음대로 구사하지 못하면 글로벌 리그에서 함께 뛰노는 것이 어려워진다. 오프라인에서 서울 상암동 축구경기장을 지구에 비교하면 우리 대한민국의 영역은 감독석에 불과하다. 산업화시대 우리는 그 좁고 부족한 공간과 자본, 노동력을 가지고도 오늘의 성공을 이룩했다. 그런데 우리 아이들이 살아갈 디지털세계는 그 영역이 무한히 펼쳐져 있다. 이제 아이들에게는 꿈을 펼쳐갈 수 있는 교육을 통해 좋은 킬러 콘텐츠를 가질 수 있게 해준다면 그들의 성공은 보장된 것이나 다름없다.

무엇보다 디지털시대의 새로운 문명사회에서는 공간도, 자본도 큰 의미가 없어진다. 단지 세계인의 주목을 받을 수 있는 훌륭한 콘텐츠만 갖추면 누구하고도 잘 어울리며 행복한 인생모델을 만들 수 있다. 이제 어른들은 디지털원주민이라 불리는 우리 아이들이 원하는 그들의 세계에서 꿈을 한껏 펼칠 수 있게 해야 한다. 우리 기성세대는 아이들이 디지털세계에서 마음껏 뛰놀 수 있도록 좋은 교육환경을 만드는 데 노력하면 된다.

삶과 일과 배움이 융합된 교육이 필요하다

미래 교육은 어떤 모습일지 아직은 아무도 잘 모른다. 하지만 우리보다 먼저 변화해가는 선진국 교육의 새로운 모델을 살펴보면서 우리도 준비해나가야 한다. 디지털시대는 나라마다 교육방식이 다를 수 있다. 산업화시대의 틀에 박힌 교육시스템과는 다르기 때문이다. 우리의 상황에 맞게 교육생태계를 만들고 다듬어 나가야 한다. 100세 시대를 맞은 우리 아이들이 살아갈 세상과 우리가 생각하는 세상은 같을 수 없다. 여기서 '평생학습'이란 개념이 나온다. 이는 앞서 우리 사회에서 펼쳐진 '평생교육'이란 개념과는 전혀 다르다. 따라서 우리가 여태껏 경험하지 못한 '평생학습'을 개척해 나가야 한다.

기존의 평생교육은 가정과 학교, 사회에서 전 생애에 걸쳐 이루어지는 교육관을 말한다. 하지만 평생학습은 디지털시대의 특징인 업그레이드를 위한 교육으로서의 학습을 의미한다. 디지털시대는 자기능력을 끊임없이 업그레이드해야 한다. 그래서 평생학습은 디지털시대 성공의 필수조건이다. 선진국에서는 이미 디지털시대에 맞춰 인터넷 네트워크를 이용한 평생학습체제를 구축하고 있다. 이 시대 우리 아이들도 100세까지 스스로 업그레이드 모델을 만들어나가야 행복한 꿈을 꿀 수 있다.

또 디지털시대의 일이란 평생직업의 개념이 아니다. 그 업그레이드 모델이 '삶과 배움과 일이 융합되는 것'을 말한다. 내가 살아가는 것이 일이고, 일이 나의 삶이고, 그게 또한 배움이다. 여기에 '평생학습'의 참된 의미가 담겨 있다. 또한 평생학습시대 선생의 역할은 아이들이 성장하는 모델로 자기영역을 구축할 수 있도록 멘토링하는 것이다. 이를 위해 교육제도부터 디지털시대에 맞게 개선해야 한다. 향후 모든 교육을 선도할 온라인교육의 개념도 지금과 다르게 혁신돼야 한다. 지금처럼 인터넷으로 연결해서 교육하는 것이 아니라 학생과 선생이 필요로 할 때는 언제든지 상호작용을 할 수 있어야 한다.

이제 '평생학습'은 우리 모두에게 필수다

디지털시대에 평생학습은 비단 우리 아이들 디지털 원주민에게만 해당하는 것이 아니다. 전문가들은 향후 한 사람이 일생을 살아가는 동안 직업을 평균 4~5번은 바꾸면서 업그레이드 해나가는 시대가 될 것이라고 말한다. 모든 사람이 한평생을 안전한 하나의 직업우산 아래서 살아갈 수 있는 시대는 사라지게 된다. 이미 많은 곳에서 그러한 현상이 일어나고 있다. 이제 한 직장에서 일할 수 있는 시간이 대다수 사람에게 줄잡아 평균 10~20년 정도가 고작이라는 것이다.

우리의 기대수명은 벌써 90에 성큼 다가서고 있다. 30세에 직장을 잡아 10~20년을 일하면 40~50세에 불과하다. 대부분 사람들은 10~20년간 번 돈으로 나머지 50년을 꾸려나갈 수 없다. 새로운 직장을 다시 찾아나서야 한다. 그다음 직장도 길어야 10년을 지속하기가 어렵다. 시간이 지날수록 직장근무 연수는 짧아지게 된다. 100세 시대 많은 사람들이 70세까지 일을 하게 된다면 일생 동안 여러 번 직업을 바꾸게 된다. 따라서 끊임없이 인생 업그레이드 모델을 구현하기 위해서는 우리 모두 스스로 성장할 수 있는 '평생학습'이 필연적이다.

게다가 최근 뉴욕타임스는 건강 전문가들의 말을 인용해 "지금 20~30대 청년들이 사회의 주류가 될 2045년이면 인류의 평균수명이 130세를 넘어 150세까지 연장된다"면서 "지금 태어나는 세대는 평균 수명이 200세에 이를 것"이라고 보도했다. 바이오공학의 획기적인 발전으로 인간수명이 크게 늘어나고 있는 것은 사실이다. 그런데 문제는 몇 살까지 사느냐가 아니라 어떻게 사느냐가 삶의 본질적 문제가 된다. 건강관리를 제대로 하지 않아 40~50대에 당뇨나 고지혈, 고혈압 등 생활습관에서 오는 병으로 골골거리는 사람들이 적지 않다. 이 같은 건강문제도 평생학습이 부재한 탓이다.

문화심리학자 김정운 교수는 "평균수명 100세 시대의 가치를 재미와 창조에 있다"고 설명한다. 인생은 늙어서 재미있고 행복해야 진짜 행복이다. 재미있게 산다는 것은 내 이야기를 풍요롭게 만든다는 것이다. 그래서 장수 선진국의 사례를 살펴보면 실제로 가장 재미있는 것이 학습하는 것이라고 말한다. 이는 100세 시대에 노후가 행복해지려면 평생학습이 필요하다는 것이다. 사람은 나이가 들수록 다양한 이론을 편집해 자기 스토리를 만드는 데 강하다. 자기 이야기를 엮어나갈 수 있는 능력을 키우기 위해서는 평생학습이 필수다.

따라서 100세 시대는 공부하는 것이 재미있어야 행복해질 수 있다는 것이다. 100세 시대는 나이 많은 사람들이 함께 어울려 살아가는 세상이다. 여기서 나는 누구냐는 물음에 봉착하게 된다. 내 주체적인 관심을 가지고 내 데이터를 엮어서 내 스토리를 풍요롭게 만들어낼 때 남들이 내이야기를 재미있게 들어주게 된다. 재미있으면 소통은 자연히 이루어지고 행복을 느끼게 된다. 늙어서 돈이나 지위만 가지고 내 이야기를 들어달라고 한들 들어줄 사람은 아무도 없다.

그래서 사회적 지위가 높은 사람일수록 말년이 더 외롭고 쓸쓸해질 수 있다. 은퇴 이후에는 일방적으로 내 이야기를 들어줄 사람이 없기 때문이다. 그러므로 내가 스스로 이야기를 만드는 것이 필요하다. 100세 시대를 살아가는 우리가 노년에 초라해지지 않고 당당해지기 위해서는 세상 돌아가는 것을 배우고 공부해야 한다. 그래서 장수시대는 배우고 공부하는 평생학습이 자신의 행복을 유지하는 좋은 비결이자 즐거움이 되는 것이다.

내 스토리가 없이도 행복할 자신이 있는가?

우리는 불과 지난 세기까지만 해도 평균 60년을 살았다. 그래서 자기 명함 가지고 한껏 뽐내며 살다 은퇴하면 곧바로 인생을 마감했다. 그런데 불과 30년 사이에 생각지 못한 일들이 벌어지고 있다. 이제는 은퇴 후에도 30~40년을 더 버텨야 하는 100세 시대를 맞은 것이다. 따라서 나머지 30~40년을 사회적 지위 없이도 나를 설명할 수 있어야 하는 시간이 너무 길고 지루하다. 은퇴하면 아무도 묻지도 알아주지도 않는 명함 가지고 장수시대를 행복하게 살아갈 자신이 있는가? 내가 가지고 있는 아이덴티티가 무엇이냐? 내가 재미있어 하는 것이 무엇인가? 이런 질문들을 통해 내 존재를 확인할 수 있어야 100세 시대를 행복하게 보낼 수 있다.

얼마 전까지는 모든 사회적 시스템, 즉 삶의 가치가 평균수명 60세에 맞춰져 있었다. 그래서 평균수명 60세의 가치 가운데 제일 중요한 모토가 '근면과 성실'이었다. 성공하려면 무엇보다 열심히 살아야 한다. 서열을 좋아하는 한국 사람들이 자기 몸을 망가뜨리는 '술상무'와 같은 일을 해서라도 성공하려고 애썼다. 그때는 돈을 많이 벌거나 높은 지위에 올라야 성공했다는 말을 들었다. 그래서 자신이 가진 에너지를 총동원해서 출세하거나 돈을 버는 것이 최고의 가치였다. 퇴직이후 곧 죽으니까 열심히 일하면서 누릴 수 있는 것은 다 누리고 가자는 건 당연했다.

그런데 느닷없이 아무런 준비도 없이 100세 시대를 맞다 보니 '번아웃 증후군(burnout syndrome)'이라는 신종 병증까지 나타났다. 이는 한 가지 일에만 몰두해오던 사람이 극도의 피로감 때문에 무기력증이나 자기혐오, 직무 거부 등에 빠지는 현상이다. 그래서 60세까지 살 것을 생각하고 모든 에너지를 다 써버렸다.

그래서 몸은 피곤하고 온 몸이 쑤시고 아프다. 그런 몸으로 30년이란 시간을 더 버텨야 하니 장수가 행복이 아니라 되레 고통이다. 게다가 건강을 잃은 사람들의 삶은 돈이 부족한 사람들의 삶보다 더 초라하다. 지금 40~50대는 아무런 준비 없이 노후를 맞은 70~80대 노인들을 반면교사로 삼아 100세 시대를 지혜롭게 준비해야 한다. 사전 준비가 있어야 행복하고 희망찬 미래를 꿈꿀 수 있다.

새로운 미래를 대비하라!

우리는 지금 디지털혁명시대를 걷고 있다. 시공간의 한계를 초월한 초연결 및 초융합으로 이뤄질 지능형사회의 구현도 초읽기에 와 있다. 이곳에서 공생하면서 모든 것을 주도할 제4차 산업혁명의 핵심기술인 인공지능(AI)이다.

지금 인류문명사회에서 새롭게 펼쳐지고 있는 이 혁명의 총아인 AI는 우리의 삶을 송두리째 바꿀 수 있는 어마어마한 기술력을 동반하고 있다. 미래 직업을 폭발적으로 이끌어낼 메타버스, 블록체인, 반도체, 자율주행차 및 드론, 로봇(Robot), 사물인터넷(IoT), 3D프린터, 만물인터넷 6G통신, 심지어 양자컴퓨터에 이르기까지 이 혁명의 모든 분야에는 항상 인공지능(AI)이 그 중심에 서 있다.

인공지능(AI)을 통해 핵심기술이 펼쳐지고 있는 변화와 새로운 미래

세계에 대한 동향을 살펴봤다. 그리고 현실적이고 과학적인 접근법으로 인공지능이 몰고 올 미래사회의 모습을 그리면서 변화에 대비할 수 있도록 노력했다.

미래학자 앨빈 토플러는 "역사를 모르는 국가는 위험하다. 하지만 현재와 미래의 변화를 읽지 못하는 국가가 더 위험하다"고 설파했다.

인류 문명을 주도해온 교육의 선봉에도 AI가 자리하고 있다. 거대자본은 이미 혁명적 변화가 진행되는 가운데, 이 시대를 선도하는 인공지능(AI)을 주목하고 있다. 따라서 이 책은 AI시대의 '교육과 직업'에 방점을 두고 변화하고 있는 현실을 면밀히 살펴보며 미래를 읽고 준비하는 데 심혈을 기울였다.

필자는 이 책을 기획하면서 디지털시대 '인공지능(AI)'을 온몸으로 느끼며 살아갈 우리 아이들에게 인공지능(AI)과 공진화할 수 있는 무언가를 심어주어야겠다고 고민했다. 그리고 이것이 미래를 준비하는 유일한 방안이라고 믿고 이를 심도 있게 다루었다.

이제 역사인식과 시대정신을 가진 기성세대라면 총명한 우리 아이들이 '스카이캐슬'이란 수능형(SAT) 교육에 목을 매게 해서는 안 된다. 아이들이 스스로 즐거워하면서 성장하는 법을 배우게 도와야 한다.

지금 핫이슈가 되고 있는 것이 바로 '챗GPT'다. 올해 3월 생성형 AI '챗

GPT'가 출현하면서 지난 2015년 당시 바둑만큼이나 세상을 깜짝 놀라게 했다. 미래 산업을 주도할 '게임체인저'로 주목할 정도로 관심이 높다. 또 이것이 앞으로 어디까지 그 영역을 확대해나갈지 아무도 장담할 수 없다. 분명한 것은 이 혁명이 정점을 향해 치닫고 있다.

"AI 기술을 적용한 '킬러 로봇'이 나올 수 있다는 현실이 두렵다. 전 세계 학자들이 머리를 맞대고 기술을 제어할 방법을 모색해야 한다. 자칫 핵무기보다 더 무서운 결과를 초해할 수도 있다."

이는 AI가 인간의 도움 없이 자체 학습만으로도 스스로 진화가 가능토록 한 '디프 러닝(Deep learning)'의 분야에서만 50년 이상 매진해 온 최고의 AI 과학자 제프리 힌턴(76) 박사가 남긴 말이다. 그가 구글에서 인공지능(AI) 최고 책임자로 10년을 보낸 뒤에 갑자기 지난 4월 말 직장을 떠나면서 미래 인공지능(AI) 분야에 대해 두려움으로 남긴 솔직한 진단이다.

이 책을 읽고 기성세대가 먼저 디지털혁명에 대한 이해와 관심을 가져주기를 바란다. 미래 세대들이 안심하고 꿈과 희망을 키워나갈 수 있게 해야 한다. 이런 환경을 조성해주는 것이 우리 기성세대의 책무라고 생각한다. 이 책을 읽은 독자들에게 더 없는 감사를 전해드린다.

2023년 6월

김 문 수